本書由陜西師範大學出版基金資助出版

陕西師範大學國家重點學科建設項目

張懋鎔　主編

中國古代青銅器整理與研究

西周金文字體卷

王　帥　著

科学出版社
北　京

圖書在版編目（CIP）數據

中國古代青銅器整理與研究. 西周金文字體卷 / 張懋鎔主編；王帥著.
—北京：科學出版社，2018. 11
陝西師範大學國家重點學科建設項目
ISBN 978-7-03-055974-6

Ⅰ. ①中…　Ⅱ. ①張…　②王…　Ⅲ. ①青銅器（考古）-研究-中國
Ⅳ. ①K876. 414

中國版本圖書館CIP數據核字（2017）第312903號

責任編輯：李　茜　曹　偉 / 責任校對：鄒慧卿
責任印制：肖　興 / 封面設計：北京美光制版有限公司

科學出版社 出版
北京東黄城根北街16號
郵政編碼：100717
http：//www.sciencep.com
中國科學院印刷厂 印刷
科學出版社發行　各地新華書店經銷
*
2018年11月第　一　版　　開本：787 × 1092　1/16
2018年11月第一次印刷　　印張：14
字數：332 000

定價：198.00元

多卷本《中國古代青銅器整理與研究》編寫緣起

經過十幾年的準備工作，多卷本的《中國古代青銅器整理與研究》即將出版。回顧往事，真是百感交集。

30年前，我的處女作《釋“東”及與“東”有關之字》發表，從那時候起，青銅器的學習與研究注定成爲我一生的追求。

29年前，我開始師從李學勤先生研習古文字。中國古文字有很多分支，如甲骨文、金文、戰國文字、簡牘帛書文字。先生告訴我：“你在陝西，陝西有很多青銅器，你就做金文研究吧。”在先生的指導下，我受到嚴格的學術訓練，這令我終身受益。我的碩士學位論文是《周原出土西周有銘青銅器綜合研究》。所謂綜合研究，就是從青銅器、古文字、歷史文獻三方面來研究。從此，綜合研究成爲我研究青銅器遵循的準則與方法。

1989年，西北大學文博學院成立新的專業——博物館專業，大概考慮到我本科學的是考古，于是把我從文獻專業調到博物館專業。我除了繼續講古文字，又開了一門新課“青銅器鑒定”。自此之後，我開始系統研習青銅器，包括没有銘文的青銅器。

在長期的教學與研究工作中，我漸漸對中國古代青銅器有了新的認識。

概而言之，中國古代青銅器的研究，自兩宋以來，已有一千多年的歷史，取得了豐碩的成果。尤其是近百年來的研究，在青銅器的分期、分區系、分國別、分器類諸方面卓有成效，爲世人所矚目。

回顧歷史，也毋庸諱言，我認爲就青銅器基礎性工作而言，其資料的整理還遠遠不够。且提一個最基本也是最簡單的問題：迄今爲止究竟有多少件中國古代青銅容器？幾萬還是十幾萬（尚且没有涉及兵器、工具、車馬器、錢幣、銅鏡等），恐怕連一個非常粗略的估計都没有，專家也説不清楚。家底不清，研究對象模糊，研究很難繼續深入。由于中國古代青銅器資料十分龐雜，其收集、整理并非易事，所以這一部分的工作非常重要。説到研究，比如青銅器的定名，鼎、鬲、簋等各類器物的分類研究，它們之間的相互關係，各類紋飾的分類研究，紋飾和器物之間的相互關係，各個階段銘文的特點，器物、紋飾、銘文三者之間的互動關係以及對斷代的作用等，其研究或不够系統，或不够深入，有些方面甚至是空白。

20多年來，我一直在進行這方面的研究工作，寫了《西周方座簋研究》《兩周青銅盨研究》《西周青銅器斷代兩系説芻議》《試論中國古代青銅器器類之間的關係》《試論青銅器自名現象的另類價值》等文章，希望從器類、斷代、地域、定名等多個角度和層面對青銅器進行探索。

同時我也十分關注國内外青銅器研究專家的成果，他們的論著是我案頭的必備書籍，我經常閱讀，受益無窮。

在研究中，我深感個人力量的有限。從1999年招收青銅器方向研究生起，就逐漸形成了一個構想：如果研究生本人没有更好的研究題目，我就請他（她）來做青銅器中的某一部分，整理、研究某一類青銅器，或某一類紋飾，或某一時段的銘文，等等。經過十多年的積累，已經完成了20多篇碩士和博士學位論文。其中分器類的整理與研究完成多半，某一地區、某一時段的青銅器的整理與研究正在進行，紋飾與銘文的分類、分時段研究也做了一部分。這些爲多卷本《中國古代青銅器整理與研究》的編撰奠定了基礎。同時，我注意到其他先生也在指導研究生做類似的學位論文，對我們也很有啓發與幫助。

前幾年，在編寫《青銅器論文索引》的過程中，我與綫裝書局的劉聰建先生多有接觸。他聽了我的上述介紹後，很感興趣，遂與我商定，在原有研究生學位論文的基礎上，由我主編，各專題作者分别著述，形成一套多卷本《中國古代青銅器整理與研究》。但由于種種原因，在綫裝書局衹出了三卷。如今，在科學出版社的大力支持下，計劃得以重新實現，擬在今後的若幹年裏，陸續完成和出版20卷以上的著作。

寫作多卷本《中國古代青銅器整理與研究》的目的擬在全面、系統整理青銅器資料，充分吸取古今中外研究成果的基礎上，對青銅器的形制、紋飾、銘文、組合關係等方面做全方位考察和研究，并試圖總結出關于中國古代青銅器産生、發展、消亡的基本途徑、規律、特點及其原因。這是一個遥遠的目標，但我們有信心一步一步地走近它。

由于這套多卷本《中國古代青銅器整理與研究》的作者都是畢業不久的研究生，眼界有限、文字青澀在所難免。我的指導也很有限，很多問題我也不懂或知之甚少。當時作學位論文時，我希望他們放大膽子去寫，因此他們的觀點與我也不盡一致。但無論如何，在閱讀他們的學位論文時，在與他們的反復討論、交流中，我也有很多收獲，這是最令人快樂的事情。我將閱讀後的感想寫出來，作爲序言放在書前，就是希望繼續與大家討論，將《中國古代青銅器的整理與研究》延續下去。而隨着一本本書稿的出版，這一批年輕的作者也正在走向成熟，這或許是比書稿的出版更有意義的事情。

最後，要感謝參加我的研究生學位論文答辯以及審閱論文的諸位先生，并希望今後繼續得到你們的批評與幫助。感謝陝西師範大學暨歷史文化學院給予的大力支持，感謝科學出版社李茜與曹偉兩位編輯的辛勤工作，讓我們十幾年來的夢想終于得以實現。

乙未年立冬後二日張懋鎔寫于

陝西師範大學中國青銅文化研究中心

15卷出版感言

迄今爲止，《中國古代青銅器整理與研究》已出版15卷。2015年出版第一批6卷，2016年出版第二批6卷，2018年出版第三批3卷。按照我們的計劃這套書有30卷，如今已完成一半的工作，有必要做一個小結。

我們這套系列書編著的宗旨是：以青銅器的器類整理與研究爲主，以區系、國別以及紋飾、銘文的整理與研究爲輔，對中國古代（漢以前）的青銅禮容器進行初步的整理與研究，希望能爲今後的青銅器研究做一點基礎性工作。

與以往的系列書不同，這套書是在碩、博士學位論文的基礎上完成的，所有作者的專業方向和指導教師都是一致的。從碩、博士學位論文到書稿的出版，跨度最長的超過10年。若將碩、博士學位論文與書稿做一比較，就不難發現，二者之間存在很大的差距，换言之，從中可以窺見他們的成長歷程。正如我在“編寫緣起”中所期望的“隨着一本本書稿的出版，這一批年輕的作者也正在走向成熟，這或許是比書稿的出版更有意義的事情”。

先谈谈我们編寫這套書的有利條件。

第一，天時。大致40年來，我們的學習和生活一直處在中國一個比較穩定的歷史階段。與諸多前輩學者相比，我們真的很幸運，不僅早已遠離了戰争的硝烟，也不用擔心被打成“右派”，更不必考慮肚子能否填飽。單位的圖書資料還算豐富，自己也可以用節省下來的錢購買一點必備的書籍。對于《中國古代青銅器整理與研究》這樣一套30卷本的系列書來説，從開始立意到最後完成，時間跨度很大，如果没有一個平穩安定的環境，早就夭折了。

第二，地利。我們的作者大都出生在陝西，學習、生活在陝西，這是一塊富饒的熱土，歷史悠久，文化積澱深厚，說“地靈人傑”，想必有人會說我們自吹，但以自己的家鄉爲榮，則是人之常情了。作爲“青銅器之鄉”的陝西，幾千年來青銅器層出不窮。每一次重要的發現，都讓人熱血沸騰。當青銅器還在墓裹躺着的時候，我們就有幸下到坑底，早早目睹它們的真容。我們曾多少次與青銅器親密接觸，摩挲把玩……此景此情，常讓我們欲罷不能，不寫點兒東西真就對不起祖先了。

第三，人和。要完成這樣一套30卷的系列書，必須有一個關係緊密、人數足够的研究團隊。好在我從1999年開始正式招收研究生，迄今爲止已有40多名碩、博士生畢業。從書名可知，我們是整理與研究并重。整理的工作量非常大，譬如青銅簋就有3000來件，這也是以往這項工作遲遲没有人去做的重要原因，而研究生恰恰有充裕的時間和充沛的精力來完成這項工作。

我和作者以及作者相互之間保持着緊密的聯係。不僅我不止一次地審讀每一部書稿，也請其他作者幫忙審讀，或者由作者自己請其他作者審讀。有些大家共同關心的問題，會在微信和QQ群裏討論，或者舉辦小型的討論會來商議。

我不敢説我們的作者有多麽聰明，但我可以説我們的作者是勤勞而樸實的。譬如任雪莉博士，她本是英語本科專業畢業，上了研究生纔開始學習青銅器，而且她那時已經拖家帶口，求學的西安與家所在的寶鷄有不近的距離，可以説條件比較差。然而她不僅完成了碩士和博士學位論文，還以此爲基礎，出版了《中國古代青銅器整理與研究 · 戴家灣卷》和《中國古代青銅器整理與研究 · 青銅簋卷》兩部書，博士學位論文外審獲得全優，并榮獲2016年陝西省優博論文稱號。令人刮目相看的還有胡嘉麟博士。早先他在銀川的西北第二民族學院（北方民族大學）歷史專業讀本科，那時他對考古還很陌生。十多年來，他刻苦鑽研，閱讀了大量書籍，并四處考察，積極參與相關學術活動，虛心向前輩學者學習，不僅完成了篇幅很大的《中國古代青銅器整理與研究 · 青銅簠卷》，還發表了不少論文。讀到這些論文，我很欣慰，他正在褪去青澀，走向成熟。

我要感謝我的作者，爲了這套書的完整性，他們有時要犧牲個人的一些利益。由于這套書的出版經費得到陝西師範大學的資助，書的封面寫有“陝西師範大學國家重點學科建設項目”的字樣，不能冠以作者現在所在單位的名稱，如此一來，成果有可能不被作者所在單位認可，進而影響到作者科研成果的計算和職稱的評定，所以我要向他們致歉。

第四，得到多方面的幫助。首先在時間的支配和出版經費的資助方面得到陝西師範大學與歷史文化學院兩級領導的全力支持，并作爲“陝西師範大學國家重點學科建設項目”立項。其次這14篇學位論文在答辯時，王輝、尹盛平、張天恩、曹瑋、周曉陸、趙叢蒼、王暉等專家提了不少寶貴意見，對提高論文水平幫助很大。在系列書陸續出版的過程中，王子今、王輝、朱鳳瀚、劉緒、張天恩先生又先後寫出書評，或褒獎或批評，都讓我們受益匪淺。我們很清楚，自己的水平不够，愧對那些褒奬的語言，我們把專家的金玉良言看作我們今後努力的方向。同時還要感謝作者所在單位領導和同人的支持與幫助。

再談談我們編寫這套書的不利因素。

第一，包括主編在内，我們的作者大部分畢業于陝西師範大學和西北大學，没有北京大學、清華大學那樣的名校畢業生。就專業而言，其中衹有6人是西北大學考古專業本科畢業。我審讀過多篇北京大學考古專業的博士學位論文，其視野之開闊、資料之熟諳、文筆之流暢，令人欽佩。就青銅器研究者需要具備的學術素養而言，我們自知差距不小。

第二，這15卷書中14卷是在碩、博士學位論文的基础上写成的。其中只有《中国古代青铜器整理与研究·青铜簋卷》和《中国古代青銅器整理與研究·西周金文字體卷》的前身是博士學位論文，其他12卷均出自碩士學位論文。暫不論質量，就篇幅而言，這些碩士學位論文的字數多在3萬~5萬字，要把論文變成幾十萬字的書稿，無論對于作者還是主編來説，都是一個巨大的挑戰。

第三，15卷書的14位作者出書時的平均年齡是34.4歲。作爲文科學生來説，這個年齡主要還是埋頭讀書的時候。即便是研究，也剛剛開始，能寫幾篇文章就不錯了，要他們去完成這麽一套系列書，確實有點勉爲其難。記得我在西北大學上學的時候，我的好幾位老師都説過這樣的話：坐十年冷板凳，十年内不要寫文章發表。這是真知灼見。衹是後來形勢不一樣了，不發表文章、不寫書，就難以生存。無奈之下，我一直把出書的目標定得比較低，他們衹要能將資料歸籠在一起，做一點初步的研究，就行了。我不能有或者説不敢有什麽奢望，否則也許是拔苗助長，害了學生。

第四，水平參差不齊。譬如《中國古代青銅器整理與研究·青銅豆卷》的文筆比較好，而有些碩士學位論文本身就比較差。這些比較差的學位論文，原本也可以不轉化爲書稿出版，但是考慮到我們這套書的整體設計理念，除非作者不願意出版，我還是盡可能尊重他們的意願，將其書稿排入我們的出版計劃。如此一來，要把這些學位論文都變成書稿，就更爲艱難。鑒于這套書的編寫原則，我們不可能請其他人來承擔其中某一書稿或多部書稿的撰寫工作。衆所周知，近十多年來研究生擴招，導致總體水平下降，不少研究生的學位論文還不如20世紀的大學本科生的學位論文。相信當過研究生導師的先生都有很深的感受。雖然這15本書稿經過多次修改校正，但是還有很多問題，正如諸位先生在書評中指出的那樣。當然，主要責任還是在我。爲此我一直是如履薄冰，惴惴不安。

有學者批評我們這套系列書觀點不統一，主編和作者的看法也有所不同，從而讓讀者無所適從。批評是正確的。對此，我想做點説明，我們的情况確實比較特殊。我们這套系列書的編撰想法産生在多篇研究生學位論文已經形成之後，所以不便于對這些論文的觀點做更改，除非作者自己願意更改。從第一篇研究生學位論文寫作伊始，我遵循的原則是學術自由，除非屬于字詞和概念錯誤，我必須要他（她）改正，否則任由作者發揮。當然，我會將自己的觀點明確告訴我的學生。如果學生同意我的觀點，我會和他（她）做進一步的討論；如果學生不同意我的觀點，我也不會干涉，但我會在序言中表明我的態度。譬如關于戴家灣墓地的族屬，關于罍、尊、瓿的區分，我和作者的觀點就不一樣。記得我年輕時寫過一些論文，請教我的導師李學勤先生，先生提了很多很好的意見，但那時的我年輕氣盛，有些意見并没有采納，至今回想起來還很後悔。人的學術成長是有一個過程的，難免犯錯誤，也許吃點教訓印象更深刻，反而有好處。

總之，我們將總結經驗、吸取教訓、改進工作方法，繼續編寫出版這套系列書，同時也希望繼續得到學界同行的批評指正，共同爲繁榮學術而努力。

關于西周金文字形書體與斷代研究的幾點思考（代序）

張懋鎔

王帥博士的書稿《中國古代青銅器整理與研究・西周金文字體卷》（以下簡稱《金文卷》）即將出版[①]，這是第一部用考古類型學方法分析西周金文字形書體的著作，很有意思，我想順便談幾點看法。

首先想談談做這件事的必要性，或者説有什麽意義。

利用金文字形書體爲青銅器分期斷代，可謂歷史久遠，至少能追溯到一千年前。不過，從宋代到清代，金文字形書體的研究并未進入科學的軌道。20世紀30年代，郭沫若先生創立標準器斷代法，金文字形書體的研究纔開始自成體系。毛公鼎年代的考定是郭沫若先生關于西周青銅器斷代的一個範例，而其中字形書體風格的判斷是推定其爲宣王時器的重要證據之一，顯現出金文字形書體研究在青銅器斷代中的地位與作用。隨後，陳夢家、唐蘭、容庚、李學勤等專家，均善于運用這一方法來推定西周青銅器的年代。

誠然，20世紀金文字形書體的研究對西周青銅器斷代發揮了重要的作用，但必須看到，這方面的研究還遠遠落後于形制、紋飾的研究，迄今類型學的研究方法尚未在文字形體的分析中得到充分運用。輕視文字斷代功能的傾向依然存在。西周青銅器斷代中出現的一些紛争不已的問題，其原因在一定程度上與文字字形書體特點的駕馭不熟練有關[②]。

出現上述情况的原因是多方面的。第一，從青銅器斷代研究的方法和步驟來説，首先是看器物的形制和紋飾，其次看銘文。在形制與紋飾研究水準較低的情况下，字形書體的研究很難有所成效。第二，從學術發展史的角度來看，從北宋到清代，雖然研究者重視銘文的功效，但由于西周青銅器的斷代體系尚未建立，銘文字形書體的研究也很零碎。從民國到現在，西周青銅器的研究日益科學化，但銘文的研究相對滯後。畢竟中國的考古學是從西方引進的，西方考古學告訴我們如何用類型學分析器物

① 本文中凡引用王帥博士的説法，請閱讀《金文卷》，不再一一注明。

② 張懋鎔：《金文字形書體與20世紀的西周銅器斷代研究》，《古文字與青銅器論集》第二輯，科學出版社，2006年，30、31頁。

的形制與紋飾，可惜没有告訴我們如何分析銘文的字形書體。雖然金石學研究銘文的字形書體，但是金石學并不是考古學的前身①，從國外傳來的考古學要和中國本土的金石學相互借鑒和融合，需要很長的一段時間，成效的顯現也比較緩慢。第三，從青銅器研究者的出身來看，最先接觸出土青銅器銘文的人是考古工作者。絶大部分考古工作者不懂金文，但憑借考古類型學的分析，照樣可以從形制與紋飾兩方面給有銘文的青銅器分期斷代，這在客觀上造成對金文字形書體的斷代作用估價不足。而一部分熟悉金文字形書體的古文字學者却未必懂青銅器，在不了解青銅器形制斷代的情况下，他們的判斷往往很難爲考古工作者采信，其學識自然難有用武之地。第四，緣于金文本身的特殊性。甲骨文主要是指商代晚期殷墟出土的甲骨文，流行年代不長，地域狹窄，而金文不同，從商代早期到漢代，分布地域廣，數量要多得多，异構也多得多，所以甲骨文的型式分析比較容易做，而金文很難做。

如今用考古類型學研究西周金文字形書體不僅必要，而且可行。首先，有比較多的金文資料。80年前，當《三代吉金文存》出版時，收羅的金文有4800多篇，而今《商周青銅器銘文與圖像集成》（以下簡稱《商周》）及《商周青銅器銘文與圖像集成續編》（以下簡稱《續編》）收集的金文就有18 000多篇②。青銅器斷代研究的三大方面：形制、紋飾、銘文。銘文具有很重要的斷代價值，如果没有像形制與紋飾那樣通過類型學分析發揮更大的作用，豈不可惜。

其次，金文字形書體的斷代研究也可以如形制與紋飾的斷代研究那樣做得細致一點。譬如我們曾經將1976年陝西扶風莊白一號窖藏出土的三年㾓壺（《商周》12441-42）與十三年㾓壺（《商周》12436-37）做了比較研究。兩器的制作年代相隔僅僅十年，在仔細分析了兩者的銘文字形書體之後，還是發現了兩者的不同點。首先後者較前者行款更爲整齊，其次後者字形更接近西周晚期寫法。這説明僅僅過了十年，文字就開始有所變化了。根據這十年間文字變化的頻率，我們推算出缺少紀年的㾓爵、㾓鼎、㾓簋、㾓盨、㾓鐘諸器的年代。最後結論是：按年代排列㾓器的順序大約是㾓爵、㾓盨、㾓鼎、㾓簋、三年㾓壺、㾓鐘、十三年㾓壺③。

先前關于用字形書體的辦法來推定青銅器的年代，也祇限于較少的一部分西周有銘青銅器，而《金文卷》用類型學方法要推定所有的西周有銘青銅器的年代，這是很有意義的工作。

其次談談我們做這件事的設想。

---

① 張懋鎔：《漫談文物學建立的必要性》，《光明日報》2000年9月7日。

② 吴鎮烽：《商周青銅器銘文與圖像集成》，上海古籍出版社，2012年；《商周青銅器銘文與圖像集成續編》，上海古籍出版社，2016年。

③ 張懋鎔：《同人同銘金文字形書體的差异性研究》，《古文字與青銅器論集》第五輯，科學出版社，2016年，3、4頁。

（1）早在寫作《金文字形書體與20世紀的西周銅器斷代研究》一文時，我就有個想法，將西周金文字形做類型學的分析，但限于時間和精力，衹挑了幾個典型的字例來分析。其時王帥正在準備碩士研究生的開題報告，鑒于他的研究方向是古文字，我們商量之後决定做西周金文字形書體的斷代研究。後來發現這個題目對于碩士研究生來説還是大了點，于是將研究時段縮小在西周早期範圍内。但問題是西周早期金文的字形書體的變化幅度不是那麽大，作爲類型學研究的例證不是那麽典型，很難達到預設的目的，所以王帥的碩士學位論文完成後我們還是感到遺憾。又過了幾年，王帥再來讀博士，就想彌補這一缺憾，他在碩士學位論文的基礎上繼續延伸，做整個西周時期的金文字形書體的斷代研究。

（2）題目形成之後，第一步是收集資料。金文資料比十年前豐富多了，這有利于型式分析，但是資料多，對作者的駕馭能力是一個嚴峻的考驗。駕馭不好，資料再多也没有用。

（3）研究的第一步工作是將資料不斷地解析，再不斷地綜合。當然，關鍵是分型分式。爲了更好地區分型式，先將字形書體相同的字例打包歸檔。譬如寶字就有1000多個形態，數量龐大，不適合一開始就分型式，故而先將形態相似或相同的寶字打成一包，算作一式，暫時放在一邊。形態不同的字例就是不同的型式。屬于同一時期不同的字例，它們之間的關係就是型與型或者亞型與亞型之間的關係。屬于不同時期的字例，可能是式與式之間的關係。這兩部分初步整理好的資料就是用來分型式的基本材料。之後，試從不同的角度來區分型式，并列出多個方案，最後選取比較可靠的方案。

（4）如上所説，我們將形態屬于同一式的所有字例匯總在一起，打成一包。我們有很多個字例包，每一個字例包都標有年代，很有用處。鑒于這些字例來自不同的青銅器，當我們要判斷其中某一件器物或者新發現的某一件青銅器的年代的時候，就可以將這個包打開，看看與這件器物相似的那個字例，從相似程度來判斷其年代。以往我們根據銘文字形書體去判斷青銅器的年代時，除非很熟悉銘文的專家，其他研究者很難快速找到可以與之對照的青銅器及其銘文。即便是熟悉銘文的專家，也往往衹記得住幾件字例相似的青銅器，要馬上提供更多的字例相似的青銅器也很難。由于篇幅所限，《金文卷》無法將這些字例包放在書稿中。如果我們能建立一個金文字例庫，就能比較好地解决這個問題了。

（5）在上述基礎上，進一步分析同一個字在不同時期的形體特點，某一形體（或者是式）向另一形體（或者是式）轉變時需要花費多少時間，换言之，每一式存在時間有多久。看看字形的型式轉换與器物形制、紋飾的型式轉换是不是大致相近，想以此來證明：金文字形書體的類型學研究是必要的，也是可行的。

（6）找一些有争議的青銅器來討論，檢驗我們的成果達到了什麽樣的程度。《金文卷》中運用字形書體斷代法對覺公簋等20件青銅器進行斷代，其結論符合目前學術界的主流看法，説明有一定的成效。當然如果有問題，就要分析是哪一方面的問題（下詳）。

再次，談談對《金文卷》的意見。

這是第一部從西周青銅器斷代的角度用考古類型學方法整理研究西周金文字形書體的專著。作爲王帥博士學位論文的指導教師，我不敢説有多少進步，但我想，這至少是一次有益的嘗試。王帥博士去做這項研究工作，也有幾個原因。

從主觀上來説，王帥博士初步具備做好這項研究工作的知識結構。前幾年應邀到復旦大學古文字和出土文獻研究中心講西周青銅器斷代，裘錫圭先生告訴我，他原本打算讓他的一位博士生做西周金文字形書體的斷代研究，後來放弃了。原因是他聽説王帥在做這個題目，他認爲王帥更合適，因爲王帥本科讀的是考古，研究生讀的是古文字，兩方面都比較熟悉。承蒙裘先生嘉許和鼓勵，我很受感動。衹是我們所做的工作達不到裘先生的要求，可能有負先生的厚望。

歷史的經驗告訴我們，做西周青銅器斷代的學者，從郭沫若、陳夢家到李學勤先生，他們雖然是古文字學家，但無一不是青銅器研究的行家裏手，而比較純粹的古文字學者一般是做不了西周青銅器斷代的，如果做，可能會犯常識性錯誤。同時，迄今爲止很少有考古學家能利用金文資料來做西周青銅器斷代研究，除非他兼修古文字，如董作賓、林澐、嚴志斌、何景成諸位學者，但畢竟是鳳毛麟角。有例子可以説明問題。關于商周青銅器上的族徽文字，以前由文字學家研究，基本上没有逃出識字的窠臼，而如今由具有考古背景的學者來做（如何景成博士的專著《商周青銅器族氏銘文研究》[①]），就會將文字與青銅器聯係在一起，討論商周族氏的分布和遷徙等問題，從而大大拓展了商周族徽的研究範圍。還有嚴志斌博士的著作《商代青銅器銘文研究》[②]，先將青銅器做分期斷代研究，再關注銘文的形式與内容研究，大大加强了觀點的立論基礎，很有説服力。

從客觀上來説，必須擁有足够的資料儲備和新的研究手段。大量青銅器和金文資料的發表和整理爲研究提供了良好的條件，計算機的使用大大提高了效率。很難設想在二三十年前我們能做這項工作，這一點書稿中已經談得很詳細，兹不贅述。

至于《金文卷》使用考古類型學方法是否有效的問題，王帥博士在該書的第七章第三節“西周部分争議青銅器的時代推定”中已經做了回答。在這裏，我想舉幾個例子，做一點補充。

關于䚄簋的年代，近年來争議很多。起初以李學勤先生爲代表，學者多認爲此乃穆王時器。後來韓巍、王占奎先生分别撰文提出不同意見，指其爲共王二十四年器。共王在位年數能否達到24年暫且不説，《金文卷》在分析字形書體後指出：從我

① 何景成：《商周青銅器族氏銘文研究》，齊魯書社，2009年。

② 嚴志斌：《商代青銅器銘文研究》，上海古籍出版社，2013年。

們對西周一朝字形書體的梳理可以看出，穆王時期的型式是非常多樣化的，與其他王世有着比較明顯的差异。字形書體的這種轉變并非一朝一夕完成的，從前幾章的論述可知，轉變過程大約從昭、穆之際開始至穆、共之際仍未完全穩定。這種持續的震蕩恐怕也會影響研究者的判斷，導致將一些新因素擴大化而得出某一器銘時代偏晚的結論。我們將𧡧簋置于西周完整的字形書體發展譜系中對比，其結論仍舊是該器字形書體的時代特徵契合穆王世而遠于之後的共、懿等王世。我贊成王帥博士的看法，這恐怕就是建立字形書體發展譜系的用處。

庚嬴卣也很重要。關于此器的時代，郭沫若、陳夢家、馬承源均置于康王世，王世民等認爲在早期偏晚，白川静提出是昭王時器，唐蘭、劉啓益以及我們以爲是穆王時器。庚嬴卣之所以重要，在于它和庚嬴鼎的關係，兩器爲同一人所作。庚嬴鼎曾經是夏商周斷代工程爲西周王年研究推定的七個支點之一。問題是《夏商周斷代工程1996—2000年階段成果報告（簡本）》將二十二年庚嬴鼎的銘文“唯廿又二年”改作“二十三年”，以適應金文排譜的需要[①]。庚嬴鼎如果按原本銘文“二十二年”排入金文歷譜的康王時段，顯然不行，但放弃又可惜，所以《夏商周斷代工程1996—2000年階段成果報告（簡本）》做了改動，但是改動紀年總是一件讓人詬病的事情。關于庚嬴鼎的年代，後來我也寫過文章，無論從形制還是銘文字形書體來觀察，它都不是康王時期的青銅器，它與庚嬴卣是同人之器，要晚到穆王時期。迄今所見的四要素俱全的西周青銅器，還没有早于穆王時期的[②]。《金文卷》也認爲庚嬴卣年代在穆王世。庚嬴卣年代的推定對于重新認識庚嬴鼎很重要。

師𩛥父鼎大多數學者認爲是共、懿時器，彭裕商先生認爲在夷王前後，《金文卷》認爲在懿、孝時。考慮到共、懿、孝、夷四王在位年數較短，以上説法差别不大。不妨與十五年趞曹鼎再做比較，無論形制還是紋飾、字形書體，非常相似，所以年代一定距離十五年趞曹鼎不遠。

其他如將井鼎定在共王時期，師望鼎、利鼎定在懿、孝時期，伊簋、室叔簋定在厲王時期，康鼎定在厲、宣之際，《金文卷》都和主流意見相同或相近。

前面已經提到，《金文卷》第一次較爲系統地用類型學方法分析西周金文字形書體，是一種探索，所以不足在所難免，最後我想談談對該書的幾點建議。

（1）該書的第六章是“西周金文書體研究的新思考”。按型式劃分爲A、B、C三型共14式。竊以爲還可以分得更細一點。我還是同意朱鳳瀚先生的做法，先分期再分型式[③]，因爲西周早、中、晚三期書體有很大變化，年代的差异要勝過型式的差异。

① 夏商周斷代工程專家組：《夏商周斷代工程1996—2000年階段成果報告（簡本）》，世界圖書出版公司北京公司，2000年。

② 張懋鎔：《回顧夏商周斷代工程——以西周王年研究爲例》，《古文字與青銅器論集》第四輯，科學出版社，2014年，169頁。

③ 朱鳳瀚：《中國青銅器綜論》，上海古籍出版社，2009年，627～636頁。

（2）根據《金文卷》的統計，年代有争議的西周青銅器有110件（組），但是書中衹對其中的20件（組）青銅器進行了辯解，數量不足五分之一，這顯然是不够的。可能例子在50%左右，纔有比較充分的説服力。

（3）我要特别强調在做金文字形書體的類型學研究的同時，一定不要忘了金石學的傳統，斷代的時候，一定要關注標準器的利用問題。前面已經説了中國金石學不是中國考古學的前身，雖然兩者有關係。郭沫若先生創立標準器斷代法，研究的對象是有銘文的青銅器，這些青銅器多是傳世器，與考古發掘的出土品没有什麽關聯。他的研究方法主要是根據銘文中的人物（如周公）與事件（如周初東征）對照文獻，來確定哪件是標準器。盡管他也注意到器物的形制與紋飾對斷代的意義，但那不是首要的證據。這是金石學的研究方法在新時代的光大。近年來，李學勤先生特别告誡我們："中國的現代考古學，是在久遠深厚的金石古物之學的傳統基礎上面建立起來的。考古學的研究，有必要從傳統積累中取得憑籍和借鑒。""忘記這方面的傳統，會給今後的文物考古工作帶來損失。"①在青銅器斷代研究方面，如何充分發揮考古學與金石學的優長之處，我想大概就是將類型學的相對年代分析與標準器的絶對年代分析結合起來。

以往在西周青銅器斷代中，凡是充分運用標準器的做法，往往很有成效，證據可靠，令人信服，而没有運用標準器的做法，人云亦云，很難説服人。所以要盡可能地用標準器來斷代。當然這也存在一個問題：現存的標準器很少，有很多王世缺乏標準器，有很多器類中没有標準器，這給斷代工作帶來很大困難。我們曾經設想以標準器爲基礎，再推導出一大批年代比較清楚、學術界比較認可的青銅器作爲今後斷代的重要依據。爲此，我們制定了一份表格。左邊第一欄是標準器。第二欄是"次標準器"。所謂次標準器是直接由標準器推導出來的，年代相對可靠，學術界對此比較認可的青銅器。第三欄是由標準器和次標準器推導出的一批年代雖有争議，但諸家分歧意見不大的青銅器（表0-1）。

表0-1十年前做過②，這次補充了一些新資料。

表0-1　以標準器推導出的年代比較清楚的青銅器

王世	標準器（第一層次）	次標準器（第二層次）	參考器（第三層次）
武王	大豐簋	利簋	
成王	周公方鼎，康侯豐方鼎，德方鼎，王奠新邑鼎，臣卿鼎，禽鼎，禽簋，臣卿簋，鳴士卿尊，克罍，克盉，何尊，小臣單觶	作冊睘鼎，德鼎，沬司徒簋（包括同人之器），德簋，叔德簋，大保簋	小臣逋鼎，堇鼎，保尊，剛劫尊，保卣，剛劫卣，延盤

① 李學勤：《賈氏文物修復之家·序》，《重寫學術史》，河北教育出版社，2002年，21、22頁。

② 張懋鎔：《周原出土西周青銅器分期斷代研究》，《古文字與青銅器論集》第二輯，科學出版社，2006年，226頁。

续表

王世	標準器（第一層次）	次標準器（第二層次）	參考器（第三層次）
康王	成王方鼎，獻侯鼎，作冊大鼎，二十三祀盂鼎，二十五祀盂鼎，宜侯夨簋，魯侯熙鬲，內史亳觚	𠢕鼎，太史友甗	大保方鼎，憲鼎，𣳚鼎，燕侯旨鼎，𣚘簋，龢爵，伯憲盉
昭王	京師畯尊	中方鼎，誏鼎，中甗，過伯簋，𤞷馭簋，誏簋，𠫑簋，𤞷馭觥蓋，小子生方尊	䨏鼎，厚趠方鼎，𩀴鼎，師旂鼎，静方鼎，小臣謎簋，小臣宅簋，御正衛簋，吕行壺，召尊，召卣，中觶
穆王	剌鼎，㝬應姬鼎，鮮簋，班簋	紳鼎，虎簋蓋，倗伯再簋，𤼈簋，䚄簋，二十七年衛簋，折觥，折斝，折方彝，折尊，睘尊，豐尊，趞尊，睘卣，豐卣，趞卣，墻爵，倗叔壺	𢦏方鼎，䵼鼎，二十二年庚嬴鼎，伯𢦏簋，𢦏簋，𧻚簋，相侯簋，遹甗，彔伯𢦏卣，𦤎卣，庚嬴卣，臤尊，盠方尊，駒尊，盠方彝，吴盉，伯雍父盤
共王	師訊鼎，墻盤	七年趞曹鼎，遹簋，服簋，長甶盉，長甶盤，懋尊，懋卣	師湯父鼎，五祀衛鼎，九祀衛鼎，師遽簋蓋，師遽方彝，衛盉
懿王	畯簋	十五年趞曹鼎	㾓簋，走簋，豆閉簋，即簋，宰獸簋，諫簋，師旋簋，㾓盨，三年㾓壺，十三年㾓壺，𤔲馬壺
孝王		匡卣	
夷王			
厲王	㝬簋，㝬鐘，五祀㝬鐘		散伯車父器，南宫柳鼎，多友鼎，伯寬父盨，𠭯攸从器，師丞鐘
宣王	四十二年逨鼎，四十三年逨鼎，吴虎鼎	毛公鼎，𧼑鼎，逨盤等	此鼎，善夫山鼎，伊簋，不𡢁簋，師寰簋，南宫乎鐘，兮甲盤，虢季子白盤，梁其器，克器，函皇父器，晋侯邦父器
幽王			頌鼎，頌壺

參照表0-1，對《金文卷》提到的有年代争議的青銅器再做一點分析研究。西周青銅器斷代分歧嚴重者集中在兩個方面：一是在西周早期，究竟爲成王（或成康、康王）還是昭王（甚至穆王）時器；二是在西周中晚期，究竟是西周中期（主要指中期偏晚）還是西周晚期（主要指晚期偏早）器物。

先談西周早期，最著名的案例是作冊夨令器組。20世紀30年代，郭沫若先生在其名著《兩周金文辭大系》中將作冊夨令器組定爲成王時器，唐蘭先生不同意，認爲要晚到昭王時。而後陳夢家先生力挺郭説，而唐蘭先生一直堅持己説，并不斷舉出新的證據。鑒于郭、陳、唐諸位先生在學界的巨大影響力，至今對這組器的年代依然存在兩種意見：成王或者昭王。劉啓益先生折中放在康王世，但不是主流意見。

雖然意見有分歧，但多數學者支持昭王説。作冊夨令簋銘文筆畫轉折處方折多，捺筆肥大，所以紋飾與字形書體給人年代較早的感覺。如果看形制，就能較好地做出判斷，因爲簋的下腹有點傾垂，顯然是西周早期晚段的特徵，不會早到西周早期早段。這一點與我們所列的次標準器過伯簋（《商周》04771）、誃簋（《商周》04866-67）、𩰫簋（《商周》04585）很相似，就簋體下的方座有缺口而言，作冊夨令簋和過伯簋都屬于同一做派。和成王時的次標準器利簋、德簋比較，相去甚遠。

需要補充的一點是，凡是關于作冊夨令簋圖録的説明，都説口沿下的紋飾是“圓渦紋間簡化夔紋”。由于銹蝕嚴重，紋飾不清楚。最近我們仔細查看圖片，不像夔紋像是鳥紋，而且鳥身與鳥尾要分開。這種鳥紋的年代在昭、穆時期[①]。其實文字書體方面也有很强的證據，如令簋中的障字的西部上已有兩小竪夾一横，這種寫法不見于成王時器，主要見于昭、穆時期的青銅器上。

夨令方彝裝飾風格有濃鬱的晚商韵味，三層滿花，極其華麗，所飾獸面紋、龍紋又十分傳統，主紋浮雕感强，扉棱衆多。當1976年作冊折方彝（《商周》13542）問世，李學勤先生就敏鋭地指出它與傳世的夨令方彝非常相似，形體已與晚商到周初的方彝不同，由高大向横寬發展，腹壁也不是殷商常見的直壁，腹部外鼓，做曲壁狀，且圈足下有高階，這些都是年代較晚的特徵。唐蘭、李學勤、王世民等先生都將它斷在昭王時期，是正確的判斷。如表0-1所示，將夨令方彝與作冊折方彝比較是明智的做法，因爲後者是一件次標準器。根據銘文内容可知器主作冊折從昭王南征，時在十九年。昭王南征不返，在位衹有19年，考慮到當時戰事正酣，作冊折無暇制作，器物極可能作于穆王初年。將兩者比較，不僅形制、紋飾很接近，字形書體也很相似，譬如隹、月、王、易、賓、父等字。當然從令、尊等字及整體書風來看，夨令方彝要略早一點。

與此有關的還有叔䰧方彝的年代，《金文卷》指出“寶”字屬于Ba型Ⅱ式，“尊”字均屬于Bb型Ⅰ式，認爲在康昭之際。其實比較好的方式就是和同一器類的標準器做比較。和叔䰧方彝最接近的就是上述的令方彝和作冊折方彝。首先是形制、紋飾（獸面紋的細部結構）非常相似，其次銘文如“作”“尊”“寶”的字形也很接近。上述折方彝作于穆王初年，令方彝的年代在昭世，叔䰧方彝的年代即使早一點，也大致在昭王時。

與作冊夨令器組相似的案例還有士上器組。自1929年從洛陽馬坡出土以來，對其

① 張懋鎔：《再論西周青銅器演變的非均衡性問題》，《古文字與青銅器論集》第五輯，科學出版社，2016年，259頁。

年代就有不同的看法。早先郭沫若等學者將其放在成王時期，而唐蘭等先生認爲是昭王時器。《金文卷》經過類型學分析，認爲它是昭王時器，與我們通過形制分析得出的結論是一致的。爲了證明這一點，還可以與標準器做對比。士上器組包括士上尊、士上卣兩件及士上盉。這四件器中，士上卣最有特點。頸部收縮，腹部傾垂，與豐卣接近，當然不如豐卣矮胖，是知其年代要稍早于豐卣，豐卣是穆王時器，所以將士上卣置于昭世是穩妥的。士上卣的主人是殷遺民，銘文字形書體風格有商末周初韵味，所以并不奇怪。

以上幾組青銅器年代相近，它們之間可以相互印證。如果將它們提前到成王時期，違反類型學的方法論，勢必造成混亂。考古學的類型學雖然不能給出器物的絶對年代，但可以給出相對年代，即這些器物與利簋、德簋等成王時器差别較大，無論如何不能排到成王時。

關于臣諫簋的年代（《商周》05288），分歧意見也很大，李學勤先生認爲在成康之際，馬承源、劉啓益先生置于康世，王世民等先生放在西周早期，彭裕商先生認爲在昭穆之際，吴鎮烽先生則認爲是西周中期前段器，《金文卷》放在穆世。從成康之際到穆王，中間至少隔了50年。究竟如何看待這種分歧，還是要和標準器、次標準器做對比。從形制來看，主要特徵在腹部，下腹有一點傾垂，和以上提到的誸簋（《商周》04866-67）、𤔲簋（《商周》04585）很相似，説明它離昭世不遠。就字形書體而言，誸簋行文比較整齊，字與字、行與行之間的距離較爲一致，而臣諫簋行款較誸簋保留更多殷商遺韵，“文”“尊”“考”等字筆畫粗，有波磔體意味，“寶”字上的寶蓋頭像屋頂，顯然比誸簋古舊些。也就是説它不會晚于昭世。再説四耳簋也没有晚到西周中期的。所以臣諫簋既不在成康之際，也不在昭穆之際，而是在康昭之際，大致在康王後期到昭王前期。

再談西周中晚期青銅器的斷代。近年來發現的�簋是懿王時期的標準器，鑒于西周中期偏晚缺乏標準器，晦簋對于區分西周中晚期青銅器具有重要意義。在此之前，西周中期偏晚的次標準器衹有作于懿王初年的十五年趞曹鼎和孝王四年的�卣兩件了。一件57字，一件51字，且存世拓片字迹不甚清楚，所能發揮的斷代作用有限。晦簋有150字，對于用字形書體來斷代有優勢。晦簋作于懿王十年，可能比十五年趞曹鼎稍早，又稍晚于匡卣。雖然不知道懿王在位多少年，但總之不長，所以十年晦簋距四年匡卣應該不遠。將這三件標準器放在一起，可以看出西周中期偏晚（懿孝時期）金文字形書體的一些特徵。譬如字形接近正方形，這一點與穆共時期的金文近，而與厲宣時期的金文遠。字與字之間，行與行之間的距離不够整齊，這一點既不同于穆共時期的主流金文，也不同于厲宣時期的主流金文，似乎是懿孝時期王室衰落的一種反映。具體而言，拿寶字來説，寶蓋頭的形態，轉角處不像西周晚期那樣渾圓。貝字下部開口處有兩小竪，這一點在較早的十五年趞曹鼎上還没有，在十年晦簋和四年匡卣上已經顯現出來。

依據對以上三器特徵的理解，可以對某些有争議的中晚期青銅器有進一步的認識。關于利鼎的年代，郭沫若、唐蘭等先生認爲是共王時器，彭裕商先生放在夷厲時期，分歧較大。利鼎的形態不可能早到共王時，而銘文字形書體也與十五年趞曹鼎不同，較後者晚，但也不會晚到夷厲時，與匡卣、畯簋的字形書體近，置于中期偏晚的懿孝時期可能比較穩妥。《金文卷》的判斷與我們一樣。關于諫簋的年代，郭沫若先生認爲是厲王時器，陳夢家、唐蘭等先生置于懿世，李學勤先生放在孝世，分歧也很大。這種圈三足簋流行于西周中晚期，年代跨度比較大，不易從形制上判斷。蓋上的竊曲紋有特點，通常見于西周中期，到晚期的可能性很小。銘文字形書體與十五年趞曹鼎近。綜合判斷，諫簋放在懿孝時比較合適，可能比利鼎稍早一點。《金文卷》也持相同看法。利用畯簋等標準器還可以推定瘐器大致在懿孝時期，而無𠬪簋（《商周》05244）則不可能早到懿孝時期。

以上事例説明兩點：第一，類型學的斷代，無論對于形制、紋飾還是銘文的字形書體，主要是給出一個相對年代，而絶對年代的判定，還是要靠標準器。在斷代時，應盡可能就近利用某一王世的標準器（最好找同一類别的器物），如果缺乏，也要間接使用上下王世的標準器，這樣做纔能立論有據，增强説服力。第二，金文字形書體的斷代與形制、紋飾的斷代一樣，是有彈性的，即某種型式的字的存在有一個稍長的時段，因此在依據字形書體斷代時，必須綜合考慮形制與紋飾方面的因素。我們已經寫了幾篇文章闡述一個觀點：西周青銅器的演變是非均衡的[①]。由于朝代的更替，政治文化背景的差异，青銅器主人族屬的不同，從而造成在同一時期内，青銅器形制、紋飾、銘文的非同步演進，呈現出不同的面貌：某件青銅器從形制看年代似乎比較早，但銘文字形書體已晚，或者銘文字形書體的年代看似尚早，但紋飾則顯現出較晚的特徵。近年來，韓巍博士也表達了類似的觀點，雖然他使用了不同的詞匯如“延滯”“超前”，但也認爲西周青銅器的發展是不均衡的[②]。

總而言之，《金文卷》的出版，衹是説明用考古類型學方法系統研究西周金文字形書體的工作剛剛開始，很多現象還没有揭示，内在規律還没有掌握，還有不少問題需要思考。

本文權作抛磚引玉之舉，希望得到有識之士的批評指正。

附注：本文系國家社科基金項目“夏商周青銅禮器的興衰及其原因”（立項號：15BKG007）的階段性研究成果。

---

① 張懋鎔：《西周青銅器斷代兩系説芻議》，《古文字與青銅器論集》第二輯，科學出版社，2006年，177～203頁；《試論西周青銅器演變的非均衡性問題》，《古文字與青銅器論集》第三輯，科學出版社，2010年，107～127頁；《再論西周青銅器演變的非均衡性問題》，《古文字與青銅器論集》第五輯，科學出版社，2016年，251～292頁。

② 韓巍：《“延滯”與“超前”——西周青銅器演變中的特殊現象及其對斷代研究的影響》，“銘于吉金：中國古代青銅器及其銘文的新研究”國際學術研討會論文，2016年。

目　　録

第一章　緒　　論

古人稱銅爲“三金”之一，所以把鑄刻在各種青銅器上的古漢字稱爲金文，又有吉金文字、鐘鼎文、彝器文字、彝器款識之稱。商周及以後各代都有這種鑄刻文字，但是文字學上講的金文，一般是指先秦時期的金文，即商周金文。以目前的考古發現來看，金文的第一次集中出現是在商代晚期，其內容大多爲自名（族徽），另有部分賞賜、祭祀的內容，字數稍多，但也在五十字以內。金文內容最豐富、單篇字數最多的時期當屬西周。一般認爲，西周始于公元前1046年，終于公元前771年，歷時頗久。同時，西周也是東周漫長的政治動蕩之前相對穩定的一段，在政治、經濟、文化等各方面都有長足的發展，爲東周時期的燦爛文化奠定了全面的基礎。在字體的演變方面，西周時期是金文走向成熟的階段，文字面貌與較早的殷商金文形體比較，開始發生規律而微妙的變化，這個時期的文字演變也被普遍看作篆書的孕育與萌芽。對這一時期的文字演變進行研究，是字體研究的重要內容，對深入認識漢字字體演變的歷史與規律有着非常重要的意義。

第一節　西周金文字形書體研究概況

我們所說的“字形”主要指金文單字的架構、筆畫及筆勢，而“書體”即是一般所講的青銅器銘的行款佈局、書風特徵及文辭格式等，“字形”與“書體”構成了青銅器銘外在表現形式的兩大系統。青銅器銘與甲骨刻辭一起呈現了漢字的早期狀態，但是前者流傳的時間更長，地域分佈更廣。它幾乎覆蓋了當時中國疆域的東西南北，貫穿殷商、西周與東周的漫長歷史時期，經歷了政治的統一與分裂，見證了當時文字字體的演變過程。時間與地域的跨度、性質與用途的獨特均增添了文字面貌的複雜性，使它具有鮮明的時代特徵、地域特徵及載體特徵，這些在政局相對穩定、權力運行良好、文化影響廣泛的西周一朝有着較爲集中的體現。

青銅器作爲先秦禮制的核心角色，青銅器銘代表并反映了西周諸王治下官方文字的時代特徵與演變規律。通過考察西周青銅器銘的字形書體特徵，就可看出商末至戰漢的器銘外在形態發生了什麽樣的階段性變化，也可以深入瞭解先秦漢字形體演變過程中的諸多文字學現象。西周金文在古漢字體系中處于承上啟下的重要地位，所以對其字形書體演變規律作一些探討是十分必要的。

學界對商周金文字體演變的研究工作，主要圍繞三個領域展開。

其一，觀察器銘行款佈局、書風特徵及文辭格式之間的差异。

馬承源先生較早地觀察了西周器銘的行款佈局、書風特徵及文辭格式之間的差异。他主編的《中國青銅器》第四章及其論文選集《中國青銅器研究》的《商和西周的金文》一文即是代表。馬先生將西周金文的演變過程分爲早、中、晚三期論述，每期内部又分别包含三種書體風格，如他所論“西周早期的書體，如果細分，約有三種不同風格：第一種風格是瑰异凝重，以成王之世的何尊、康侯簋和康王之世的大盂鼎銘文爲代表。第二種風格是雄奇恣放，這種銘文是繼承商代末期書體風格發展而成的，典型的作品有成王之世的保卣、康王之世的作冊大鼎、昭王之世的召卣和令簋銘文。第三種風格是質樸平實，這種風格的銘文以武王之世的利簋和天亡簋最富有代表性”①。

朱鳳瀚先生與馬先生一樣將西周金文分爲三期，但所論更爲詳盡明確。例如，他談到西周早期器銘時，認爲可分兩個階段：第一階段，主要是武王、成王時期，但康王時期（約偏早）仍有部分器銘具有本階段特點，總體上保留了不少商晚期金文的特點，象形性較强，佈局不夠規整，氣勢豪放，筆畫渾厚凝重，筆捺皆有波磔，如利簋、保卣、獻侯簋及作冊大鼎等。第二階段，康、昭王時期，比較第一階段，此階段佈局開始規整，有兩種字體形式：一是字體筆畫仍顯渾厚，還有明顯的“波磔”，如康王大盂鼎銘文和昭王時期的作冊折觥銘文；二是字形一改過去較渾厚、豪放的書風，而爲規整、拘謹，但仍有一些字點畫上作粗肥筆，如御正衛簋和啟卣銘等。除此之外，朱先生還認爲此階段存在一種非主流的較鬆散形式的書體，如小臣謎簋和過伯簋等②。

以往的研究在描述時往往採用“瑰异凝重”“雄奇恣放”“質樸平實”等較籠統的辭彙，實際操作比較困難，往往依賴觀察者的主觀感受。更重要的是，“三期說”與主要依據形制、紋飾進行的銅器分期基本一致，其發展規律并未顯現獨特性。學界已經認識到，器形、紋飾與字形書體的演進并非等速過程③，依據器形、紋飾劃分的西周銅器“三期說”不僅無法精確嵌套器銘書體的演變規律，也不符合“先分類後分期”的考古類型學原理。

利用器銘時代特徵的標記復原商周器銘自身的演變譜系，并顯現其在漢字形體發展中的歷史地位，標誌性的成果是張振林先生《試論銅器銘文形式上的時代標記》一文。“鑒于不少文字學著作把金文籠統地、静止地當作一種書體，同甲骨文、小篆、

① 馬承源：《中國青銅器》（修訂本），上海古籍出版社，2003年，372頁。

② 朱鳳瀚：《古代中國青銅器》，南開大學出版社，1995年，454頁。

③ 張懋鎔：《試論西周青銅器演變的非均衡性問題》，《古文字與青銅器論集》第三輯，科學出版社，2010年。

隸書、楷書相提并論，錯誤地把不同時期的字體與同一時期的异體混合在一起，因此得出金文是象形字多、异體字多的片面結論，忽視了從豐富的西周金文材料中研究漢字偏旁和造字法的形成發展這一重要課題進而找出金文中時代上的標記”[①]，張振林先生這一認識是具有開創性的。張先生對商周金文氏族文字、點畫、偏旁、單字、文辭格式等的時代特徵進行了較全面的論述，他認爲由于文字内部發展的不平衡性，不同時期總是有一些變化較大的字或偏旁，可以造成不同時期的文字風格，歸納這些變化形成系統就可以發現其時代特徵的標誌。

陳英傑先生近年亦對金文字體研究貢獻頗豐，其《西周金文形態特徵研究三論》[②]一文從不同層次、角度仔細分析了字體研究工作中的一些重大問題，諸如銘文製作方法與器物空間形制對銘文形態的影響，正體與俗體、區域與族屬在字體研究中的意義以及“先分類後分期”理念在工作中的應用等，這些討論對廓清字體演變研究工作的很多誤區極具啟發性。此外，吳國昇先生的《春秋金文字形的時代特徵》及自編“春秋文字分期分域字形表”[③]也從器銘形體的角度，分一般外部面貌、點畫、偏旁和單字四個方面對春秋金文的時代特徵進行描述，可以說進一步傳承和發展了張振林先生的研究。

在東周時期金文字形書體不同階段、不同地區特徵的描述上，張曉明《春秋戰國金文字體演變研究》[④]一書較爲系統全面。作者把春秋戰國金文的字體演變現象作爲專門的研究對象，通過分析不同地域國別的漢字體勢、結體、筆畫的種種變化，力圖客觀、全面地描寫春秋戰國金文字體現象與字體演變脈絡。

其二，隨着銅器斷代的深入，在利用器物形制、紋飾進行斷代的同時，亦注意運

---

① 張振林：《試論銅器銘文形式上的時代特徵》，《古文字研究》第5輯，中華書局，1981年，54頁。

② 陳英傑：《西周金文形態特徵研究三論》，《商周青銅器與先秦史研究論叢》，科學出版社，2017年，11～32頁。

③ 吳國昇：《春秋金文字形的時代特徵》，《古文字學論稿》，安徽大學出版社，2008年，200～211頁。

④ 張曉明：《春秋戰國金文字體演變研究》，齊魯書社，2006年。

用金文字形書體的時代特徵加以佐證[①]。此類研究就對象而言屬于古文字學的範疇，但因爲涉及大量西周青銅禮器，又與文物學研究密切相關。金文字形書體的研究一直較爲薄弱，特別是利用字形書體的演變規律進行銅器斷代更未形成系統，儘管如此，亦有學者不斷嘗試，希望有所突破。

杜勇、沈長雲兩位先生合著《金文斷代方法探微》一書，全面檢討了長期以來銅器斷代特別是金文斷代的各種理論方法，認爲“銅器類型斷代必須綜合考察器物形制、紋飾及銘文字體、書風之諸方面的因素，儘量避免單純强調某一方面的簡單化與絕對化傾向”[②]，又說“目前銅器類型學研究存在的較爲突出的……弊端，是對銅器銘文字體、書風的研究普遍不夠重視……。呼籲加强對青銅器銘文字體書風的研究，也是爲着糾正在這方面存在着的與銅器斷代有關的錯誤說法”[③]。必須承認，這種看法對青銅器斷代體系的完善是有積極意義的，也是本書努力探索的方向。《金文斷代方法探微》一書也詳細討論了“康宮”原則，此外還將銅器斷代中“王號”生稱死謚問題加以詳細辨析。

實際上，孫次舟先生在20世紀40年代就初試此法。其《虢季子白盤年代新考》[④]一文將西周時期20多個金文單字形體與其石鼓文寫法製作成表，據此對比虢季子白盤器銘相應單字，進而推斷其爲東周時器，孫先生當時的研究儘管不夠深入細緻，結論也不大可靠，但此種方法的應用實在是一種進步。

其他學者也注意到字形書體對斷代的價值。唐蘭先生在《西周青銅器銘文分代史徵》一書中，論及昭王銅器時他就說道：“昭王初期的書法和康王時是十分類似的……。但昭王後期有些器銘變化很大，……有些小字的銘刻，……可以看出穆王時代小而秀美的書法所由出。”[⑤]在《石鼓年代考》一文中，唐蘭先生推斷石鼓文年代

---

① 關于金文字形書體的研究，除了銅器年代學外，還有另一個研究方向，即以松丸道雄、李峰先生等所倡導的注重字形書體背後歷史信息的深度挖掘。他們將銅器各要素作橫向聯繫，認爲金文字形書體（主要是器銘書體）反映了書寫者的文化水平、書寫訓練和個人習慣，因此也包含了有關青銅器鑄造過程的珍貴信息，而捕捉和分析這些信息可以重新認識青銅器的組合方式及其複雜的社會文化背景，亦可有助于我們對銅器的生產有更深入了解并爲銅器的辨僞提供佐證。相關研究可參考：松丸道雄：《西周青銅器製作的背景——周金文研究序章》，《日本考古學研究者中國考古學論文集》，東方書店，1990年；Li F. Ancient Reproductions and Calligraphic Variations：Studies of Western Zhou Bronzes with “Identical” Inscriptions, Early China 22,1997；Li F. Literacy Crossing Cultural Borders：Evidence from the Bronze Inscriptions of the Western Zhou Period(1045-771 B.c.). Bulletin of the Museum of Far Eastern Antiquities 74, 2002：210-242. 另，《青銅器和金文書體研究》一書編譯了李峰先生之前用英語撰寫發表的關于金文書體的部分論文，將由上海古籍出版社出版。

② 杜勇、沈長雲：《金文斷代方法探微》，人民出版社，2002年，144頁。

③ 杜勇、沈長雲：《金文斷代方法探微》，人民出版社，2002年，146、147頁。

④ 孫次舟：《虢季子白盤年代新考》，《齊大國學季刊》新第1卷第2期，1941年。

⑤ 唐蘭：《西周青銅器銘文分代史徵》，中華書局，1986年。

時稱“從字形發展來檢查銘刻時代最可靠”①，在論述金文時也偶爾提及字體風格的變化。

郭沫若先生《兩周金文辭大系圖録考釋》在論及䨺鼎年代時稱“文字甚古，必爲成王東征時器”，雖然判斷有誤，但其所說“就文字之體例、文辭之格調及器物之花紋形式以録驗之”②則是有道理的。

陳夢家先生《西周銅器斷代》中指出“以字體作爲斷代的一法，是有其一定的功用的”③，但在實踐中，陳先生仍以器銘内容及銅器的器形、紋飾爲主要依據。

李學勤先生在討論銅器時代時也很注意字形書體的特徵對比。在分析扶風莊白一號窖藏所出器物時，李先生特別提及商尊、商卣的字體風格很像昭、穆時器，時代應不在周初④。在《北京、遼寧出土青銅器與周初的燕》⑤一文中，指出琉璃河M50所出獸面紋尊的“爵”字無柱形筆畫，“很像商末的陶爵”，“丙”字的寫法也與殷墟晚期甲骨文的寫法相近，結合紋飾等特徵，認爲此器是商末遺留下來的。另如《何尊新釋》中，李先生談到德方鼎銘“從拓本看，鼎銘‘月’‘成’‘錫’‘用’等字與何尊如出一手，只是月份早一個月，無疑也作于同一時期”⑥，可見字形特徵也能作爲判明銅器時代的參考之一。

彭裕商先生《西周青銅器年代綜合研究》一書在判斷西周銅器年代時將器銘的字形書體納入標準之一，盡可能在每器之後依據某些形體變化較大的關鍵字佐證其觀點，但相比器形、紋飾的類型學分析，對字形書體的排比仍不夠系統，而在彭先生所作《春秋青銅器年代綜合研究》一書中亦未更多涉及字形書體的相關特徵⑦。

與孫次舟相似，夏含夷（E. L. Shaughnessy）先生曾選擇一些在西周時期形體變化較大的“關鍵字”作爲判斷銅器時代的參考之一⑧，他也更加關注字形書體背後所包含的歷史背景和史料信息。

張懋鎔師《金文字形書體與二十世紀的西周銅器斷代研究》一文，明確表示將類

---

① 唐蘭：《石鼓年代考》，《故宫博物院院刊》1958年第1期。

② 郭沫若：《兩周金文辭大系圖録考釋》，上海書店出版社，1958年，28頁。

③ 陳夢家：《西周銅器斷代》，中華書局，2004年，101頁。

④ 李學勤：《西周中期青銅器的重要標尺》，《新出青銅器研究》，文物出版社，1990年，88頁。

⑤ 李學勤：《北京、遼寧出土青銅器與周初的燕》，《新出青銅器研究》，文物出版社，1990年，47頁。

⑥ 李學勤：《何尊新釋》，《新出青銅器研究》，文物出版社，1990年，39頁。

⑦ 彭裕商：《西周青銅器年代綜合研究》，巴蜀書社，2003年；《春秋青銅器年代綜合研究》，中華書局，2011年。

⑧ Shaughnessy E L. Sources of Western Zhou History：Inscribed Bronze Vessels. University of California Press，1991.

型學方法引入金文字體分析工作勢在必行。他說："長期以來，這方面的類型學研究一直沒有形成共識，與銅器其他要素如形制、紋飾相比，類型學這類科學的研究方法尚未在字體分析中充分應用。"[①]張師重點選取"令""公""寶""尊"四個在西周出現頻率較高、形體結構變化明顯的單字，將它們在十六件時代清楚的標準器銘中的寫法彙集排比，製成"標準器常用字字形表"，結合器形、紋飾特徵用來推斷一批時代有争議的銅器。在《西周青銅器斷代兩系說芻議》一文中，張師亦指出西周銅器器形、紋飾、字體三要素不僅有時代上的變化，在不同的族屬、地域之間其演變進程也十分複雜，在銅器斷代時必須綜合考慮這些情況[②]。

劉華夏先生《金文字體與銅器斷代》[③]一文，明確指出金文字形書體（文中實指單字字形）的演變規律可以指導銅器斷代工作，所論亦較爲全面。作者對金文斷代研究中所涉及的理論方法如絕對年代與相對年代、標準器斷代法與考古類型學研究法、類型學研究法存在的問題等多有辨析，重點論述了金文字體演變研究簡史、金文字體演變研究所採用的程序及關鍵字類型的確立，此外還重新審視了字體類型的斷代依據、"標準器"的定義及標準器所載王號爲生稱抑或謚號等，文末亦從金文字體演變規律角度對夏商周斷代工程"西周金文曆譜"略加評論。

此文對字形書體的定義及具體實踐也存在一些問題，或許是篇幅原因，選字較少，無法真正說明問題，有些字的選取不具代表性，如選"貝"就不如選从"貝"的"寶"字更可以反映西周金文字形的演變進程，對大陸學者既有斷代體系成果及"夏商周斷代工程"的評判也失之主觀，可商榷處頗多。

目前在這一領域，從理論方法到研究實踐都有突出成果的，當推中國社會科學院考古研究所的嚴志斌先生。其《商代青銅器銘文研究》及《商代青銅器銘文分期斷代研究》（上、下）兩部專著下大力氣梳理商代金文字形書體的發展演變，依此規律科學指導商代青銅器的斷代工作。特別是《商代青銅器銘文分期斷代研究》一書，在《商代青銅器銘文研究》所涉字形書體幾章的基礎上，拓展資料，集中精力，"以科學發掘出土的銅器爲主，以考古類型學方法，確定若干標準器，進而將傳世銅器也作分期斷代研究。在此基礎上，選擇部分常見銅器銘文字形，進行字體的分期斷代研究。并以此爲基礎，嘗試對部分不見銅器器影的銘文進行斷代，并重新厘定部分定爲商代晚期銘文與西周早期銘文"[④]。嚴先生的研究成果是十分重要的，也與我們積極

---

① 張懋鎔：《金文字形書體與二十世紀的西周銅器斷代研究》，《古文字研究》第26輯，中華書局，2006年，192頁。

② 張懋鎔：《西周青銅器斷代兩系說芻議》，《古文字與青銅器論集》第二輯，科學出版社，2006年，177～203頁。

③ 劉華夏：《金文字體與銅器斷代》，《考古學報》2010年第1期。

④ 嚴志斌：《商代青銅器銘文研究》，上海古籍出版社，2013年；嚴志斌：《商代青銅器銘文分期斷代研究》（上、下），社會科學文獻出版社，2014年。

努力的方向不謀而合。也許是商代金文總的數量不多，變化的階段性和具體的時代特徵還不是十分明顯，在嚴先生的研究中，對個別單字字形的分型分式似可商榷；我們亦認爲，部分族徽文字由于其性質比較特殊，字形往往過于形象，可以作爲排比的參考，但似乎不大適于同一般器銘單字放在一起比較。

其三，從“漢字構形學”的角度分析金文字形結構的演變規律。此類研究以漢字“形符”“音符”“義符”及其相互關係爲考察對象，分析漢字“造字”原理，進而構建古漢字構形體系，金文形體的研究是其中一個環節。

文字學家很早就注意對漢字字式、漢字構造、形體構造、組織構造、字形結構的研究，唐蘭先生很早就明確指出“文字學本來就是字形學”①，後來這種觀點逐漸被普遍接受。裘錫圭先生在1987年“東京會議”就提出金文分“正體”與“俗體”兩大類，次年他又在《文字學概要》一書中詳細論證了這一觀點②，可以說，裘先生的“正俗體論”正確指導了很多學者之後的金文研究工作，也爲我們正確判斷銅器真僞提供了參考。

漢字形體研究源于對“六書說”所引出造字、構字理論的反思，如20世紀30～50年代的“三書說”（唐蘭先生，象形文字、象意文字、形聲文字）③、“三個過程”（陳夢家先生，“象形”“假借”“形聲”）④；80年代則有林澐先生的“三種基本的結構方法”（“以形表義”“以形記音”“兼及音義”）⑤和裘錫圭先生的“三類字符”（意符、音符和記號）、“三類漢字”（表意字即意符字、假借字即音符字、形聲字即半表意半表音字或意符音符字）及“兩大文字體系”（早期階段的意符音符文字、意符音符記號文字）⑥；90年代則有李圃先生的字素理論⑦、黃德寬先生的“系統優化論”⑧等。

在建立“漢字構形學”方面，王寧先生在其《系統論與漢字構形學的創建》一文中指出：“科學的漢字學應該是對漢字本體即字形的研究，它把字形作爲漢字的中心來探討，從理論上研究其內在的規律。”⑨此說雖是針對整個漢字學而言，對古文字形

---

① 唐蘭：《中國文字學》，上海古籍出版社，1979年，6、7頁。

② 裘錫圭：《文字學概要》（修訂本），商務印書館，2013年，53頁。

③ 唐蘭：《中國文字學》，上海古籍出版社，1979年。

④ 陳夢家：《殷墟卜辭綜述》，科學出版社，1956年。

⑤ 林澐：《古文字研究簡論》，吉林大學出版社，1986年。

⑥ 裘錫圭：《文字學概要》，商務印書館，1988年，90頁。

⑦ 李圃：《字素理論及其在漢字分析中的應用》，《學術研究》2000年第4期，102～110頁。

⑧ 黃德寬：《論形聲結構的組合關係、特點和性質》，《安徽大學學報》（哲學社會科學版）1997年第3期，31～38頁。

⑨ 王寧：《系統論與漢字構形學的創建》，《暨南學報》（哲學社會科學）2001年第2期，15頁。

體研究亦有參照意義。在此領域，姚孝遂《古漢字的形體結構及其發展階段》[①]、高明《古文字的形旁及其形體演變》[②]、趙誠《古文字發展過程中的內部調整》[③]及張桂光《古文字中的形體訛變》[④]等均是代表。

需要看到，無論是王寧還是姚孝遂、高明先生，在這一領域的研究目的還是通過對古文字形體的分析，對漢字的歷史演變、功能屬性等重大理論問題提出新的看法。例如，姚先生就認爲從文字的發展階段來說，古漢字屬于表音文字而非表意文字，從形體結構而言，則屬于象形文字。而高明先生的古漢字形體演變研究，則按時代將古漢字的形旁（包括象形的獨體字）劃分爲110類，并對其形體特點加以論述。這些論述，主要是立足于通過掌握各種形旁的演變情況，對進一步釋讀古文字提供幫助，與本書所進行的金文字形書體演變的類型學研究及其應用，是有所區別的。

劉釗先生在其1991年完成的博士學位論文《古文字構形研究》[⑤]中，系統總結并明確提出構建“古文字構形學”，認爲其是古文字研究的基礎理論。需要注意的是，劉先生最先將考古“類型學”的“譜系”概念引入古文字構形分析，認爲古文字的構成和發展演變具有很强的規律性，研究和探討這些規律，對認識漢字的構成和演變具有重要意義，這一點對今天我們深入探討西周金文字形書體演變規律很有啟發。該書對古文字有全面且貫通的研究，在研究“飾筆”“訛混”“變形音化”等古文字構成演變現象的同時，側重以構形學理論指導分析考釋古文字的實踐，并專設一章“古文字考釋”作爲研究重點。

江學旺先生曾在其博士學位論文中對1706個可以釋讀的西周金文單字結構做過詳細的類型學分析[⑥]，亦在文中製作“西周金文分期字形表”，以指事、象形、會意、形聲等傳統造字方式對金文單字的結構類型進行分類命名，通過梳理金文單字在西周早、中、晚不同時期結構類別的分佈比例與時代風貌，深入探索古文字構形方式的發展規律。江先生的研究主要還是基于文字構形領域的探索，對我們的工作亦有相當的參考價值。黃德寬教授等編著的《古漢字發展論》[⑦]是有關漢字構形發展理論體系構建與斷代文字深入研究的最新創獲。該書全面搜集古漢字原始材料，對商周時期漢字的

① 姚孝遂：《古漢字的形體結構及其發展階段》，《古文字研究》第4輯，中華書局，1980年，7～39頁。

② 高明：《古文字的形旁及其形體演變》，《古文字研究》第4輯，中華書局，1980年，41～90頁。

③ 趙誠：《古文字發展過程中的內部調整》，《古文字研究》第10輯，中華書局，1983年，350～366頁。

④ 張桂光：《古文字中的形體訛變》，《古文字研究》第15輯，中華書局，1986年，153～184頁。

⑤ 此文出版時改名爲《古文字構形學》，福建人民出版社，2006年。

⑥ 江學旺：《西周金文研究》，南京大學博士學位論文，2001年。

⑦ 黃德寬等：《古漢字發展論》，中華書局，2014年。

形體、結構、字用等情況進行了靜態描述與動態比較，以歷史眼光比較了甲骨文、兩周金文、戰國及秦漢文字的字形特徵、構形類別和使用方式等，立足于漢字構形的學術前沿重新梳理和總結了漢字發展演變的相關理論成果，爲揭示漢字發展過程中的內在規律提供了全景視角和堅實基礎。

值得關注的最新成果還有嚴志斌編著的《商金文編》[①]和張俊成編著的《西周金文字編》（全二冊）[②]，兩書分別對已公開發表的商周金文單字進行了細緻的排譜整理，資料收集與編排體例較以往的金文字編更加全面、科學。此外，兩書編者均將金文字形的時代發展脈絡作爲字編整理的基礎，這非常便于學者觀察單個字頭自身的形體演變并與同時代文字進行對比研究。

書法藝術領域也有不少對商周金文形體風格的討論，如沃興華先生《金文書法》[③]就設專門章節對金文書法的時代特徵從賞析的角度進行分析。

此外，西周有銘銅器數量衆多，50字以上的中長銘器在先秦銅器中所占比例最大，自古以來西周銅器及其銘文的著錄雖不在少數，但可資利用的清晰拓本的集中整理也僅是最近幾十年的事，《殷周金文集成》[④]《商周青銅器銘文選》[⑤]《中國青銅器全集》[⑥]《西周青銅器銘文分代史徵器影集》[⑦]《商周青銅器銘文暨圖像集成》[⑧]等資料也爲我們開展器銘書體研究提供了客觀、系統的依據。

第二節　金文字形書體的研究條件和意義

在漢字研究領域，通常把小篆之前的文字稱作古漢字。若從殷墟甲骨文算起，古漢字在其漫長的發展進程中，字形的繁化與簡化、偏旁的更迭與訛變總是交織在一起的。仔細觀察可以發現，古漢字偏旁（或稱構成部件、字素）在視覺層面的變化具體表現爲筆畫形態、筆道筆勢及偏旁結構的組合等。人們很早就認識了古漢字形體結構研究的重要性，在這一領域，以傳統“六書”說爲基礎的造字理論與方法的探索，可謂成果豐碩；另有以款識法帖、器銘碑刻之藝術特徵爲主要對象的研究，在宋、清兩

① 嚴志斌：《商金文編》，中國社會科學出版社，2016年。

② 張俊成：《西周金文字編》（全二冊），上海古籍出版社，2018年。

③ 沃興華：《金文書法》，上海人民出版社，2004年。

④ 中國社會科學院考古研究所：《殷周金文集成》（修訂增補本），中華書局，2007年。

⑤ 馬承源等：《商周青銅器銘文選》，文物出版社，1986～1990年。

⑥ 《中國青銅器全集》編輯委員會：《中國青銅器全集》（1～6卷），文物出版社，1993～1998年。

⑦ 唐蘭：《西周青銅器銘文分代史徵器影集》，中華書局，1993年。

⑧ 吳鎮烽：《商周青銅器銘文暨圖像集成》，上海古籍出版社，2012年。

代各領風騷，只是當時學者多從金石學、古器物學的角度展開，尚未形成專門的古文字字形研究。在現代學科引入之前，字體的研究或用于文獻的注釋、考證、整理與編纂，更多的則是對經書的附會與字書的闡釋。

一、研究條件

在古文字階段，西周金文向篆書進而隸書的演變過程是一次明顯的漢字形體變化，對這個過程中西周金文字形書體變化規律的研究，不僅能使我們深入瞭解篆、隸文字產生、發展的整個過程，更有助于整理和分析數量衆多的西周器銘，同時完善西周銅器研究體系。

西周器銘自身屬性適宜本研究的展開。西周金文是古文字發展史中一個重要環節，它的用字與殷商金文和春秋戰國金文存在傳承關係，但與其他時代的器銘相比，西周金文也有其自身特點。

第一，西周金文單字數量較多，同一個字的寫法亦多樣。曾經有學者統計，金文總字數5834個，西周金文不重複的單字有2837個，占比48.6%[①]。從詞的角度看，同一個詞可以用不同的字形來表示，而同一個字形又往往可以用來表示多個不同的詞義。西周器銘涉及的青銅器數量、種類都比較多，基本涵蓋了商周時期所有重要禮器，這也爲我們從金文字形書體入手研究西周銅器提供了條件。

第二，西周金文的偏旁結構也在趨于複雜化，這是伴隨着金文的不斷繁化簡化交替進行的。西周金文從文字内部結構來看，是具有一定穩定性的，但其筆道形態和筆畫構形則遠未穩定，這種矛盾在一定程度上也造成了"銘文風格有某些不合主流的個性的字體"[②]。

第三，西周金文反映的語言系統已比較成熟。句子中主語、謂語、賓語、定語、補語俱全的也是屢見不鮮，像使動用法、意動用法、被動用法等語法形式也頻繁出現。這種豐富的語言環境，對文字的影響是巨大的，爲了適應不斷擴充的銘文內容，就必須對文字進行調整變革，所以我們看到的西周中、晚期金文就表現出新字不斷產生，字體不斷變化的明顯特徵。

第四，西周青銅器器銘分佈地域廣泛。根據目前的考古發掘，西周有銘銅器的分佈範圍極廣，陝西、甘肅、河南、河北、山東、山西、江蘇、廣東等南北各地區均有出土，而銅器所屬的諸侯國則有晉、曾、燕、邢、秦、魯、蔡、黄、衛等幾十個。

第五，各類載體的古文字演變過程中，字體結構的逐漸綫條化是最明顯、最直接

---

① 張再興：《西周金文文字系統論》，華東師範大學出版社，2004年，1、2頁。

② 朱鳳瀚：《古代中國青銅器》，南開大學出版社，1995年，454頁。

的特徵[①]，西周金文是相對變化較大、較複雜的，可以説“綫條化”是西周金文漢字符號體系逐漸成熟的標誌[②]。

綜上所述，可以看出西周金文在古漢字譜系中處于承上啟下的地位。商末至春秋早期的漢字形體發生了階段性的本質變化，所以對西周金文的字形書體演變規律進行深入探討是十分必要的，許多學者如郭沫若[③]、唐蘭[④]、馬承源[⑤]、裘錫圭[⑥]、朱鳳瀚[⑦]、張振林[⑧]等雖在有關論著中對西周金文字形書體的演變規律有所涉及，但迄今爲止，這方面的研究依然不夠深入系統。希望通過本書的研究，能爲西周銅器斷代體系的完善提供更多的新思路，進而豐富相關的理論方法。

本書可以利用的資料與技術條件也已經具備。西周金文單字數量衆多，50字以上的長篇器銘在先秦銅器中所占比例也最大。自北宋金石學發端以來，西周銅器及其銘文的著録已相當豐富，而當代所編《殷周金文集成》[⑨]《商周青銅器銘文選》[⑩]《中國青銅器全集》[⑪]《西周青銅器銘文分代史徵器影集》[⑫]《商周青銅器銘文暨圖像集成》[⑬]《陝西金文集成》[⑭]等資料更爲字形書體與銅器斷代研究提供了客觀、系統的圖文依據，也爲科學分析西周字形書體演變過程提供了可能。

除此以外，近年來，電子資料檢索系統全面引入了古文字資料的整理工作。由華東師範大學中國文字研究與應用中心開發建成的《金文資料庫》及“金文檢索系統”

① 裘錫圭：《文字學概要》，商務印書館，1988年，46頁。

② 黄亞平、孟華：《漢字符號學》，上海古籍出版社，2001年，146頁。

③ 郭沫若：《殷周青銅器銘文研究》，人民出版社，1954年；《兩周金文辭大系圖録考釋》，上海書店出版社，1958年。

④ 唐蘭：《論周昭王時代的青銅器銘刻》，《古文字研究》第2輯，中華書局，1981年，12～142頁。

⑤ 馬承源：《中國青銅器》（修訂本），上海古籍出版社，2003年，372～374頁；《中國青銅器研究》，上海古籍出版社，2002年，106～112頁。

⑥ 裘錫圭：《文字學概要》，商務印書館，1988年，46～51頁。

⑦ 朱鳳瀚：《古代中國青銅器》，南開大學出版社，1995年，454～456頁。

⑧ 張振林：《試論銅器銘文形式上的時代特徵》，《古文字研究》第5輯，中華書局，1981年，49～88頁。

⑨ 中國社會科學院考古研究所：《殷周金文集成》（修訂增補本），中華書局，2007年。

⑩ 馬承源等：《商周青銅器銘文選》，文物出版社，1986～1990年。

⑪ 《中國青銅器全集》編輯委員會：《中國青銅器全集》，文物出版社，1993～1998年。

⑫ 唐蘭：《西周青銅器銘文分代史徵器影集》，中華書局，1993年。

⑬ 吴鎮烽：《商周青銅器銘文暨圖像集成》，上海古籍出版社，2012年。

⑭ 張天恩：《陝西金文集成》，三秦出版社，2016年。

以及吳鎮烽先生“商周金文資料通鑒”檢索系統等金文資料庫①，爲我們利用定量分析法深入研究金文字頻、异體及形體結構提供了巨大的便利。

二、研究意義

西周銅器的斷代至今仍存在不少争議，造成分歧的直接原因是各家對分期斷代標準的確定所持不一。正如張懋鎔師在《西周青銅器斷代兩系說芻議》一文中指出的，這些争議根源于我們對西周青銅器自身的演變規律不很瞭解，西周銅器存在商、周兩大系統而又在同一時期内兩大系統青銅器的形制、紋飾、銘文等存在着差异②。充分利用銅器形制、紋飾、銘文及其相關的各類要素，採取綜合研究的方法以掌握各類要素的演變規律，對我們深入瞭解西周銅器的演變規律是至關重要的，其意義有以下幾點。

第一，金文字形書體類型學研究的發展，爲我們呈現出了許多筆勢形體、字間排列、偏旁構架上的時代特徵及規律性現象，這將使研究者對西周金文的認識不斷深入豐富，從而影響和推動青銅器斷代體系的發展和完善。但也要看到，由于傳統研究中大家對金文字形書體演變規律掌握得還不充分，一些從字體、器形、紋飾相互參證的角度看來明顯不合理的舊說、誤判，還是有很多人信從。所以，從金文字形書體類型學對銅器斷代體系的參證作用加以强調，是有其現實性和必要性的。同時，也有不少從事金文和銅器研究的學者，或者對金文字體分型分式不夠關心和熟悉，或者尚未注意這方面的新進展，因而金文字形書體領域的工作還有提升的空間和推廣的意義。

第二，本書屬于古文字學的範疇，所做工作也能促進西周金文字形書體演變規律的研究，豐富古文字學科的研究内容。金文的研究領域，經過歷代學者的不斷開拓，主要有以下六個方面：史學研究、古文字研究、斷代研究、金文的著錄及整理、方法研究、銅器辨僞與書法藝術研究等，涉及字形書體演變的研究還比較薄弱。本書從西周金文的字形和書體兩方面對點畫形態、偏旁結構、器銘特徵進行較爲系統深入的論述，這種探索也可以爲其他時代字形書體的研究提供借鑒。

第三，銅器斷代體系的建立從20世紀初考古學引入中國就已開始，其間争議不斷，斷代標準的取捨與應用是關鍵問題。利用西周金文字形書體演變的規律，結合器形、紋飾及銘文内容等，對一批有争議的西周銅器重新分析、綜合判斷，對其所屬時代或對應王世進行討論梳理，不僅有助于總結與反思學者在這一領域的研究得失，也

① 劉志基、臧克和、張再興等：《金文資料庫》，廣西教育出版社，2003年；吳鎮烽：“商周金文資料通鑒”檢索系統（1.2版本），2005年。

② 張懋鎔：《西周青銅器斷代兩系說芻議》，《古文字與青銅器論集》第二輯，科學出版社，2005年，177～203頁。

可以進一步豐富銅器分期斷代的理論武器，從而對青銅器綜合研究提供有益的幫助。

跟殷墟甲骨文只是在當時的貞人集團小範圍使用不同，金文的鑄刻和使用情況要複雜得多，據此很多學者不同意按照甲骨分類分組那樣研究金文，這也使得面對金文字形書體的諸多變化，研究工作總給人一種籠統而瑣碎的印象，不如甲骨文那樣形成細緻而清晰的系統，這也讓銅器斷代體系的建立少了一個有價值的參考因素。

儘管學界早已認可了銅器斷代研究的綜合考證法，但我們發現在争論的近百年中，學者關注的焦點主要還是集中在銘文内容和銅器形制兩方面。諸家對銅器器銘的應用多限于其史料價值，對金文文字形態的演變規律則缺乏系統認識。縱觀20世紀西周青銅器分期斷代研究取得的豐碩成果，我們對青銅器重要組成部分之一的金文，特别是金文自身的字形書體演變規律卻未做細緻梳理。雖然很多學者對西周金文也做過分期，甚至還利用金文字形的一些變化特徵確定銅器時代（如唐蘭對康王時期器銘中“保”字多帶“玉”旁的説法[①]），但目前爲止似乎還沒有學者利用金文字形書體在不同時期的不同變化對銅器斷代做綜合研究。《金文斷代方法探微》一書提出了一個很重要的問題：“目前銅器類型學研究存在的較爲突出的第二個弊端，是對銅器銘文字體書風的研究普遍不夠重視”，“尤其是西周時期，青銅器銘文趨于鼎盛，銘文字體書風（包括章法佈局及書寫風範）呈現出許多形式的變化，焉能對其發展之迹掉以輕心”，“然而遺憾的是，我們在這方面所作的研究真是少得可憐”[②]。這些觀點是值得學術界重視考慮的。

① 唐蘭：《論周昭王時代的青銅器銘刻》，《古文字研究》第2輯，中華書局，1981年，131～137頁。

② 杜勇、沈長雲：《金文斷代方法探微》，人民出版社，2002年，146頁。

第二章　金文字形研究的理論與方法

衆所周知，關于古文字類型學的探索迄今爲止較成熟的就是殷墟卜辭的“分類”或“分組”[①]。其主要是指根據書體風格、字形結構、用字習慣三個特徵[②]將卜辭分成不同的類型，之所以先將甲骨文“分類”或“分組”，正是爲了甲骨文的“斷代”。“先分類、後斷代”的思想實際上是將考古類型學運用于殷墟甲骨分期研究，從理論方法上拓展和深化了甲骨文的分期研究。迄今爲止，字形類型學應用最充分的領域亦在于此。

第一節　“金文字形類型學”的提出

殷墟卜辭“先分類、後斷代”的思想，有一個發展過程。早期如董作賓“五期十標準”及其以後一段時間的甲骨文斷代研究，實際上都是不恰當地將這兩個步驟混同了起來。陳劍先生對這段歷史已做過很好的梳理，“明義士《殷墟卜辭後編序》中，討論大批小屯村中所出甲骨的年代，已經從字體方面將其聯繫成若干群，可以看作卜辭分類的初步嘗試。貝塚茂樹在《中國古代史學的發展》中分析了‘五貞人集團’和‘子卜貞卜辭’兩個‘貞人集團’。這是較早從貞人繫聯的角度給卜辭分出的類别。二十世紀五十年代陳夢家創立了賓組、𠂤組、子組、午組、出組、何組等甲骨類别方面的稱呼，一直沿用至今。他雖然主要也是通過貞人（他稱爲‘卜人’）繫聯來給甲骨分組的，但在分出‘午組’卜辭時，已經注意到了先按字體等標準來給卜辭分類。他認爲在字體等方面各具特點的不同卜人組的卜辭可以屬于同一時代，如賓組、𠂤組、子組、午組都屬于武丁時代。這實際上就已經將卜辭的分類和斷代分成兩步來進行了。其後李學勤先生明確提出：‘卜辭的分類與斷代是兩個不同的步驟，我們應先根據字體、字形等特徵分卜辭爲若干類，然後分别判定各類所屬時代。同一王世不見得只有

---

① 黄天樹先生爲了將“字體和貞人這兩個不同的分類標準區别開來”，把依據字體繫聯而得到的一類卜辭稱爲“類”，把依據貞人繫聯而得到的貞人組仍稱爲“組”。

② 參看林澐：《小屯南地發掘與殷墟甲骨斷代》，《林澐學術文集》，中國大百科全書出版社，1998年，102頁。

一類卜辭，同一類卜辭也不見得屬于一個王世’”[1]。

反過來，客觀評價金文字形多年來的研究工作，無論是基礎理論與譜系構建，還是利用相關規律科學指導銅器斷代的應用研究，至今都未能有重大突破，一些初步探索在學界内部還頗有争議。很多學者仍認爲相比殷墟甲骨文，我們對西周青銅器的鑄造流轉制度、器銘的鑄刻方式以及工坊技匠集團均不很瞭解，因此西周金文字形的斷代功能值得懷疑。形成這一局面的原因有很多，但主要有兩個：其一，與甲骨卜辭分期斷代極其重視字體書風相比，青銅器的分期斷代工作可依賴的形制、紋飾等要素比較豐富，這就間接導致了金文字體研究的薄弱。其二，運用何種方法并加以合理地分析金文單字的筆畫、結構及形態也一直困擾着研究者。很多研究要麽籠統概括，要麽偏重書風，這樣不僅無法形成科學體系，也極容易將方向引入書法藝術的範疇。正如張懋鎔師所説："長期以來，這方面的類型學研究一直沒有形成共識，與銅器其他要素如形制、紋飾相比，類型學這類科學的研究方法尚未在字體分析中充分應用。"[2]因此將類型學方法引入金文字體分析工作已勢在必行。

雖然甲骨卜辭的分類分期與金文字體演變規律的總結及文字譜系的排比不盡相同，《殷墟王卜辭的分類與斷代》[3]等研究成果亦不單純是文字形體的分類和分期，但是關于類型學方法的探索，于兩者之間卻是异曲同工。

當前急迫的任務，就是利用類型學原理，結合商周金文字形自身特點，依據標準器銘的文字形態，重點選取一批在某個歷史階段出現頻率較高、文字形體結構有着明顯時代特徵或者偏旁結構較爲複雜的單字，先分類後分期，先個案研究進而過渡到更大範圍的器銘梳理。

第二節　"金文字形類型學"的應用

我們選取時代可確定的西周時期所有清晰的銅器銘文拓片，摹本僅供參考而不作爲研究對象，對于時代不明確的商末周初或春秋早期的銅器也酌情列入研究範圍，以便更完整地反映西周金文字形的演變過程。從字形特徵、高頻單字、代表偏旁等三個層次展開研究。

---

① 陳劍：《殷墟卜辭的分期分類對甲骨文字考釋的重要性》，《甲骨金文考釋論集》（《中國語言文字研究叢刊》第2輯），綫裝書局，2007年，323～325頁。

② 張懋鎔：《金文字形書體與二十世紀的西周銅器斷代研究》，《古文字研究》第26輯，中華書局，2006年，192頁。

③ 黄天樹：《殷墟王卜辭的分類與斷代》，科學出版社，2007年。

1. 字形特徵

字體結構和形體筆勢會隨着文字系統的成熟、書寫載體的進步、書手契匠的風格以及文化意識與政治背景的轉變等因素發生一系列的變化，西周時期金文筆勢的綫條化、規格化的前後發展程度是其他時代所不及的。西周金文的單字演變規律考察，主要從三個角度進行：①字體結構的變化；②形體筆勢的變化；③筆畫形態的變化。

2. 高頻單字

我們主要遵循以下兩個標準選取研究對象：①同一單字在不同器銘出現頻率高的字；②同一單字在不同器銘前後字形差异大的字。

3. 代表偏旁

結構層次複雜化是指隨着文字系統的發展，單字的構成層次越來越多的趨向，如西周金文的“障”字，對其進行結構分析，是由“阜”“尊”與“廾”“酉”兩個層次構成的，這是由于隨着文字系統的發展，人們需要通過用獨體字組成不同層次的合體字以增加不同獨體字的效用。有學者據《金文編》的字形統計發現，西周金文中兩個以上層次的字共計636個，占合體字形總量的34.6%，據《甲骨文編》的統計，這一比例則降至14%[①]。偏旁的產生和消失與文字本身演進發展的關係十分密切，通過分析一個時代偏旁的變化就能夠看出這一時代文字發展的程度[②]。

西周是古漢字發展史中偏旁急劇變化的時代。大約三百年的時間裏，金文文字系統經歷了一個偏旁類化程度提高、字形分化速度加快的過程，而且西周金文的這一變化是大篆文字系統中最爲顯著的，足以說明進一步研究西周金文書體演變內部規律的重要意義。

“金文字形類型學”就是從金文單字的架構偏旁與筆畫、筆勢進行類型學研究。

首先，尋找合適的分析角度。根據古文字演變規律的相關理論以及金文字形演變分型分式的研究結果，主要從以下兩個層次入手。

第一，西周金文的字形演變規律考察，主要從字體結構、形體筆勢和筆畫形態的變化等三個角度考察。

第二，綜合考察及分期。銅器器形與紋飾變化并非等速發展，同樣的道理，器銘書體和金文字形的演變也不是完全同步的。書體演變的原因比較複雜，可能與社會政治、文化、禮制以及鑄造技術的變化均有聯繫；而字形的演變除了以上原因外，還與語言文字本身的發展密切相關。兩者的演進既有一致性，往往又互相交叉，這就需要

---

① 張再興：《西周金文文字系統論》，華東師範大學出版社，2004年，41頁。

② 李玲璞：《說字素》，《漢語研究》1993年第1期。

將器銘書體分析和金文字形研究結合起來，二者相輔相成，避免僅據某一方面進行斷代的偏差。

其次，劃定選字範圍，厘清選字標準，需要注意兩方面問題。

第一，同一單字在不同器銘出現頻率高的。現代漢語文字研究中字頻的統計分析已十分普遍，國家語言文字工作委員會和國家標準局在1992年即已頒佈《現代漢語字頻統計表》。字頻研究對我們深入認識古文字演變規律十分重要，“從歷史的角度來看，同樣的字在不同時代的文字系統中，對其頻率變化的研究能夠反映這個時代的語言特徵，同時也能反映這個文字系統所處時代的歷史文化特色”[①]；而對同一個文字系統中的字頻研究，亦能幫助我們深入瞭解不同單字在整個文字系統中的應用狀況。西周金文鑄刻于不同王世的不同類型的銅器上，根據學者對西周金文高頻單字覆蓋率的研究表明，排在西周金文字頻率（按降頻次序）的前473個字就足以覆蓋全部銅器銘文的90%[②]。盡可能多地選取見于各時期各類型器銘的高頻單字是利用字體進行銅器斷代的必然要求。

第二，同一單字在不同器銘、不同時代字形差异大的。本書的研究目的就是通過分析西周金文單字在不同時期的字形和筆勢的變化，進一步瞭解西周器銘發展過程中的某些規律。

鑒于西周金文的形體書寫和用字狀況十分複雜，我們在選字過程中還注意到以下幾點：①文字同義异形可合爲一組分別研究，如“唯”“隹”兩字；②文字同字异用作爲同一個字，如“事”“使”“史”“吏”；③鑒于自身獨特性，本書在進行單字演變規律考察時暫不收入合文、重文和族徽。

這一方法主要用于對金文字形演變研究。在前輩學者的研究基礎上，把古文字學特別是西周金文文字學的字頻、結構、异體及偏旁系統的理論與考古類型學方法互爲整合。我們將從可利用的西周銅器銘文中，按照用字頻率選取27個字形變化較大的高頻單字（組），首先按照前期不同的字體結構逐個進行詳細的分型，再根據各型形體筆勢的差异進行分式。例如，“寶”字，按該字主體部分偏旁結構的形態特徵，可分爲A、B、C三個類型，每一型又按照“貝”與“宀”旁的字體風格和筆畫形態的變化分爲若干亞型，每一亞型再按照偏旁、筆道、架構的形態細分爲前後相繼的若干式；然後逐式介紹字體結構和形體筆勢的特點并排比其前後次序；參照時代明確的標準器（或準標準器）的字形特點，參照器銘書體演變做出的分期對各型式的前後關係及大體年限進行界定。

特別需要說明的是，所謂“型式分析”僅是借用考古類型學的說法，是指對單字結構層次的分析。文字的結構分析無法像考古類型學對不同器物按口沿、腹部或底部

① 張再興：《西周金文文字系統論》，華東師範大學出版社，2004年，6頁。

② 張再興：《西周金文文字系統論》，華東師範大學出版社，2004年，6頁。

等一個標準進行分型分式，這裏的“某型、某式”僅是爲表述方便所採用的代號：就合體字而言，是按偏旁將其劃分爲幾個層次，并用A型、B型等標識；就獨體字或不便按偏旁分析的字而言，則是按主體部分形體筆勢的差异進行分析，并用Ⅰ式、Ⅱ式等標識其時代前後的差异。

爲了方便起見，以下就選取“寶”字對本書的理論與應用情况進行闡釋。

首先，排除摹本及殘泐不清的器銘，我們共選取商周時期3000餘個“寶”字進行研究。

其次，我們利用類型學原理從“寶”字的偏旁結構、字體風格和筆畫形態等方面，描述其自商末周初至西周晚期、春秋之交字形書體的演進譜系。遵循類型學“先分型後分期”的原則，在“型”這一層面上，互相之間實際是沒有時代先後的，在分型及亞型的基礎上，參照一些時代明確的標準器銘，如利簋、大盂鼎、盠駒尊、史頌器等，再進行分式，同時結合形制、紋飾等要素，進而劃定各型式的時代上下限（即分期），并找出它們之間的邏輯關係。

在觀察“寶”字的形體演變當中，還需要注意金文字體的分析應遵循古文字構形學的基本規律。古文字構形學正是研究古文字產生、構成及發展演變的學問，對金文字體形態特點的分析，本質上歸屬于古文字構形學的範疇。劉釗先生在《古文字構形學》中即已提出：“要在充分佔有字形演變素材的基礎上梳理每個字發展演變的脈絡。……將所有古文字基本形體按其發展脈絡進行排譜，描寫并分析其發展變化的過程、規律。一個基本形體不光要看其自身的發展變化，還要觀察它與其他基本形體組合成複合形體後的發展變化。注重形體演進中的特殊現象和規律，努力發掘古人的造字理念和構形方式，力求對每一個基本形體都描繪出一個清晰確切的發展演化的方式和路徑。”[①]

此外，一些學者在做“寶”字的金文字體分析時，會側重形符“貝”字的單獨研究，或者認爲“貝”字的研究結果就足以說明“寶”字的演進過程[②]。其實，古文字中一個單獨形體的發展演變往往與其作爲偏旁時的發展演變具有不同的速率，單純的研究任何一個都是不妥的，有時即使在同一篇器銘中，單字“貝”與“寶”字中作形符的“貝”字其寫法都不會一樣，因此，分析“寶”字這類結構複雜、頻繁出現的常用字時，更要將偏旁和單字整合起來。此外，一些構形學規律還能幫助我們理解文字演進過程中某些形符、聲符的簡省、替換現象，如“寶”字有一類“貝”旁寫作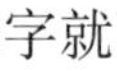或，這一特殊樣式的出現正符合古文字的構形規律，因爲從西周金文開始，一些字就可以穿透筆畫，相互交叉，如、、和、等。還有一些“宀”旁內原先“貝”字的部分訛作或，這也是古文字中“日”“目”“貝”常常訛混的結果。一些古文字在

① 劉釗：《古文字構形學》，福建人民出版社，2006年，8頁。

② 劉華夏：《金文字體與銅器斷代》，《考古學報》2010年第1期，59頁。

省形時，一般是省去形符或形符的一部分而保留聲符，這也就不難理解一些“寶”字無“貝”旁的緣故了[①]。必須承認，建立在古文字構形學基礎上的金文字體分型式及其分期工作，不僅是爲了服務銅器斷代，更是古文字自身學科發展的內在需要。

除了對本書所依賴之理論方法的闡述，還需做幾點說明。

（1）本書進行金文字形演變研究的銘文拓片資料，除注明出處外，均引自《殷周金文集成》（修訂增補本）[②]（簡稱《集成》）所收器銘，亦參考吳鎮烽先生編撰的《商周青銅器銘文暨圖像集成》[③]（簡稱《商周》）。本書討論的典型資料也包括西周貴族墓地、青銅器窖藏、傳世品中的成組銅器、零星出土傳世標準器及其他重要銅器。

（2）金文字形書體研究與銅器斷代的結合主要基于古漢字學關于金文字頻、結構、异體、字素的相關理論成果，在繼承傳統的金文字體研究之外，還注重了定量分析法、系統論證法及歷史比較法的引入。

（3）本書所謂的金文字形書體演變，既指金文單字點畫結構和書寫筆勢的演變差异，亦包括銘文的行款佈局及書風特徵。本書所討論的器銘書體主要指器身鑄銘兩行及兩行以上的傳世及出土青銅容器，爲論述方便，文中一律簡稱“西周銅器”。

① 相關規律描述可參劉釗：《古文字構形學》，福建人民出版社，2006年，335～346頁。

② 中國社會科學院考古研究所：《殷周金文集成》（修訂增補本），中華書局，2007年。

③ 吳鎮烽：《商周青銅器銘文暨圖像集成》，上海古籍出版社，2012年。

第三章　西周金文字形的型式分析（上）

“寶”可謂西周青銅器銘出現頻率最高的單字。我們共搜集到字形清晰的3000餘例單字拓片，幾乎涵蓋所見西周各時段、各器類，字形演進的研究價值相當高。金文“寶”多从“宀”从“玉”从“貝”从“缶”，根據“貝”的偏旁形態，可將“寶”字分爲A、B、C三個類型（表3-1）。

第一節　A型“寶”字的型式

A型。此型所从“貝”與殷墟甲骨文“貝”的寫法相似，外部輪廓似海貝殼狀，有濃厚的象形意味，貝殼下部開口兩側各引出叉筆，後期分叉逐漸變爲短豎筆。依據“寶”的字體架構、筆畫形態的變化及“貝”“宀”兩偏旁的形態，又可細分爲二亞型。

Aa型　兩檐不出頭或出頭均有，貝殼整體輪廓上小下大。根據“宀”和“貝”的形態不同，可分爲五式。

Ⅰ式：“宀”旁屋頂較高，貝殼上小下大，下部開口兩側分出叉筆，“宀”旁位置較高，很多字形成上下偏旁結構，筆道多肥筆出鋒。其中，兩檐出頭的標本如寢敄簋（《集成》03941），兩檐不出頭的標本如伯䧅鼎（《集成》02336）。

Ⅱ式：“宀”旁坡頂較Ⅰ式低些，兩檐坡面略下凹，檐角上翹，貝殼上小下大，下部開口兩側分出叉筆，叉筆較Ⅰ式縮小，“宀”旁位置有所降低，一些字兩檐下垂幾乎包住“貝”旁，整字逐漸形成半包圍結構，筆道依然有肥筆出鋒。其中，兩檐出頭的標本如太史沓甗（《集成》00915），兩檐不出頭的標本如叔簋（《集成》10547）。

Ⅲ式：“宀”旁坡頂比Ⅱ式更低，兩檐面略下凹更甚，檐角上翹，貝殼上小下大，下部開口兩側叉筆逐漸模糊，也有部分縮小成一點或極短豎筆，筆道肥筆出鋒減少。其中，兩檐出頭的標本如肇卣（《商周》13136），兩檐不出頭的標本如誒簋（《集成》03951）。

Ⅳ式：“宀”旁位置較高，坡頂較平坦，兩檐角不出頭，兩檐折角與圓角均有，貝殼上小下大，下部開口兩側已形成較明顯的短豎筆，筆道肥筆幾乎不見。標本如伯芀簋（《集成》03792）。

表3-1　“寳”字分期與型式列表（六期10段）

期段＼型式		A		B		C					
		a	b	a	b	a	b	c	d	e	f
一期	早段	 Aa Ⅰ 寢敉簋  Aa Ⅰ 伯戜鼎	 Ab Ⅰ 伯矩卣蓋  Ab Ⅰ 伯魚簋  Ab Ⅰ 強伯簋	 Ba Ⅰ 小臣單觶  Ba Ⅰ 伯者父簋	 Bb Ⅰ 德鼎						
	晚段	 Aa Ⅱ 太史客甗  Aa Ⅱ 叔簋	 Ab Ⅱ 田農甗  Ab Ⅱ 伯各卣	 Ba Ⅱ 作冊大鼎  Ba Ⅱ 麥伯觶  Ba Ⅱ 大盂鼎		 Ca Ⅰ 揚鼎					

續表

期段＼型式	A a	A b	B a	B b	C a	C b	C c	C d	C e	C f
二期	 AaⅢ肇卣  AaⅢ⿰言妾簋	 AbⅢ作冊翻尊  AbⅢ⿰忄盍季遽父卣	 BaⅢ史楳簋  BaⅢ量侯虘簋	 BbⅡ遣尊  BbⅡ史獸鼎  BbⅡ伯憲盉	 CaⅡ遣卣  CaⅡ誅簋					
三期 早段	 AaⅣ伯艿簋	 AbⅣ屯卣	 BaⅣ䵼鼎  BaⅣ州簋	 BbⅢ錄簋  BbⅢ裘衛簋	 CaⅢ辟卣					

續表

期段 \ 型式		A a	A b	B a	B b	C a	C b	C c	C d	C e	C f
三期	晚段	 AaⅤ陵叔鼎	 AbⅤ 叔旅鼎  AbⅤ 州簋	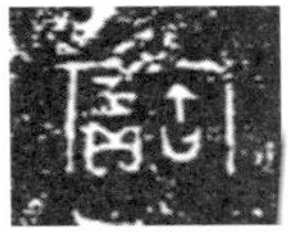 BaⅤ 作寶彝尊  BaⅤ 季嬴霝德盉	 BbⅣ歔卣  BbⅣ裘衛盉						
四期	早段		 AbⅥ柂𤔲田簋		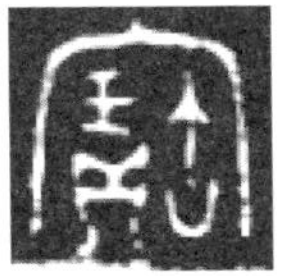 BbⅤ三年𤼈壺	 CaⅣ訇簋			 CdⅠ虢簋		
	晚段		 AbⅦ𤼈鐘			 CaⅤ公臣簋	 CbⅠ虞侯政壺	 CcⅠ姬鼎		 CeⅠ仲枏父鬲	 CfⅠ𤼈鐘

續表

期段＼型式		A		B		C					
		a	b	a	b	a	b	c	d	e	f
五期						 CaⅥ旅仲簋	 CbⅡ十三年瘐壺	 CcⅡ伯公父盨蓋	 CdⅡ中伯簋	 CeⅡ鄂侯簋	
六期	早段					 CaⅦ中義鐘	 CbⅢ梁其鼎	 CcⅢ善夫梁其簋	 CdⅢ克鐘	 CeⅢ逨鍾	 CfⅡ事季良父壺蓋
	晚段								 CdⅣ頌鼎  CdⅣ華季嗌盨	 CeⅣ頌簋	 CfⅢ齊侯匜  CfⅢ頌壺
春秋早期									 褀仲匜	 杞伯每刃簋	 子商匜

Ⅴ式："宀"旁位置較高，坡頂隆起，圓頂溜肩，兩檐角不出頭，折角幾乎不見，貝殼上小下大，下部開口兩側短豎筆比Ⅳ式更爲明顯，筆道粗細均勻。標本如陵叔鼎（《集成》02198）。

Ab型　兩檐不出頭或出頭均有，貝殼上端開口較大，整體輪廓有兩種樣式：一爲翻角貝殼式；一爲上大下小式。根據"宀"和"貝"的形態不同，可分爲七式。

Ⅰ式："宀"旁屋頂較高，有的出尖高聳，貝殼上端開口外侈，下部開口兩側分出叉筆，部分"宀"旁位置較高，很多字形成上下偏旁結構，筆道多肥筆出鋒。其中，兩檐出頭的翻角貝殼式標本如伯矩卣蓋（《集成》05229），兩檐不出頭的翻角貝殼式標本如伯魚簋（《集成》03534），另有一種特殊寫法，宀旁出尖高聳，兩檐角不出頭，兩側壁上揚，貝旁上大下小，僅見一例強伯簋（《集成》03527），此樣式應爲地方特色。

Ⅱ式：兩檐出頭的翻角貝殼式"宀"旁坡頂較Ⅰ式低些，兩檐坡面略下凹，檐角上翹，下部開口兩側分出叉筆，叉筆較Ⅰ式縮小，"宀"旁位置有所降低，一些字兩檐下垂幾乎包住"貝"旁，整字逐漸形成半包圍結構，筆道多有肥筆出鋒。兩檐角不出頭的貝殼上大下小式，其"宀"旁坡頂仍然較高，標本如伯各卣（《集成》052321），兩檐出頭的翻角貝殼式標本如田農甗（《集成》00890）。

Ⅲ式："宀"旁坡頂比Ⅱ式降低，兩檐面略下凹，檐角上翹，筆道依然有肥筆出鋒。其中，貝殼上大下小式標本如作冊翻尊（《集成》05991），翻角貝殼式的標本如㥯季遽父卣（《集成》05358）。

Ⅳ式："宀"旁坡頂較平坦，兩檐角不出頭，兩檐折角與圓角均有，貝殼上大下小，筆道肥筆幾乎不見。標本如屯卣（《集成》05337）。

Ⅴ式："宀"旁坡頂隆起，兩檐角出頭與不出頭兼有，貝殼上端開口較大，筆道肥筆幾乎不見，下部開口兩側叉筆變爲短豎筆。翻角貝殼式標本如叔旅鼎（《集成》02187），貝殼上大下小式標本如州簋（《商周》04284）。

Ⅵ式："宀"旁位置較高，坡頂隆起，坡面略內凹，兩檐不出頭且多爲圓角，貝殼上大下小，下部開口兩側有短豎筆，筆道粗細均勻。標本如㭒𦖞簋（《集成》03443）。

Ⅶ式："宀"旁坡頂略隆起，圓頂溜肩，兩檐角不出頭，兩檐下垂幾乎包住"貝"旁，整字逐漸形成半包圍結構，貝殼上大下小，下部開口兩側短豎筆比Ⅳ式更爲明顯，筆道粗細均勻。標本如㾓鐘（《集成》00246）。

第二節　B型"寶"字的型式

B型。此型所从"貝"輪廓與A型均類似海貝殼，象形意味依舊濃厚，"貝"字輪廓分上小下大式、翻角貝殼式及上大下小式三類寫法，與A型不同的是其下部開口兩側未引出叉筆。依據“寶”的字體架構、筆畫形態的變化及“貝”“宀”兩偏旁的形態，又可細分爲二亞型。

Ba型　兩檐不出頭或出頭均有，貝下端開口内彎且兩側未分出叉筆。根據“宀”和“貝”的形態不同，可分爲五式。

Ⅰ式：“宀”旁屋頂較高，兩坡面筆畫較直，貝殼外部輪廓上小下大，“宀”旁兩檐下垂幾乎包住“貝”旁，整字形成半包圍結構，筆道有肥筆出鋒。其中，兩檐出頭的標本如小臣單觶（《集成》06512），兩檐不出頭的標本如伯者父簋（《集成》03748）。

Ⅱ式：貝殼外部輪廓上小下大式的“宀”旁坡頂較Ⅰ式低些，兩檐坡面略下凹，貝殼外部輪廓上大下小式的“宀”旁坡頂則較高，筆道依然有肥筆出鋒。其中，兩檐出頭的上小下大貝殼式標本如大盂鼎（《集成》02837），兩檐不出頭的標本如作册大鼎（《集成》02759），上大下小貝殼式標本如麦伯觶（《商周》10588）。

Ⅲ式：兩檐出頭的“宀”内僅見上小下大貝殼，兩檐不出頭的“宀”内則是上大下小貝殼，此兩類“宀”旁坡頂均比Ⅱ式更低，兩檐坡面略下凹，筆道肥筆出鋒減少。其中，兩檐出頭的標本如史楳簋（《商周》04503），兩檐不出頭的標本如量侯虘簋（《集成》03908）。

Ⅳ式：“宀”旁坡頂比Ⅲ式更低，兩檐坡面略下凹，上大下小的貝殼有兩檐角出頭與不出頭兩種寫法，上小下大的貝殼則僅見兩檐角不出頭，這一式所有不出頭者檐角均較圓潤，筆道肥筆出鋒幾乎不見。兩檐角出頭上大下小貝殼式的標本如黽鼎（《商周》11712），兩檐角不出頭上大下小貝殼式的標本如州簋（《商周》04615）。

Ⅴ式：“宀”旁較平坦，兩檐角分爲出頭與不出頭兩類，均爲上大下小式貝殼，筆道粗細均匀。檐角出頭的標本如作寶彝尊（《商周》11404），檐角不出頭的標本如季嬴霝德盉（《商周》14738）。

Bb型　兩檐不出頭或出頭均有，與Ba型最大的區别在于“貝”下端開口内彎不明顯或者自然下伸。根據“宀”和“貝”的形態不同，可分爲五式。

Ⅰ式：僅見上端開口較小式貝殼，檐角不出頭，兩坡面筆畫較直，也有不少略内凹，但“宀”旁屋頂整體較高，“宀”旁兩檐下垂幾乎包住“貝”旁，整字形成半包圍結構，筆道有肥筆出鋒。標本如德鼎（《集成》02661）。

Ⅱ式：此式筆道肥筆出鋒減少，其中貝殼上端開口較小樣式的“宀”旁坡頂較Ⅰ式低些，其檐角依舊不出頭，兩檐坡面略下凹，標本如伯憲盉（《集成》09430）；開口較大的翻角式貝殼“宀”旁坡頂較高，兩檐角出頭，標本如史獸鼎（《集成》02778）；而外部輪廓上大下小式貝殼的“宀”旁坡頂則較低，檐角出頭，兩檐坡面略下凹，標本如遣尊（《集成》05992）。

Ⅲ式：此式筆道肥筆出鋒幾乎不見，“宀”旁坡面均較爲平坦，其中兩檐角出頭的上小下大式貝殼標本如錄簋（《商周》05115）；而兩檐不出頭的上小下大式貝殼，其下端開口兩側已經向下引出兩豎筆，但其兩檐仍多折角，坡面略下凹，標本如裘衛簋（《集成》04256）。

Ⅳ式：此式筆道肥筆出鋒幾乎不見，兩檐角出頭的上小下大式貝殼與Ⅲ式相比，其下端開口兩側已經向下引出兩豎筆，標本如𣪘卣（《商周》13220）；而兩檐不出頭的上小下大式貝殼與Ⅲ式相比，其“宀”旁頂部略隆起，檐角多爲溜肩或圓角，標本如裘衛盉（《集成》09456）。

Ⅴ式：此式筆道粗細均匀，“宀”旁圓頂溜肩，貝殼上端開口較大，其下端開口兩側向下引出兩豎筆。標本如三年瘓壺（《集成》09726）。

第三節　C型“寶”字的型式

C型。此型“宀”與“貝”旁已經幾乎不見象形性，整體輪廓與篆書“貝”字的寫法“”接近，與前兩型最大的區別在于“貝”旁下部封閉，以及從西周中期開始“貝”下端引出的兩豎（斜）筆。依據“寶”的字體架構和上半部筆畫形態的變化細分爲六亞型。

Ca型　仍有少數字兩檐角出頭，但多數則是不出頭，“貝”頂端內凹出兩尖角，其形態與A型“貝”旁的上端近似，但其下端開口已粘連或封閉。根據“宀”和“貝”的形態不同，可分爲七式。

Ⅰ式：“宀”旁屋頂較高，坡面較直，“貝”旁頂端內凹出兩尖角，下端開口已粘連或封閉，筆道可見肥筆出鋒。標本如揚鼎（《集成》02324）。

Ⅱ式：“宀”旁屋頂較Ⅰ式降低，坡面略下凹，檐角上翹，部分字兩檐角仍有出頭，兩檐折角與圓角均有，“貝”旁頂端內凹出兩尖角，下端開口已粘連或封閉，筆道可見肥筆出鋒。標本如遣卣（《集成》05260）、䟒簋（《商周》04732）。

Ⅲ式：“宀”旁位置較高，坡面略下凹，檐角上翹，“貝”旁內部筆畫交錯，其頂端內凹出兩尖角，下部封閉且向下引出兩斜筆。標本如辟卣（《商周》13192）。

Ⅳ式：“宀”旁屋頂隆起，圓頂溜肩，“貝”旁內部筆畫交錯，其頂端內凹出兩尖角，下部封閉且向下引出兩斜筆。標本如訇簋（《商周》05378）。

Ⅴ式：“宀”旁位置較高，平頂圓肩，“貝”旁內部筆畫交錯，其頂端內凹出兩尖角，下部封閉且向下引出兩斜筆。標本如公臣簋（《集成》04184）。

Ⅵ式：“宀”旁平頂圓肩，與Ⅴ式不同的是其兩檐下垂幾乎包住“貝”旁，整字形成半包圍結構，筆道粗細均匀，“貝”旁內部筆畫交錯，其頂端內凹出兩尖角，下部封閉且向下引出兩斜筆。標本如旅仲簋（《商周》04832）。

Ⅶ式："宀"旁坡頂略隆起，圓頂溜肩，"宀"字平頂圓肩，與Ⅵ式不同的是兩檐下垂筆畫外撇上揚，"貝"旁內部筆畫交錯，其頂端內凹出兩尖角，下部封閉且向下引出兩斜筆。標本如中義鐘（《集成》00026）。

Cb型　與Ca型相比，"貝"旁頂部較平坦，整體輪廓呈酒杯狀，下部封閉且向下引出兩斜筆。根據"宀"和"貝"的形態不同，可分爲三式。

Ⅰ式："宀"旁位置較高，平頂圓肩，部分字坡面略內凹，"貝"旁內部有一或兩條橫筆，其頂部較平坦，下部封閉且向下引出兩斜筆。標本如虞侯政壺（《商周》12391）。

Ⅱ式："宀"旁與Ⅰ式不同的是平頂圓肩更明顯，此外，其兩檐下垂幾乎包住貝旁，整字形成半包圍結構，筆道粗細均勻，貝旁內部有一或兩條橫筆，其頂部較平坦，下部封閉且向下引出兩斜筆。標本如十三年痶壺（《商周》12437）。

Ⅲ式："宀"旁平頂圓肩，與Ⅱ式不同的是兩檐下垂筆畫外撇上揚，"貝"旁內部有一或兩條橫筆，其頂部較平坦，下部封閉且向下引出兩斜筆。標本如梁其鼎（《集成》02770）。

Cc型　與Cb型相比，貝旁頂部較圓潤，整體輪廓呈豎橢圓形或不規則圓形，下部封閉且向下引出兩斜筆。根據"宀"和"貝"的形態不同，可分爲三式。

Ⅰ式："宀"旁位置較高，略顯圓頂溜肩，部分字坡面略平，"貝"旁內部有一或兩條橫筆，其頂部較圓潤，整體輪廓呈豎橢圓形或不規則圓形，下部封閉且向下引出兩斜筆。標本如姬鼎（《商周》02303）。

Ⅱ式："宀"旁與Ⅰ式不同的是平頂圓肩更明顯，此外，其兩檐下垂幾乎包住"貝"旁，整字形成半包圍結構，筆道粗細均勻，貝旁內部有一或兩條橫筆，其頂部較圓潤，整體輪廓呈豎橢圓形或不規則圓形，下部封閉且向下引出兩斜筆。標本如伯公父盨蓋（《商周》05551）。

Ⅲ式："宀"旁位置較高，略顯圓頂溜肩，與Ⅱ式不同的是兩檐下垂筆畫外撇上揚，"貝"旁內部有一或兩條橫筆，其頂部較圓潤，整體輪廓呈豎橢圓形或不規則圓形，下部封閉且向下引出兩斜筆。標本如善夫梁其簋（《集成》04150）。

Cd型　"貝"頂端內凹出兩尖角，其形態與Ca型"貝"旁的上半部近似，兩側壁的筆畫向下延伸交叉。根據"宀"和"貝"的形態不同，可分爲四式。

Ⅰ式："宀"旁屋頂較低，坡面略下凹，檐角上翹，"貝"旁內部筆畫交錯，頂端內凹出兩尖角，兩側壁的筆畫向下延伸交叉。標本如䚄簋（《商周》04547）。

Ⅱ式："宀"旁位置較高，略顯圓頂溜肩，部分字坡面略平，"貝"旁內部有一或兩條橫筆，頂端內凹出兩尖角，兩側壁的筆畫向下延伸交叉。標本如中伯簋（《商周》04775）。

Ⅲ式："宀"旁與Ⅱ式不同的是平頂圓肩更明顯，其兩檐下垂幾乎包住"貝"旁，整字形成半包圍結構，筆道粗細均勻，"貝"旁內部有一或兩條橫筆，頂端內凹出兩尖角，兩側壁的筆畫向下延伸交叉。標本如克鐘（《集成》00207）。

Ⅳ式：“宀”旁屋頂隆起，平頂圓肩，與Ⅲ式不同的是兩檐下垂筆畫外撇上揚，“貝”旁內部有一或兩條橫筆，頂端內凹出兩尖角，兩側壁的筆畫向下延伸交叉，標本如頌鼎（《集成》02829）。另一部分字的“宀”旁則爲平頂折角，與春秋早期昶仲匜（《商周》14953）的“宀”形相似，標本如華季嗌盨（《商周》05596）。

Ce型　“貝”旁上半部與Cb型相似，頂部較平坦，整體輪廓呈酒杯狀或倒三角形，兩側壁的筆畫向下延伸交叉。根據“宀”和“貝”的形態不同，可分爲四式。

Ⅰ式：“宀”旁位置較高，平頂圓肩，“宀”旁整體輪廓較窄，“貝”旁內部有一或兩條橫筆，其頂部較平坦，整體輪廓呈酒杯狀或倒三角形，兩側壁的筆畫向下延伸交叉。標本如仲枏父鬲（《集成》00752）。

Ⅱ式：“宀”旁與Ⅰ式不同的是屋頂隆起，圓頂溜肩更明顯，此外，其兩檐下垂幾乎包住“貝”旁，整字形成半包圍結構，筆道粗細均勻，“貝”旁內部有一或兩條橫筆，其頂部較平坦，整體輪廓呈酒杯狀或倒三角形，兩側壁的筆畫向下延伸交叉。標本如鄂侯簋（《商周》04830）。

Ⅲ式：“宀”旁平頂圓肩，與Ⅰ式不同的是兩檐下垂幾乎包住“貝”旁，整字形成半包圍結構，“貝”旁內部有一或兩條橫筆，其頂部較平坦，整體輪廓呈酒杯狀或倒三角形，兩側壁的筆畫向下延伸交叉。標本如逨鐘（《商周》15634）。

Ⅳ式：“宀”旁平頂圓肩，與Ⅲ式不同的是兩檐下垂筆畫外撇上揚。標本如頌簋（《集成》04333）。

Cf型　“貝”旁上半部與Cc型相似，“貝”旁頂部較圓潤，整體輪廓呈豎橢圓形或不規則圓形，兩側壁的筆畫向下延伸交叉。根據“宀”和“貝”的形態不同，可分爲三式。

Ⅰ式：“宀”旁屋頂隆起，略顯尖頂溜肩，“貝”旁內部有一或兩條橫筆，其頂部較圓潤，整體輪廓呈豎橢圓形或不規則圓形，兩側壁的筆畫向下延伸交叉。標本如瘋鐘（《集成》00247）。

Ⅱ式：與Ⅰ式不同的是“宀”旁位置較高，平頂圓肩更明顯，筆道粗細均勻，“貝”旁內部有一或兩條橫筆，其頂部較圓潤，整體輪廓呈豎橢圓形或不規則圓形，兩側壁的筆畫向下延伸交叉。標本如事季良父壺蓋（《商周》04677）。

Ⅲ式：此式“宀”旁的寫法，一種爲平頂圓肩，位置較高，兩檐下垂筆畫外撇上揚，與春秋早期子商匜（《商周》14961）的“宀”旁相似，標本如齊侯匜（《商周》14982）；另一種“宀”旁屋頂隆起，高頂溜肩，兩檐下垂筆畫外撇上揚，與春秋早期杞伯每刃簋（《商周》04854）的“宀”旁相似，標本如頌壺（《集成》09731）。

第四節　變體類“寶”字的型式

此類屬于“寶”字古文字結構的變體，并非標準的“寶”字，但在銘文中均當“寶”使用，我們只在此討論列舉，不歸入“寶”字的型式分期表中。此類中，一部分的“貝”被其他近似意符偏旁替换，另一部分的“宀”下并不从“玉”从“貝”从“缶”，偏旁配置或有增減。依據“宀”內的偏旁配置、字體架構和筆畫形態細分爲五型。

A型　兩檐不出頭，“宀”旁圓頂溜肩，“貝”旁訛變爲甲骨、金文“鼎”的寫法。標本如曩侯簋蓋銘的（《商周》04939）。

B型　兩檐不出頭，“宀”旁圓頂溜肩，“貝”旁訛變爲甲骨文、金文“酉”的寫法。標本如咢簋銘的（《商周》04951）。

C型　“宀”旁兩檐不出頭，內从“玉”从“缶”卻未見“貝”。“貝”的缺失大抵有四類情況可以解釋：其一，當時的某種特定寫法；其二，銅器使用及流轉過程中人爲的抹除；其三，銅器使用及流轉過程中自然的磨泐；其四，拓印的失誤導致的模糊。根據“宀”旁的形態不同，可分爲三式。

Ⅰ式：“宀”旁高頂。標本如彔簋銘的（《商周》04733）。

Ⅱ式：“宀”旁位置較高，圓頂溜肩。標本如晉侯蘇鼎銘的（《商周》01993）。

Ⅲ式：“宀”旁兩檐端下垂略上翹，圓頂溜肩。標本如善夫吉父鬲銘的（《集成》00703）。

D型　“貝”旁有所變形，頂端橢圓，兩側筆畫向下延伸成兩豎筆。根據“宀”旁的形態不同，可分爲二式。

Ⅰ式：脊頂較高，兩檐轉角處上聳，兩側坡面略內陷。標本如散伯車父鼎銘的（《集成》02700）。

Ⅱ式：“宀”旁高頂溜肩，兩檐端略上揚。標本如虞司寇伯吹壺銘的（《商周》12394）。

E型　兩檐不出頭，“宀”旁圓頂溜肩，“宀”下僅有“玉”“享”兩字。標本如周宅匜銘的（《商周》14914）。

第四章　西周金文字形的型式分析（下）

本章討論“寶”字以外的高頻單字，這些單字雖然不及“寶”字出現頻次那麼高，時代特徵的延續性也稍有遜色，但仍然可以提供足夠多的類型學標本，具有很高的研究價值。

第一節　“障”“令”“公”字的型式

1. 障

西周金文“障”从“廾”从“西”从“阜”，多訓爲奉獻登祭之祀名，又常與“寶”“彝”連用作祭器共名。“障”源自殷墟甲骨文，表雙手奉酒以祭的“尊”字，後疊加“阜”旁强調“登高”之義（西周金文也有以“尊”代“障”字的）。依據“廾”的兩手是否粘連，可細分爲二型（表4-1）。

表4-1　“障”字分期與型式列表

期段 \ 型式		A		B	
		Aa	Ab	Ba	Bb
一期	早段	 AaⅠ利簋		 BaⅠ小臣單觶	
	晚段				
二期		 AaⅡ扶馭簋	 AbⅠ過伯簋	 BaⅡ小臣謎簋	 BbⅠ作冊折觥
三期	早段	 AaⅢ尸曰盤	 AbⅡ趞簋	 BaⅢ刺鼎	 BbⅡ彧簋
	晚段				

續表

期段 \ 型式		A		B	
		Aa	Ab	Ba	Bb
四期	早段	 AaⅣ師遽簋蓋	 AbⅢ史牆盤		 BbⅢ師虎簋
	晚段		 AbⅣ瘐爵		
五期		 AaⅤ晉侯對鋪	 AbⅤ晉侯對盨		
六期	早段	 AaⅥ晉侯穌鼎			
	晚段		 AbⅥ函皇父鼎		

A型　“隮”字所从“廾”形似左右各一隻人手。根據“酉”的筆畫形態，可分爲二亞型。

Aa型　“酉”爲一個平頂或未加蓋的酒尊形態。根據“酉”“廾”“阜”的筆畫形態，可分爲六式。

Ⅰ式：“廾”旁形似左右各一隻人手，象形程度很高，“酉”及“廾”筆道肥筆明顯。標本如利簋（《集成》04131）。

Ⅱ式：“廾”旁象形程度已減弱，“廾”左右兩手的筆畫仍有肥筆出鋒，已有部分“酉”底略顯圓鈍。標本如犾馭簋（《集成》03976）。

Ⅲ式：“廾”左右兩手的筆畫雖無肥筆出鋒，但“廾”與“酉”的偏旁架構還不夠規整。標本如尸曰盤（《新收》1609）。

Ⅳ式：“廾”象徵手指的筆畫開始聚攏，兩掌心左右相對，“酉”多見圜底。標本如師遽簋蓋（《集成》04214）。

Ⅴ式：“廾”象徵手指的筆畫開始聚攏，兩掌心向上，“酉”多見尖圜底。標本如晉侯對鋪（《新收》857）。

Ⅵ式：所从“廾”與篆書的寫法接近，筆道平順整齊，“酉”多見圓圜底。標本如晉侯蘇鼎（《文物》1994年1期圖24.1）。

Ab型　“酉”頂上有兩短豎筆。根據“酉”“廾”“𠂤”的筆畫形態，可分爲六式。

Ⅰ式：“廾”旁形似左右各一隻人手，象形程度很高，“酉”及“廾”筆道肥筆明顯，“酉”爲尖底。標本如過伯簋（《集成》03907）。

Ⅱ式：“廾”旁形似左右各一隻人手，相比Ⅰ式，兩掌心多向上，“酉”上兩豎筆與頂端橫筆繼續粘連，底部則爲圜底。標本如趞簋（《集成》04266）。

Ⅲ式：“廾”旁象形程度已減弱，“廾”的筆道基本無波磔，兩掌心向上，“酉”多見尖圜底，“酉”上兩豎筆與頂端橫筆繼續粘連，“𠂤”開始流行列旗形。標本如史牆盤（《集成》10175）。

Ⅳ式：“廾”象徵手指的筆畫開始聚攏，掌心略相對，筆道較平順，“酉”上兩筆與頂端橫筆斷開，呈“八”字形，但筆畫較斜直。標本如瘨爵（《集成》09070）、公臣簋（《集成》04184）。

Ⅴ式：“廾”象徵手指的筆畫開始聚攏，掌心開始向上，筆道更平順，粗細均匀，“酉”上兩筆與頂端橫筆斷開，呈外撇“八”字形，筆畫比Ⅳ式略曲折。標本如晉侯對盨（《商周》05648）。

Ⅵ式：所从“廾”與篆書的寫法接近，掌心向上，“酉”上兩筆與頂端橫筆斷開，末段向外撇。標本如函皇父鼎（《集成》02548）。

B型　奉“酉”的左右兩手已粘連到一起，類似“廾”形。根據“酉”的筆畫形態，可分爲二亞型。

Ba型　“酉”爲一個平頂或未加蓋的酒尊形態。根據“𠂤”“酉”“廾”的筆畫形態，可分爲三式。

Ⅰ式：“廾”左右兩手雖成一體，但粘連不徹底，其象形程度也很高，“酉”及“廾”形體瘦長，筆道肥筆明顯。標本如小臣單觶（《集成》06512）。

Ⅱ式：“廾”左右兩手徹底粘連成一體，肥筆減少，“𠂤”開始出現列旗形。標本如小臣謎簋（《集成》04239）。

Ⅲ式：“廾”左右兩手基本不見肥筆，“酉”多見圜底，“酉”及“廾”形體較前兩式寬矮。標本如剌鼎（《集成》02776）。

Bb型　“酉”頂上有兩短豎筆。根據“𠂤”“酉”“廾”的筆畫形態，可分爲三式。

Ⅰ式：“酉”上兩豎筆，與頂端橫筆粘連，“廾”左右兩手雖成一體，但粘連不徹底，其象形程度也很高，“酉”及“廾”形體瘦長，筆道肥筆明顯。標本如作冊折觥（《集成》09303）。

Ⅱ式：“酉”上兩豎筆，或與頂端橫筆粘連，或與頂端橫筆斷開，“廾”左右兩手徹底粘連成一體，肥筆減少，“酉”尊出現圜底，“阜”開始出現列旗形。標本如㦰簋（《集成》04322）。

Ⅲ式：“廾”左右兩手基本不見肥筆，“酉”上兩筆與頂端橫筆斷開，呈“八”字形，“酉”多見圜底，“酉”及“廾”形體較前兩式寬矮。標本如師虎簋（《集成》04316）。

演變趨勢：西周金文“障”字的變化集中在所从的“廾”與“酉”旁。“酉”的底部是逐漸從瘦窄的尖底轉爲寬圓的圜底，“廾”象徵手指的筆畫則由象形的疏鬆轉而聚攏，兩掌心從相向轉爲兩兩向上。此外，“酉”上兩豎筆與頂端的分離寫法以往被認爲出現較晚，但實際上在第一期後段的過伯簋銘就出現過，只是其普遍流行則要遲至第三期。A型與B型相比，前者的演變持續更久，時代特徵明顯，而後者主要流行于第一、二期，最晚在師虎簋銘有發現，相當于穆共之際。

2. 令

西周金文“令”字一般从“A”从“卩”（按：羅振玉《殷釋·中》54頁以“令”字“集衆人而命令之”，此爲一說；另有一解，林義光《文源》謂“令”字“从‘口’在‘人’上……象口發號，人跽伏以聽也”）。“卩”變化較豐富，有等寫法。西周金文另有“命”字，因其字形演進大抵與“令”一致，故僅作參考，并未單列。依據“令”字筆畫形態的不同，可分爲七式（表4-2）。

表4-2 “令”字分期與型式列表

期段		型式
一期	早段	 Ⅰ保卣
	晚段	 Ⅱ大盂鼎
二期		 Ⅲ䨼鼎
三期	早段	 Ⅳ班簋
	晚段	

續表

期段		型式
四期	早段	 Ⅴ史牆盤
	晚段	 Ⅵ五年師旋簋
五期		
六期	早段	 Ⅶ逨鐘
	晚段	

Ⅰ式：“卩”象形意味濃厚，身體蜷曲成三道彎，像人跽跪，略抬起臀部，保持準備拜伏的恭敬姿勢，“卩”筆較長。標本如保卣（《集成》05415）。

Ⅱ式：“A”尖頂高聳，“卩”象形意味略有減弱，人的上半身形態仍形象，但跽跪狀態不甚明顯，“卩”的豎筆較短，像人兩膝略離地，但仍未伸直腰股。標本如大盂鼎（《集成》02837）。

Ⅲ式：“A”尖頂高聳，“卩”象形意味逐步減弱，人的上半身已形變爲横“U”形，下半身形態像人從跽跪狀態起身直立，“卩”的豎筆較短。標本如㝬鼎（《集成》02741）。

Ⅳ式：“卩”像人兩膝完全離地，伸腰挺身，頭略揚起，呈卩形。標本如班簋（《集成》04341）。

Ⅴ式：“A”尖頂比Ⅲ式略低，“卩”呈卩形，“卩”内所夾短豎更靠裏。標本如史牆盤（《集成》10175）。

Ⅵ式：“卩”呈卩形，與篆書的寫法接近，“卩”内所夾短豎更短。標本如五年師旋簋（《集成》04218）

Ⅶ式：“卩”豎筆末端略上揚。標本如逨鐘（《新收》775）。

演變趨勢：西周金文“令”字的變化主要集中在“卩”的形態。第一期“卩”象形意味濃厚，身體蜷曲成三道彎，像人跽跪在地，西周早期成、康世，有部分“卩”旁的筆畫轉折處呈尖角狀，從第二期開始，“卩”呈形，已經初具後代篆書面貌。至第三期從形逐漸變爲形，“A”頂由高變低。在第四期，“卩”豎筆末端略上揚。

3. 公

商周時期“公”字，《說文》講：“平分也。从‘八’从‘厶’。”又說：“韓非曰：背‘厶’（私）爲公。”但細查西周金文“公”字形體，大體有兩種：其一，與篆書“公”的寫法比較接近，乃是上下兩部分，可析爲从“八”从“厶”；另有相當一部分字的上下結構粘連成一個整體，如利簋（《集成》04131）等寫法。目前對“公”的構形意義仍不明確。依據這一偏旁結構的特徵，可細分爲二型（表4-3）。

表4-3　“公”字分期與型式列表

期段		A		B		
		Aa	Ab	Ba	Bb	Bc
一期	早段	 AaⅠ小臣單觶	 AbⅠ利簋		 BbⅠ塱方鼎	
	晚段	 AaⅡ作冊大鼎		 BaⅠ應公方鼎	 BbⅡ大盂鼎	
二期		 AaⅢ寓鼎	 AbⅡ作冊䰧卣	 BaⅡ盠方彝		 BcⅠ公爵
三期	早段	 AaⅣ史喪尊	 AbⅢ㦰方鼎		 BbⅢ爯簋	
	晚段					
四期	早段			 BaⅢ師𩛥鼎	 BbⅣ史牆盤	 BcⅡ應侯爯盨
	晚段					

續表

期段		A		B		
		Aa	Ab	Ba	Bb	Bc
五期				 BaⅣ多友鼎		 BcⅢ郃咎簋
六期	早段			 BaⅤ此鼎		 BcⅣ此簋
	晚段					

A型　“公”字爲一個整體，類似商周古文字“口”的寫法。根據上部兩豎筆的形態不同，可分爲二亞型。

Aa型　上部兩豎筆中部內凹。根據其具體形態分爲四式。

Ⅰ式：兩豎筆略外撇，兩豎筆沿“厶”頂面略靠內側位置向上引出，“厶”部所構成的包圍形較扁小，部分字體傾斜，筆畫顯得草率。標本如小臣單觶（《集成》06512）。

Ⅱ式：兩豎筆略外撇，多數字的兩豎筆沿“厶”兩側向上引出，比Ⅰ式的兩豎筆間距稍寬，“厶”部所構成的包圍形比Ⅰ式更大，似甲骨文的“口”字，字體略顯端正，但仍有草率之筆。標本如作冊大鼎（《集成》02761）。

Ⅲ式：字體端正，“厶”上兩豎筆比Ⅰ式的外撇程度加大，間距略近。標本如甹鼎（《集成》02740）。

Ⅳ式：兩豎筆在Ⅱ式形態上進一步靠近。標本如史喪尊（《集成》05960）。

Ab型　上部兩豎筆較直。根據其具體形態分爲三式。

Ⅰ式：兩豎筆間距稍寬。標本如利簋（《集成》04131）。

Ⅱ式：兩豎筆仍較短，但上部向內靠近，間距更近。標本如作冊翻卣（《集成》05400）。

Ⅲ式：兩豎筆較長，互相向中間靠近，間距較近。標本如㦰方鼎（《集成》02824）。

B型　“公”字分離爲上下兩部分，與篆書“公”的寫法比較接近，从“八”从“厶”。根據“厶”的筆畫形態，可分爲三亞型。

Ba型　“公”下部所从“厶”近橢方形。根據“八”及“厶”的形態不同，可分爲五式。

Ⅰ式：所从“厶”似方框，形體較大，“厶”上兩筆自上向下外撇，較直，略帶肥筆。標本如應公方鼎（《集成》02151）。

Ⅱ式：“厶”上兩筆較直，筆道規整，所从“厶”形體縮小，略扁。標本如盠方彝（《集成》09900）。

Ⅲ式：“厶”上兩筆的下段向外彎曲。標本如師䛐鼎（《集成》02830）。

Ⅳ式：“厶”上兩筆較直，下段間距拉開，呈“八”字形，所从“厶”形體縮小，略扁圓。標本如融从盨（《集成》04466）、多友鼎（《集成》02835）。

Ⅴ式：“厶”上兩筆下段外撇略向上揚。標本如此鼎（《集成》02822）。

Bb型 “公”下部所从“厶”近半圓形。根據“八”及“厶”的形態不同，可分爲四式。

Ⅰ式：“厶”上兩筆如倒寫的“八”字，上寬下窄。標本如堲方鼎（《集成》02739）。

Ⅱ式：“厶”上兩筆較直，自上向下外撇，略帶肥筆。標本如大盂鼎（《集成》02837）。

Ⅲ式：“厶”上兩筆略豎直。標本如再簋（《文物》1999年9期，84頁圖2）。

Ⅳ式：“厶”上兩筆較長，下段間距拉開，呈“八”字形，所从“厶”形體縮小。標本如史牆盤（《集成》10175）。

Bc型 “公”下部所从“厶”近圓形。根據“八”及“厶”的形態不同，可分爲四式。

Ⅰ式：僅見一例，“厶”上有兩折筆。標本如㠯公爵（《集成》09061）。

Ⅱ式：“厶”上兩筆較直，中部略内凹。標本如應侯再盨（《文物》1998年9期，11頁圖10）。

Ⅲ式：“厶”上兩筆較直，下段間距拉開，呈“八”字形，所从“厶”形體縮小，略扁圓。標本如郃𣪘簋（《集成》04197）。

Ⅳ式：“厶”上兩筆下段外撇略向上揚。標本如此簋（《集成》04310）。

演變趨勢：西周金文“公”字“厶”上兩筆有分離式與粘連式兩種，其構形意義仍不明確，但兩者均從第一期就已存在，粘連與否不能作爲有的學者所舉的時代早晚依據。A型變化的核心偏旁是“厶”上兩筆的間距由遠及近，弧筆曲度不斷加大，直筆則頂端不斷靠近。B型的變化依“厶”的形狀而略有區別，但總的趨勢是分離出的兩豎筆逐漸從直筆向“八”形轉變，時代越晚，“八”的兩筆末段越外撇。

第二節 其他高頻單字的型式

1. 子

西周金文用作“子孫”之義的“子”，字形好似一個四肢尚未强健且張開雙臂的大頭幼兒（另有用作地支“子”的字形，此暫不討論）。依據象徵幼兒四肢的筆畫形態不同，可分爲九式（表4-4）。

表4-4　“子”字分期與型式列表

期段		型式
一期	早段	 Ⅰ堇鼎
	晚段	 Ⅱ大盂鼎
二期		 Ⅲ小臣宅簋
三期	早段	 Ⅳ㦰方鼎
	晚段	
四期	早段	 Ⅴ史牆盤
	晚段	 Ⅵ匡卣
五期		 Ⅶ多友鼎
六期	早段	 Ⅷ大克鼎
	晚段	 Ⅸ頌壺

Ⅰ式：象徵幼兒頭部的筆畫呈圓形或填實，偶見半圓，象形意味濃厚，與族徽或圖形文字接近（實際上一部分即是商晚期子族的族徽），筆道有肥筆出鋒，身體傾斜或略微扭轉，雙臂張開，形態不一，多數一上一下，也有少數均向上，下肢筆畫向單側彎曲。標本如堇鼎（《集成》02703）。

Ⅱ式：字體仍有象形意味，筆道有肥筆出鋒，頭部大多呈半圓形，雙臂張開，向上環舉。標本如大盂鼎（《集成》02837）。

Ⅲ式：頭部形狀仍不規整，但筆畫比Ⅱ式略圓，雙臂張開平舉，象形性減弱。標本如小臣宅簋（《集成》04201）。

Ⅳ式：頭部形狀仍不規整，但多呈圓形或圓方形，雙臂張開，向上環舉，也有少數向兩側平伸，兩臂交接處仍見肥筆，雙臂較短，與頭部距離亦稍遠，下肢略短直，足部稍彎。標本如㺇方鼎（《集成》02824）。

Ⅴ式：頭部形狀規整，多呈扁圓形或上大下小的水滴狀，下肢豎筆末端向一側彎曲，雙臂環舉仍有，但筆道比Ⅳ式更圓潤，兩臂連接成半圓形，部分字開始出現"十點十分"狀。標本如史牆盤（《集成》10175）。

Ⅵ式：整體形態與Ⅴ式接近，但頭部逐漸形成上大下小的水滴狀，下肢筆畫彎曲度更大。標本如匡卣（《集成》05423）。

Ⅶ式：頭部略呈圓形，下肢筆畫更修長，與Ⅵ式不同的是，末端向單側引出略彎曲。標本如多友鼎（《集成》02835）。

Ⅷ式：頭部略呈扁圓狀，兩手臂向上環舉，臂展較短，下肢筆畫繼續修長，末端向單側引出略上揚彎曲。標本如大克鼎（《集成》02836）。

Ⅸ式：頭部呈上大下小的水滴狀，有的甚至呈倒三角形，下肢筆畫在腳踝處向一側急轉，兩手臂向上直舉。標本如頌壺（《集成》09732）。

演變趨勢：頭部的筆畫由半圓到略圓再變爲水滴狀或倒三角狀，雙臂由環舉到直臂斜舉。

2. 彝

西周金文"彝"常與"寶""障"連用作爲祭器的共名。字形像雙手抓住一隻被縛的雞用于犧牲，有些在象徵雞頸的地方還有兩點，如同被弑時濺出的血滴。依據"廾"的兩手是否粘連，可細分爲二型（表4-5）。

表4-5　“彝”字分期與型式列表

期段		型式 A	型式 B
一期	早段	 AⅠ利簋	
	晚段		
二期		 AⅡ憲鼎	 BⅠ扶馭觥蓋
三期	早段	 AⅢ豐尊	 BⅡ𢦏方鼎
	晚段		
四期	早段	 AⅣ應侯爯盨	
	晚段	 AⅤ𤼈爵	
五期			
六期	早段	 AⅥ遣小子䣄簋	
	晚段	 AⅦ史頌簋	

A型　“廾”像分開的兩手。根據“雞尾”及“廾”筆畫形態、筆道風格，可分爲七式。

Ⅰ式：此式數量較多，象形意味濃厚，筆道波磔出鋒，偏旁架構鬆散，雞尾筆畫下曳，頸部附有兩點，“廾”的兩手張開伸出。標本如利簋（《集成》04131）、大保簋（《集成》04140）。

Ⅱ式：整字的象形化略微減弱，筆道仍波磔出鋒，偏旁架構逐漸緊致，雞身縮短，“廾”的兩手相對伸出。標本如憲鼎（《集成》02749）、小臣宅簋（《集成》04201）。

Ⅲ式：雞身筆畫比Ⅱ式縮短，“廾”雙手張開，掌心向對，少部分筆道仍波磔出鋒。標本如豐尊（《集成》05996）。

Ⅳ式：象徵雞首、身的筆畫形態仍有象形化，頸部兩點逐漸變成兩短横筆，“廾”雙手張開，掌心向對，雞尾筆畫的倒“又”三筆平直引出。標本如應侯爯盨（《新收》65）。

Ⅴ式：象徵雞首、身的筆畫形態抽象化，雞首、雞尾筆畫較Ⅳ式修長，“廾”雙手張開，掌心向上，也有部分向內側傾斜相對。標本如瘐爵（《集成》09070）。

Ⅵ式：“廾”雙手并列相對，雞尾筆畫倒“又”的三筆較斜直，綫條化明顯。標本如遣小子䣄簋（《集成》03848）。

Ⅶ式：“廾”雙手并列向上張開，雞首及上身筆畫簡省抽象化，雞尾筆畫倒“又”的三筆更長，綫條化明顯。標本如史頌簋（《集成》04229）。

演變趨勢：“廾”和雞尾的象形程度逐漸減弱，手指由疏鬆向聚攏發展，掌心由左右相對逐漸兩兩向上，頸部兩點變成兩短横筆，筆道由肥筆出鋒到綫條均勻。

B型　“廾”象徵的左右兩手粘連爲一體。根據“雞尾”及“廾”筆畫形態、筆道風格，可分爲二式。

Ⅰ式：象形意味減弱，僅有少部分筆道波磔出鋒，偏旁架構逐漸緊致，雞身縮短，頸部兩點變成兩短横筆。標本如𣄰馭觥蓋（《集成》09300）。

Ⅱ式：象形意味基本消失，無筆道波磔出鋒，雞尾筆畫變爲古文字倒“又”形。標本如或方鼎（《集成》02824）。

演變趨勢：“廾”和雞尾的象形程度逐漸減弱，兩手的豎筆逐漸靠近，雞身筆畫逐漸修長，雞尾筆畫最終變爲古文字倒“又”形，筆道由肥筆出鋒到綫條均勻。

3. 王

西周金文“王”的形像是不納柲的斧鉞，象徵王權。依據“王”象徵斧鉞刃部的筆畫形態，可細分爲三型（表4-6）。

表4-6　“王”字分期與型式列表

期段		型式 A	型式 B	型式 C
一期	早段	 AⅠ天亡簋	 BⅠ何尊	 CⅠ德方鼎
	晚段			
二期		 AⅡ厚趠方鼎	 BⅡ過伯簋	 CⅡ遣卣
三期	早段	 AⅢ戜方鼎	 BⅢ豐卣	
	晚段			
四期	早段	 AⅣ七年趞曹鼎	 BⅣ師𩛥鼎	
	晚段	 AⅤ豆閉簋	 BⅤ三年𤼈壺	
五期		 AⅥ㝬簋		
六期	早段	 AⅦ不嬰簋	 BⅥ𧽊鼎	
	晚段			

A型　最下一橫筆底部略直，與豎筆交接處呈三角形。根據上部兩橫筆及豎筆的形態不同，可分爲七式。

Ⅰ式：整體形態偏瘦，上部兩橫筆間距較遠，最下一橫筆與豎筆交會處筆道較粗，形成一個三角區。標本如天亡簋（《集成》04261）、禽簋（《集成》04041）。

Ⅱ式：整體形態比Ⅰ式稍寬，上部兩橫筆較近，其與最下一橫筆距離稍稍拉開。標本如䨒鼎（《集成》02740）、厚趠方鼎（《集成》02730）。

Ⅲ式：整體形態比Ⅱ式瘦長，上部兩橫筆較近，其與最下一橫筆距離稍稍拉開。標本如戜方鼎（《集成》02824）、鮮簋（《集成》10166）。

Ⅳ式：與Ⅲ式相比，整體形態較寬，上部兩橫筆和最下一橫筆距離更遠。標本如七年趞曹鼎（《集成》02783）。

Ⅴ式：與Ⅳ式相比，上部兩橫筆和最下一橫筆距離更遠，最下一橫筆變得更細，字體較寬。標本如豆閉簋（《集成》04276）。

Ⅵ式：與Ⅴ式相比，上部兩橫筆之間距離更近，最下一橫筆變得更細，僅在豎筆與最下橫筆交叉處筆道較粗，字體較窄。標本如㝬簋（《集成》04317）。

Ⅶ式：與Ⅵ式相比，最下一橫筆變得平直，與楷書“王”字接近。標本如不嬰簋（《集成》04328）。

演變趨勢：整體形態由瘦變寬，上部兩橫筆和最下一橫筆間距漸遠。

B型　最下一橫筆底部呈弧形，與豎筆交接處類似斧鉞刃部形態。根據“王”字整體形態不同，可分爲六式。

Ⅰ式：最下一橫筆底部呈較粗的弧形，有的整體向一側傾斜。標本如何尊（《集成》06014）。

Ⅱ式：三橫筆間距基本等同，字體端正，最下一弧筆比Ⅰ式略細。標本如過伯簋（《集成》03907）。

Ⅲ式：字體稍寬，相比Ⅱ式，上部兩橫筆間距略近。標本如豐卣（《集成》05403）。

Ⅳ式：整體形態更寬，上部兩橫筆間距縮小，最下一弧筆更細。標本如師𩛥鼎（《集成》02830）。

Ⅴ式：最下一橫筆變成細綫，與豎筆交接處仍可見肥筆。標本如三年𤼈壺（《集成》09727）。

Ⅵ式：與Ⅴ式相比，最下一橫筆變得更細，與豎筆交接處不見肥筆，上部兩橫筆間距更近。標本如𧽤鼎（《集成》02815）、善夫山鼎（《集成》02825）。

演變趨勢：最下一橫筆逐漸變細。

C型　最下一橫筆形似圖形文字“山”的寫法。根據整體形態不同，可分爲二式。

Ⅰ式：最下一橫筆較粗，兩端出尖上翹內收，底部略平。標本如德方鼎（《集成》02661）。

Ⅱ式：最下一橫筆較細，兩端出尖略圓鈍。標本如遣卣（《集成》05402）、效尊（《集成》06009）。

演變趨勢：最下一橫筆由粗變細。

4. 永

西周金文“永”的寫法與殷墟甲骨文、（《甲骨文編》450頁）一脈相承，訓爲水中游潛之意，是“泳”的表意初文，其結構可析爲从“人”从“彳”，亦可析爲水流支脈之形，均可備一說。

“永”从“人”从“彳”，甲骨文原有的三水點已訛變粘連爲一豎筆。根據所从“人”旁的形態，可分爲七式（表4-7）。

表4-7　“永”字分期與型式列表

<table>
<tr><th colspan="2">期段</th><th>型式</th></tr>
<tr><td rowspan="2">一期</td><td>早段</td><td></td></tr>
<tr><td>晚段</td><td></td></tr>
<tr><td colspan="2">二期</td><td>
Ⅰ小臣宅簋</td></tr>
<tr><td rowspan="2">三期</td><td>早段</td><td>
Ⅱ㦽方鼎</td></tr>
<tr><td>晚段</td><td></td></tr>
<tr><td rowspan="2">四期</td><td>早段</td><td>
Ⅲ九年衛鼎</td></tr>
<tr><td>晚段</td><td>
Ⅳ癲盨</td></tr>
<tr><td colspan="2">五期</td><td>
Ⅴ多友鼎</td></tr>
</table>

續表

期段		型式
六期	早段	 Ⅵ吉父鼎
	晚段	 Ⅶ函皇父鼎

Ⅰ式：筆畫較直，筆道有肥筆出鋒，所从“人”側面站立做低頭狀，字形與西周金文“㚔”字的寫法相似。標本如小臣宅簋（《集成》04201）。

Ⅱ式：筆道較直，首尾兩端開始出現折筆，肥筆出鋒現象減少，但仍顯潦草，豎筆間距不一，筆道比Ⅰ式略微曲折，豎筆間距整齊，所从“人”頂端一筆多上揚，像人側面站立做抬頭狀。標本㦰方鼎（《集成》02824）。

Ⅲ式：形態與Ⅱ式差別較大，“人”整體呈站立狀，豎筆筆道比Ⅱ式顯得曲折流轉，筆畫粗細基本一致。標本如九年衛鼎（《集成》02831）。

Ⅳ式：豎筆筆道比Ⅲ式顯得更婉轉、間距愈發緊湊，象徵下肢的筆畫修長。標本如瘐盨（《集成》04462）。

Ⅴ式：豎筆筆道更曲折婉轉，轉彎處圓潤，字體整體逐漸呈匍匐狀，間距愈發緊湊。標本如多友鼎（《集成》02835）。

Ⅵ式：筆道更細，下部三道豎筆曲折流轉，筆畫之間緊湊，有的字整體呈俯臥狀。標本如吉父鼎（《集成》02512）。

Ⅶ式：筆道更爲曲折流轉，與Ⅵ式相比“人”身體曲綫更明顯，背部拱起。標本如函皇父鼎（《集成》02548）。

演變趨勢：豎筆筆道由短直逐漸曲折流轉、筆畫修長。

5. 于

西周金文“于”作介詞使用。其字形是從殷墟甲骨文“竽”（古代一種簧管樂器）的象形初文（《甲骨文編》740頁）分化而來，如（塱方鼎《集成》02739）就是的簡化（這種現象類似金文中的和），而（厚趠方鼎《集成》02730）則是的進一步簡化。據此，“于”的筆畫形態可以細分爲二型（表4-8）。

表4-8　“于”字分期與型式列表

期段		型式	
		A	B
一期	早段	 AⅠ塱方鼎	 BⅠ圉卣
	晚段	 AⅡ史䛗簋	 BⅡ大盂鼎
二期			
三期	早段		 BⅢ㦰簋
	晚段		
四期	早段		 BⅣ師𩛥鼎
	晚段		 BⅤ仲枏父簋
五期			 BⅥ融從鼎
六期	早段		
	晚段		 BⅦ史頌簋

A型　即“𢎗”字，是𢎗（竽）的簡省，右邊類似“弓”的部分就是“竽”外殻的殘留。根據其筆畫、筆道形態不同可以分爲二式。

Ⅰ式：“弓”形偏旁頂端橫筆較短，形體略傾斜，筆道多肥筆。標本如堕方鼎（《集成》02739）、大保簋（《集成》04140）。

Ⅱ式：“弓”形偏旁頂端橫筆較長，形體端正，筆道少肥筆。標本如史話簋（《集成》04030）。

演變趨勢：“弓”形偏旁頂端筆畫由短變長，形體逐漸扶正。

B型　數量較多，當是A型的進一步簡省。根據其筆畫、筆道形態不同可以分爲七式。

Ⅰ式：多肥筆出鋒，兩橫筆間距較開，形體略傾斜。標本如圉卣（《集成》05374）、宜侯夨簋（《集成》04320）。

Ⅱ式：與Ⅰ式相比，上邊兩橫筆較端正，間距仍較寬，豎筆的末端多見肥筆出鋒。標本如大盂鼎（《集成》02837）、旟鼎（《集成》02704）。

Ⅲ式：上邊兩橫筆間距比Ⅱ式略小，筆道仍有肥筆。標本如𢦚簋（《集成》04322）。

Ⅳ式：上邊兩橫筆間距較大，豎筆末端略彎曲。標本如師䖒鼎（《集成》02830）、五祀衛鼎（《集成》02832）。

Ⅴ式：與Ⅳ式相比，上邊兩橫筆間距縮小，豎筆較短，下端略彎。標本如仲枏父簋（《集成》04155）。

Ⅵ式：與Ⅴ式相比，兩橫筆開始變短，豎筆更修長。標本如融從鼎（《集成》02818）。

Ⅶ式：與Ⅵ式相比，兩橫筆間距更近，豎筆末端彎曲程度進一步加深，曲筆更長。標本如史頌簋（《集成》04229）。

演變趨勢：肥筆逐漸減少，橫筆間距縮小，豎筆末端彎曲程度不斷加深。

6. 考

商周時期“考”“老”互訓，字形上也相近，“老”像一長髮佝僂老人拄杖之形，“考”與“老”一樣有老人之形，从“丂”做聲符。此外，西周金文“孝”亦有相似之形義，如仲殷父簋（《集成》03964）中的“享考”二字即是“享孝”之意。依據“考”字象徵老人的筆畫形態不同，可分爲六式（表4-9）。

Ⅰ式：手部與軀幹兩筆間距較窄，頂部豎筆聳立，字體象形程度高，手部筆畫略上揚，屈膝弓腰，筆道有肥筆出鋒。標本如天亡簋（《集成》04261）、何尊（《集成》06014）。

表4-9　“考”字分期與型式列表

期段		型式
一期	早段	 Ⅰ天亡簋
	晚段	
二期		 Ⅱ盠駒尊
三期	早段	 Ⅲ裘衛簋
	晚段	
四期	早段	 Ⅳ史牆盤
	晚段	
五期		 Ⅴ⿰鬲寸從盨
六期	早段	
	晚段	 Ⅵ頌壺

Ⅱ式：手部與軀幹兩筆間距變寬，形成一倒“V”形，部分字開始逐漸形成一條弧綫，頂部豎筆略曲，弓腰而不再屈膝，筆道仍有肥筆出鋒。標本如厚趠方鼎（《集成》02730）、盠駒尊（《集成》06011）。

Ⅲ式：相比Ⅱ式，肥筆出鋒逐漸減弱，手部與軀幹兩筆間距變得更寬，軀幹的筆畫形成一條弧綫，手部筆畫略向內折。標本如裘衛簋（《集成》04256）。

Ⅳ式：肥筆出鋒幾乎不見，表示軀幹的筆畫略直。標本如史牆盤（《集成》10175）。

Ⅴ式：頂部豎筆及軀幹筆畫比Ⅳ式稍長，表示軀幹的筆畫轉折彎曲，似弓腰。標本如鬲从盨（《集成》04466）。

Ⅵ式：手部與軀幹兩筆之間形成一倒“U”形，筆道略曲折，筆畫末端微微上揚。標本如卌三年逨鼎（《單氏》87頁）、頌壺（《集成》09732）。

演變趨勢：手部與軀幹兩筆間距逐漸變寬，最終形成一倒“U”形，軀幹筆畫由屈膝弓腰到直立挺直，筆端微揚。

7. 隹

西周器銘句首發語詞本是“唯”，多數情況下卻被“隹”假借。“隹”即“鳥”的象形文字，羅振玉即曰：“蓋‘隹’、‘鳥’古本一字，筆畫有繁簡耳。”雖然“唯”和“隹”在大多數場合可以視爲一字，但仍屬兩字，爲了便于研究，我們將其分開考察。

西周金文“隹”字形似一隻站立的短尾鳥。依據“隹”字所象徵鳥的筆畫形態，可細分爲二型（表4-10）。

表4-10　“隹”字分期與型式列表

期段		型式	
		A	B
一期	早段	 AⅠ墬方鼎	 BⅠ天亡簋
	晚段		
二期		 AⅡ榮簋	 BⅡ穹鼎

續表

期段		型式	
		A	B
三期	早段		 BⅢ班簋
	晚段		
四期	早段		 BⅣ九年衛鼎
	晚段		 BⅤ瘨盨
五期			
六期	早段		 BⅥ虢季子白盤
	晚段		

A型　象形意味濃厚，腹部筆畫爲一圓形，羽翅合攏起來在身後呈拖曳狀。根據爪足和羽翅筆畫的形態不同，可分爲二式。

Ⅰ式：表羽翅的筆畫合攏起來于身後拖曳，表爪足的三叉筆則向下。標本如塱方鼎（《集成》02739）。

Ⅱ式：表爪足的叉筆逐漸與表羽翅的筆畫同方向并列引出。標本如榮簋（《集成》04241）。

B型　表羽翅的筆畫綫條化，變爲三橫筆。根據表示鳥各部位的筆畫形態不同，可分爲六式。

Ⅰ式：鳥喙、鳥首比較象形，表爪足的筆畫自鳥前胸腹向下引出，爪足的叉筆向下。標本如天亡簋（《集成》04261）、利簋（《集成》04131）。

Ⅱ式：鳥喙、鳥首依然比較象形，表爪足的筆畫自鳥背後向下引出，有些即使不是從背後引出，位置也比Ⅰ式明顯靠後，爪足的叉筆仍向下。標本如雪鼎（《集成》02741）。

Ⅲ式：鳥喙與鳥首的筆畫逐漸抽象化，形成一“U”形，與Ⅱ式相比，表爪足的叉筆亦上移與表羽翅的三橫筆并列，前兩式“金雞獨立”狀已不見。標本如班簋（《集成》04341）。

Ⅳ式：鳥腹胸部凸起處呈圓角，尾羽筆畫向側後方延伸，軀幹較寬，羽翅較豐滿。標本如九年衛鼎（《集成》02831）。

Ⅴ式：相比Ⅳ式，象徵鳥腹胸外壁的筆畫逐漸豎直向下，爪部筆畫略外翹，軀幹較瘦長。標本如瘐盨（《集成》04462）。

Ⅵ式：象徵鳥腹胸外壁與爪部的筆畫豎直連通向下，凸起處呈直角或角度擴大。標本如虢季子白盤（《集成》10173）、頌壺（《集成》09731）。

演變趨勢：胸腹部筆畫逐漸綫條化，胸前凸起處由低到高，表羽翅的三橫筆由無序到平行再逐漸向下引出。

8. 唯

西周金文"唯"字从"口"从"隹"，"隹"形似一隻站立的短尾鳥。根據"隹"所象徵鳥的筆畫形態及"口"的位置不同，可分爲六式（表4-11）。

表4-11　"唯"字分期與型式列表

期段		型式
一期	早段	 Ⅰ何尊
	晚段	
二期		 Ⅱ𧩙簋
三期	早段	 Ⅲ剌鼎
	晚段	
四期	早段	 Ⅳ師𩛥鼎
	晚段	

續表

期段		型式
五期		 Ⅴ多友鼎
六期	早段	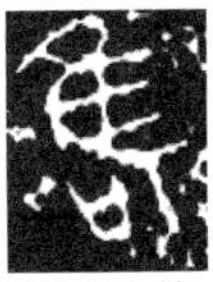 Ⅵ毛公鼎
	晚段	

Ⅰ式：數量較少，“隹”象形意味濃厚，鳥喙、鳥首明顯，表羽翅的筆畫合攏起來收于身後，表爪足的三叉筆向下。標本如何尊（《集成》06014）。

Ⅱ式：數量增多，“隹”仍具象形性，同時也初步綫條化，鳥的軀幹呈形，表羽翅的筆畫變爲平直或向上的三橫筆，有一豎筆自鳥首向下貫穿羽翅，表爪足的叉筆仍向下。標本如誃簋（《集成》03950）。

Ⅲ式：進一步綫條化，鳥喙、鳥首已不很明顯，逐漸形成一“U”形，胸腹部凸起呈圓角，表羽翅的三橫筆逐漸向下引出，表爪足的叉筆亦上移與表羽翅的三橫筆并列。標本如剌鼎（《集成》02776）。

Ⅳ式：完全綫條化，鳥的軀幹呈形，象徵鳥腹胸外壁與爪部的筆畫豎直連通向下。“口”的位置移至“隹”的左側偏下。標本如師𩰫鼎（《集成》02830）。

Ⅴ式：“口”的位置比Ⅳ式更加靠左下，胸部凸起，腹部收斂。標本如多友鼎（《集成》02835）。

Ⅵ式：相比Ⅳ式，鳥胸腹部筆畫平滑，胸部圓鼓凸起，腹部內收，表爪足的僅剩豎直一筆，向上與表羽翅的三橫筆交叉。“口”的位置更偏下。標本如毛公鼎（《集成》02841）。

演變趨勢：胸腹部筆畫逐漸綫條化，胸前凸起處由低到高，表羽翅的三橫筆由無序到平行再逐漸向下引出。

9. 易

西周金文“易”的寫法，一般認爲來自金文的簡化，也可能是殷墟甲骨文“溢”的簡化。西周金文“易”多借爲賞賜之“賜”，個别也用作容易之“易”和易換之“易”。依據“易”字的筆畫形態和字體風格，可細分爲二型（表4-12）。

表4-12　“易”字分期與型式列表

期段＼型式		A	B	
			Ba	Bb
一期	早段	 A利簋	 Ba德鼎	 BbⅠ德方鼎
	晚段			
二期				 BbⅡ旟鼎
三期	早段			 BbⅢ班簋
	晚段			
四期	早段			 BbⅣ師𩛥鼎（翻轉圖）
	晚段			 BbⅤ宰獸簋
五期				
六期	早段			 BbⅥ大克鼎
	晚段			

A型　容器側壁的筆畫呈弧綫，與殷墟甲骨文“易”的寫法類似，應是其的訛變。標本如利簋（《集成》04131）、小臣單觶（《集成》06512）。

B型　有象徵容器側壁的曲綫筆畫。依據容器側壁筆畫的形態可進一步分爲二亞型。

Ba型　寫法類似一個單鋬、有流、内盛可供傾注液體的容器。標本如德鼎（《集成》02405）。

Bb型　是Ba型的簡化，與B型的區别在于象徵傾注容器側壁的筆畫呈曲綫。根據曲綫形態及象徵容器單鋬的筆畫位置，可分爲六式。

Ⅰ式：容器側壁筆畫的曲度較小，筆道略呈“S”或反“S”形，象徵容器單鋬的橢圓形外側一端向下。標本如德方鼎（《集成》02661）。

Ⅱ式：象徵容器單鋬的橢圓形外側一端大多向上翹起。標本如大盂鼎（《集成》02837）、旟鼎（《集成》02704）。

Ⅲ式：容器側壁筆畫的曲度稍大，筆道明顯呈“S”或反“S”形，象徵容器單鋬的圈形位置上移。標本如班簋（《集成》04341）。

Ⅳ式：容器側壁筆畫進一步彎曲，單鋬圈形略大，表液體的三點畫較長。標本如師𩛥鼎（《集成》02830）。

Ⅴ式：容器側壁筆畫的曲度更大，單鋬筆畫逐漸變小。標本如宰獸簋（《新收》663）。

Ⅵ式：容器側壁筆畫更長，曲度更大，單鋬圈形筆畫較小，與Ⅳ式相比，整個字形有些類似“蝌蚪”，表液體的三點畫較短小。標本如此鼎（《集成》02822）、大克鼎（《集成》02836）。

演變趨勢：容器側壁的筆畫逐漸彎曲，單鋬形成的橢圓形由向下轉而向上，則由大變小。

10. 鼎

商周金文“鼎”大多是鼎的象形字。依據鼎耳的有無，可細分爲二型（表4-13）。

表4-13　“鼎”字分期與型式列表

期段＼型式		A		B
		Aa	Ab	
一期	早段	 AaⅠ利簋		
	晚段	 AaⅡ作冊大鼎		

續表

期段＼型式		A		B
		Aa	Ab	
二期		 AaⅢ𡨦鼎		
三期	早段	 AaⅣ𢦏方鼎	 AbⅠ鼎𠷎父癸簋	
	晚段			
四期	早段	 AaⅤ十五年趞曹鼎	 AbⅡ應侯見工鼎	
	晚段			
五期		 AaⅥ多友鼎		 BⅠ叔商父鼎
六期	早段	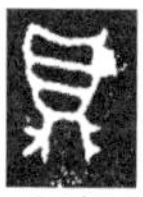 AaⅦ趩鼎	 AbⅢ晉侯蘇鼎	 BⅡ吳王姬鼎
	晚段			 BⅢ頌鼎

A型　口沿立有鼎耳。根據器耳的具體形態不同，又可細分爲二亞型。

Aa型　兩尖角狀鼎耳立于口沿，圓鼎圜底，常與“貞”互用。根據器身的具體形態不同，可分爲七式。

Ⅰ式：兩尖角耳的內側斜筆與口沿橫筆粘連，器身寬大，鼎足較長，少數鼎足還有象徵扉棱的筆畫，筆道有肥筆出鋒。標本如利簋（《集成》04131）。

Ⅱ式：鼎耳比Ⅰ式顯得圓鈍些，鼎身依然寬大，鼎足略短，有三足鼎筆畫。標本如作冊大鼎（《集成》02759）。

Ⅲ式：兩尖角耳的內側斜筆與口沿橫筆粘連，器身較Ⅱ式瘦，器腹略鼓，鼎足稍外撇，筆道無肥筆出鋒。標本如𡨦鼎（《集成》02741）。

Ⅳ式：相比Ⅲ式，器身上窄下寬，鼎腹呈傾垂狀，鼎足間距加大，外撇更甚。標本如𢦚方鼎（《集成》02789）。

Ⅴ式：與Ⅳ式相比，口略大于器腹，鼎足略短，多數字的兩鼎足外撇。標本如五祀衛鼎（《集成》02832）、十五年趞曹鼎（《集成》02784）。

Ⅵ式：與Ⅴ式相比，鼎腹壁較直，略顯束頸，多數字的兩鼎足間距縮小，仍有少數鼎足外撇，但鼎足筆畫末端微向上折起。標本如多友鼎（《集成》02835）。

Ⅶ式：兩尖角內凹處與器身內最上一横筆已分離，鼎足略短、較直。標本如趰鼎（《集成》02815）。

演變趨勢：兩尖角耳的內側斜筆與口沿横筆由粘連到分開，鼎足由長變短，器口逐漸變大。

Ab型　口沿有兩個環形鼎耳聳立。根據器身不同的形態，可分爲三式。

Ⅰ式：方鼎形，器身很大，兩耳呈方環形，立于器口，鼎足爲三豎筆。標本如鼎劦父癸簋（《新收》1751）。

Ⅱ式：圓鼎圜底，器身縮小，環形器耳從器口伸出，鼎足爲三豎筆。標本如應侯見工鼎（《新收》1456）。

Ⅲ式：圓鼎圜底，器身略瘦，腹部有兩横筆，環形器耳立于器口，鼎足爲兩豎筆，呈形。標本如晉侯蘇鼎（《新收》861）。

演變趨勢：器身由方變圓，由大變小。

B型　口沿平滑呈圓頭，無鼎耳聳立。根據器身的具體形態不同，可分爲三式。

Ⅰ式：鼎身輪廓略呈橢圓形，器身寬大，鼎足較短，少數鼎足還有外撇。標本如叔商父鼎（《新收》1711）。

Ⅱ式：鼎身輪廓略呈酒杯狀，口沿多爲横筆，器身比Ⅰ式略小，鼎足多外撇。標本如吳王姬鼎（《集成》02600）。

Ⅲ式：鼎身輪廓略呈倒三角狀，形似水滴，口沿多爲横筆，鼎足多外撇。標本如頌鼎（《集成》02828）。

11. 女

西周金文“女”字延續殷墟甲骨文的寫法，像一女子跽坐，雙手于身前交叉。“女”除表示“女性”之意外，常借爲“汝”字，亦與“母”字互換。另外，“每（敏）”“母”“姜”等字都以“女”字爲主體偏旁。依據“女”象徵人體的筆畫形態不同，可分爲六式（表4-14）。

表4-14　“女”字分期與型式列表

期段		型式
一期	早段	 Ⅰ趩女鼎
	晚段	 Ⅱ大盂鼎
二期		
三期	早段	 Ⅲ彔㦰卣
	晚段	
四期	早段	 Ⅳ五祀衛鼎
	晚段	 Ⅴ豆閉簋
五期		
六期	早段	 Ⅵ不嬰簋
	晚段	

Ⅰ式：象形意味濃厚，筆道有肥筆出鋒，雙手交叉的筆畫呈或形，身體蜷曲成三道彎，像人跽跪于地上。標本如趩女鼎（《新收》1417）。此外，本式也可參考天亡簋（《集成》04261）的“敏”字。

Ⅱ式：筆道仍有肥筆出鋒，跽跪的人形已站立起來，象徵下肢筆畫的中間有一道彎，好似人屈膝站立。標本如大盂鼎（《集成》02837）。

Ⅲ式：雙手交叉的筆畫多折角，形成的環形比Ⅱ式規整，其上下間距縮小，仍有肥筆。標本如彔㦰卣（《新收》1961）。

Ⅳ式：雙手交叉的筆畫呈形，轉折多圓角，象徵下肢的筆畫比Ⅱ式更接近弧綫，但部分字仍有一道彎，略呈“S”形，不見肥筆。標本如五祀衛鼎（《集成》02832）。

Ⅴ式：雙手交叉的轉角筆畫更圓潤，象徵下肢的筆畫比Ⅳ式略直。標本如豆閉簋（《集成》04276）。

Ⅵ式：雙手相抱形成的環形近似扁圓形，比Ⅴ式端正，象徵軀幹及下肢的筆畫較短，基本變成一豎筆，像人已經完全站直。標本如不𡢁簋（《集成》04328）、卌二年逑鼎（《單氏》39頁）。

演變趨勢：雙手交叉的筆畫轉角逐漸圓潤，相抱形成的環形逐漸端正，從不規則變爲扁圓，身體由蜷曲跽跪到直立挺起。

12. 揚

西周金文“揚”的寫法較多，“𦔻”“㫃”“𤔲”“玬”“𣅀”不一而足。依據所从偏旁的不同，可細分爲二型（表4-15）。

表4-15　“揚”字分期與型式列表

期段		A	B
一期	早段		
	晚段	 AⅠ作冊大鼎	
二期		 AⅡ小臣宅簋	 BⅠ貉子卣
三期	早段	 AⅢ剌鼎	 BⅡ螜鼎
	晚段		

續表

期段		A	B
四期	早段	 AⅣ史牆盤	 BⅢ應侯見工簋
	晚段	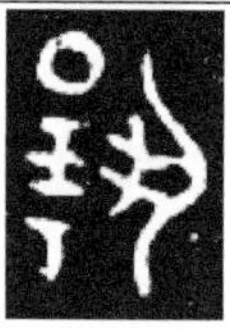 AⅤ豆閉簋	 BⅣ農卣
五期		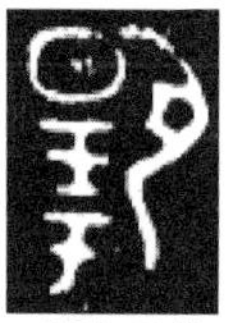 AⅥ無㠱簋	 BⅤ夷伯夷簋
六期	早段	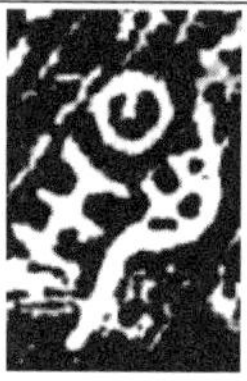 AⅦ毛公鼎	 BⅥ伊簋
	晚段		

A型　从“丮”。根據其他偏旁的不同形態，可分爲七式。

Ⅰ式：所从“丮”象徵的人形屈膝弓腰，頭部形象明顯，下肢筆畫曲折，雙手筆畫大多朝不同方向伸出，所从“丮”“号”“日”等偏旁組合比較隨意，“日”形非圓形，筆道有肥筆出鋒。標本如作冊大鼎（《集成》02759）。

Ⅱ式：所从“丮”象徵的頭部比Ⅰ式縮小，人的雙手向下平行伸出，有的字所从“号”上“日”仍非圓形。標本如小臣宅簋（《集成》04201）。

Ⅲ式：所从“丮”身形比Ⅱ式略直，略屈膝，人的雙手向上伸出，象徵的頭部筆畫已經不是圓形，多呈肥筆狀，所从“号”上“日”形較圓。標本如剌鼎（《集成》02776）。

Ⅳ式：以“[illegible]”“[illegible]”兩類寫法爲主，所从“丮”的身形略向後坐，人的雙手大多向下伸出，象徵的頭部筆畫不見肥筆。標本如史牆盤（《集成》10175）

Ⅴ式：所从“丮”的身形多成弧形，下肢逐漸不見屈膝狀，基本爲一豎筆，人的雙手多持平伸出。標本如豆閉簋（《集成》04276）。

Ⅵ式：所从“丮”仍是躬身形，兩手縮短，下身筆畫仍有屈膝狀。標本如無曩簋（《集成》04225）。

Ⅶ式：所从“丮”形類似“卩”形，兩手多持平或向下伸出，筆畫較短。標本如毛公鼎（《集成》02841）。

演變趨勢：“丮”象徵的人形由屈膝弓腰逐漸直立，所从“号”上“日”形由不規則形到漸圓。

B型　所从偏旁較複雜，但均不从“丮”，且偏旁中均有“日”形。根據所从偏旁的不同形態，可分爲六式。

Ⅰ式：單體“号”字，“日”形呈半圓，筆道有肥筆出鋒。標本如貉子卣（《集成》05409）。

Ⅱ式：與Ⅰ式相比，“号”下半部“丂”的豎筆與“日”相連。標本如蓪鼎（《集成》02765）。

Ⅲ式：單體“号”字或从“号”从“阜”，“日”呈圓形，筆道不見肥筆出鋒。標本如應侯見工簋（《新收》79）、五年師旋簋（《集成》04216）。

Ⅳ式：在Ⅲ式基礎上，“日”呈圓形，“丂”形下部的豎筆漸長彎曲。標本如農卣（《集成》05424）。

Ⅴ式：在Ⅳ式基礎上，“日”旁略呈扁圓形，“丂”形下部的曲筆更甚。標本如夷伯夷簋（《商周》05158）。

Ⅵ式：“号”上部“日”旁扁圓，下半部“丂”的豎筆與“日”相連，豎筆較長，下端曲筆明顯。標本如伊簋（《集成》04287）。

演變趨勢：“日”形由半圓到近圓形，字體逐漸端正，“丂”的豎筆漸曲漸長。

13. 敢

許慎《說文解字》講“敢”是進取之意，新的研究發現“敢”字的本義可能是博取、獵殺野豬，抑或是《禮記·曲禮下》“大夫不掩羣”之“掩群”，用爲“盡取獸群”之意[1]。西周金文（宰獸簋《新收》663）、（十二年大簋《集成》04298）等寫法，所从“口”或“甘”并非以往認爲作聲符，應源自殷墟甲骨文、等字，後者可析爲从倒“豕”从“”从“”。西周金文也有、（伯敢盨《新收》1622）以及、（師𩰫鼎《集成》02830）等，可看出“敢”字初文的孑遺。據此，“敢”字的筆畫形態及偏旁架構可以細分爲二型（表4-16）。

① 徐仲舒：《甲骨文字典》，四川辭書出版社，1989年，457~458頁；陳絜：《說“敢”》，《史海偵迹——慶祝孟世凱先生七十歲文集》，新世紀出版社，2006年。

表4-16　“敢”字分期與型式列表

期段		型式 A	型式 B
一期	早段		
	晚段	 AⅠ大盂鼎	
二期			
三期	早段	 AⅡ裘衛簋	
	晚段		
四期	早段	 AⅢ十五年趞曹鼎	 B五祀衛鼎
	晚段	 AⅣ公臣簋	
五期			
六期	早段	 AⅤ善夫山鼎	
	晚段	 AⅥ頌鼎	

A型　已經沒有了作爲捕獵工具的的偏旁毕，轉爲从“口”或“甘”。根據“敢”字中象徵“倒豖”及“又”的筆畫形態，可分爲六式。

Ⅰ式：依然有“倒豖”的形態，“倒豖”及“又”的筆道波磔出鋒，豖尾和後腿的筆畫向上。標本如大盂鼎（《集成》02837）、不栺方鼎（《集成》02736）。

Ⅱ式：豕尾和後腿的筆畫向下略彎，形似甲骨文“又”的寫法。標本如裘衛簋（《集成》04256）。

Ⅲ式：“倒豕”的筆畫形態抽象化，豕尾和後腿的筆畫并列引出，三筆仍不平直。標本如十五年趞曹鼎（《集成》02784）。

Ⅳ式：豕尾和後腿的筆畫并列引出，三筆較平直，“又”的手指向左。標本如公臣簋（《集成》04187）。

Ⅴ式：豕尾和後腿的筆畫并列引出，三筆較平直，“又”的手指向上。標本如善夫山鼎（《集成》02825）。

Ⅵ式：筆道曲折，“倒豕”及“又”的筆畫末端上揚。標本如頌鼎（《集成》02829）。

演變趨勢：“倒豕”的筆畫形態抽象化，豕尾和後腿的三筆逐漸平直聚攏，“又”的筆道由波磔出鋒到綫條均勻，手指靠近。

B型　“敢”字依然保留殷墟甲骨文𢽟中作爲捕獵工具的偏旁𠀠。標本如伯敢盨（《新收》1622）、五祀衛鼎（《集成》02832）。

另有少量商末周初的器銘，“亞”字框內有類似殷墟甲骨文“敢”的字形，用作族徽，如亞敢父乙角（《集成》08856）。

14. 史

西周金文“史”“事”兩字形逐漸分開，除周初個別器外（如利簋），㕜已成爲“史”字的固定寫法。“史”从“又”持“中”，“中”爲何物不甚明瞭，或爲史官之筆聿，或爲簡策之盛器，或爲使者之旌節，均無定論。依據“中”及“又”的筆畫形態不同，可分爲八式（表4-17）。

表4-17　“史”字分期與型式列表

期段		型式
一期	早段	 Ⅰ史鼎
	晚段	 Ⅱ史話簋
二期		

續表

期段		型式
三期	早段	 Ⅲ 㦽方鼎
三期	晚段	
四期	早段	 Ⅳ 十五年趞曹鼎
四期	晚段	 Ⅴ 豆閉簋
五期		 Ⅵ 三年師兑簋
六期	早段	 Ⅶ 善夫山鼎
六期	晚段	 Ⅷ 頌壺

Ⅰ式：象形程度高，“中”形甚大，“又”所象徵的人手較小，“中”的豎筆并未穿透“又”的手指，筆道有肥筆出鋒。標本如史鼎（《滕州》218頁圖152.3）。另外，利簋（《集成》04131）的“事”字一般認爲作“史”，其形可參。

Ⅱ式：“中”較Ⅰ式縮小，與“又”形大小接近，“中”的豎筆穿透“又”的手指，象形程度仍較高，“又”之波磔肥筆出鋒較明顯。標本如史話簋（《集成》04030）、㝬鼎（《集成》02740）。

Ⅲ式：“屮”的底部形狀從圜底向尖底過渡，“又”之捺筆仍略見肥筆出鋒。標本如𢦏方鼎（《集成》02789）。

Ⅳ式：“屮”多呈尖底，“又”之捺筆較直，筆畫仍有些許肥筆出鋒。標本如十五年趞曹鼎（《集成》02784）。

Ⅴ式：“屮”尖底明顯，“又”之捺筆開始略顯彎曲，筆道規整平順，不見肥筆。標本如豆閉簋（《集成》04276）、宰獸簋（《新收》663）。

Ⅵ式：“屮”底部略尖，“又”形大于“屮”形，手指聚攏朝下伸出，“又”之捺筆末端略直。標本如三年師兌簋（《集成》04318）。

Ⅶ式：“屮”底部比Ⅵ式略尖，“又”形大于“屮”形，手指聚攏平伸，“又”之捺筆末端略直。標本如善夫山鼎（《集成》02825）。

Ⅷ式：“屮”底部比Ⅶ式略圓鈍，“又”形大于“屮”形，手指聚攏修長，“又”之捺筆末端上揚。標本如頌壺（《集成》09732）。

演變趨勢：“屮”形由大變小，底部由尖漸圓，“又”之捺筆由直漸曲，直至末端略上揚。

15. 既

西周金文“既”形似一跽跪之人就餐完畢轉頭背對盛食之器。依據跪坐之人的筆畫形態不同，可分爲七式（表4-18）。

表4-18　“既”字分期與型式列表

期段		型式
一期	早段	 Ⅰ保尊
	晚段	 Ⅱ作冊大鼎
二期		 Ⅲ憲鼎
三期	早段	 Ⅳ裘衛簋
	晚段	

續表

期段		型式
四期	早段	 Ⅴ瘨盨
	晚段	
五期		 Ⅵ晉侯對鼎
六期	早段	 Ⅶ兮甲盤
	晚段	

Ⅰ式：象形意味濃厚，筆道有肥筆出鋒，身體蜷曲成三道彎，像人跽跪于地上，左邊盛食器簋的底座較低。標本如保尊（《集成》06003）。

Ⅱ式：左邊盛食器簋的底座更高，身體曲折程度略減弱。標本如作冊大鼎（《集成》02760）。

Ⅲ式：筆道仍有肥筆出鋒，跽跪的人形已起身，象徵下肢的筆畫仍較曲折，但比Ⅱ式略直，好似人屈膝站立。標本如憲鼎（《集成》02749）、作冊䰧卣（《集成》05432）。

Ⅳ式：不見肥筆，象徵下肢的筆畫近似直筆。標本如裘衛簋（《集成》04256）。

Ⅴ式：象徵下肢的筆畫接近弧綫，折彎處自膝部上升。標本如瘨盨（《集成》04462）。

Ⅵ式：象徵下肢的筆畫變成一豎筆，頭部形成横“U”形，手臂與背部包圍成一個較小的圈形。標本如晉侯對鼎（《商周》02332）。

Ⅶ式：象徵下肢的膝蓋筆畫略凸出，筆道曲折。標本如兮甲盤（《集成》10174）。

演變趨勢：身體由蜷曲跽跪到直立挺身。

16. 馬

西周金文“馬”字沿用殷墟甲骨文的寫法，是突出馬鬃、尾、四足的象形文字。依據馬的筆畫形態不同，可分爲七式（表4-19）。

表4-19　“馬”字分期與型式列表

期段		型式
一期	早段	 Ⅰ克罍
	晚段	 Ⅱ大盂鼎
二期		 Ⅲ扶馭觥蓋
三期	早段	
	晚段	 Ⅳ虎簋蓋
四期	早段	 Ⅴ九年衛鼎
	晚段	 Ⅵ豆閉簋
五期		
六期	早段	 Ⅶ虢季子白盤
	晚段	

Ⅰ式：眼睛較大，眼角鋭利，馬鬃較少或沒有，象形程度高，筆道有肥筆出鋒。標本如克罍（《考古》1990年1期，25頁圖4.1）。

Ⅱ式：馬身略傾斜，馬的眼睛稍小些，輪廓筆畫有起伏，眼角鋭利，以三斜筆表示馬鬃，馬尾以向下的三叉筆較直，筆道有肥筆出鋒。標本如大盂鼎（《集成》02837）。

Ⅲ式：馬身象形性仍較高，但馬身挺直，筆道較細，肥筆現象較少。標本如㺇馭觥蓋（《集成》09300）。

Ⅳ式：馬身端正，馬的眼睛呈棗核形，眼角略顯圓鈍，筆道基本無肥筆出鋒。標本如虎簋蓋（《新收》633）。

Ⅴ式：馬眼内瞳仁已轉變爲兩條短綫，馬鬃分别從眼角及這兩條短綫向下形成三條斜綫引出，馬身各部分筆畫已經綫條化。標本如九年衛鼎（《集成》02831）。

Ⅵ式：馬身直立，軀幹筆畫比Ⅴ式顯得瘦長。標本如豆閉簋（《集成》04276）。

Ⅶ式：接近篆書“馬”字的寫法。標本如虢季子白盤（《集成》10173）。

演變趨勢：眼角逐漸圓鈍，馬身的形象逐漸減弱，馬鬃引出的三筆逐漸平行規整。

17. 正

西周金文表示征伐之“征”，除了加“彳”旁以强調行動的“征”字以外，還有殷墟甲骨文“正”字常見的寫法（《甲骨文編》63頁），从“口”表示目的地，从“止”表示行進，實際上“正”字即是“征”字的表意初文。因兩者各有其變化軌迹，我們將分開討論。

甲骨文“正”字从“口”从“止”，西周金文“口”的形態有所變化。依據“口”“止”的筆畫形態，可分爲七式（表4-20）。

表4-20　“正”字分期與型式列表

期段		型式
一期	早段	 Ⅰ正父卣
一期	晚段	 Ⅱ大盂鼎
二期		 Ⅲ御正衛簋

續表

期段		型式
三期	早段	 Ⅳ录伯𢦏簋蓋
	晚段	
四期	早段	 Ⅴ師𩛥鼎
	晚段	
五期		 Ⅵ伯鮮鼎
六期	早段	 Ⅶ毛公鼎
	晚段	

Ⅰ式：“口”形較大，大多填實成一墨團，偶見未填者，“止”象徵腳趾的左右兩筆略彎且長，筆端仍有出鋒。標本如正父卣（《集成》05244）。

Ⅱ式：相比Ⅰ式，“止”象徵腳趾的左右兩筆略短。標本如大盂鼎（《集成》02837）。

Ⅲ式：相比Ⅱ式，“口”形多爲圈形，“止”象徵腳趾的左右兩筆繼續縮短，筆畫略直。標本如御正衛簋（《集成》04044）。

Ⅳ式：“口”形比Ⅲ式小，“止”象徵腳趾的左右兩筆略直且短促。標本如录伯𢦏簋蓋（《集成》04302）。

Ⅴ式：“口”形縮小成圓點狀，有的呈短條形，“止”的左側弧筆自下向上曲伸，與中間一筆間距較近。標本如師𩛥鼎（《集成》02830）。

Ⅵ式：相比Ⅴ式，“口”形略小，“止”的左右兩筆延伸較長，由弧筆變爲折筆。標本如伯鮮鼎（《集成》02663）。

Ⅶ式："口"形縮小成圓點狀，有的呈短條形，與"止"的中間一豎筆粘連。標本如毛公鼎（《集成》02841）。

演變趨勢："口"形由大變小，最終成爲圓點或短條狀，"止"的筆畫由弧筆變爲折筆。

18. 征

西周金文"征"字从"彳"从"正"。根據偏旁形態變化，可分爲五式（表4-21）。

表4-21　"征"字分期與型式列表

期段		型式
一期	早段	 Ⅰ利簋　 Ⅰ塱方鼎
	晚段	
二期		 Ⅱ諫簋
三期	早段	 Ⅲ班簋
	晚段	
四期	早段	 Ⅳ史牆盤
	晚段	
五期		 Ⅴ虢仲盨蓋
六期	早段	
	晚段	

Ⅰ式：“彳”的豎筆略長，“止”象徵腳趾的左右兩筆較直，“止”上一筆多爲圓形墨點，兩者間距較大，筆端有出鋒。標本如塱方鼎（《集成》02739）、利簋（《集成》04131）。

Ⅱ式：“彳”多直筆，“止”上墨點的輪廓比Ⅰ式略小，與“止”的間距更小。標本如誱簋（《集成》03950）、㹽馭簋（《集成》03976）。

Ⅲ式：“彳”“正”的筆道更平直，肥筆出鋒減少，“止”上墨點逐漸成爲橫條，仍較粗，象徵腳趾的左側一弧筆轉折向上。標本如班簋（《集成》04341）。

Ⅳ式：“彳”“正”的筆畫在Ⅲ式基礎上延伸得更長，左側一筆由弧筆逐漸轉爲折筆。標本如史牆盤（《集成》10175）。

Ⅴ式：“彳”的豎筆向下伸長，已超過“正”下一橫筆，“止”上一筆已變爲橫筆，有的呈短條形，“止”象徵腳趾的左側一筆變得更長，有的轉折成直角。標本如虢仲盨蓋（《集成》04435）。

演變趨勢：“止”的筆畫由短促略直變爲弧筆或折筆，且逐漸變長，“口”從圈點變爲橫筆。

19. 旂

“旂”即“旗幟”之“旗”，金文从“斤”从“㫃”，“斤”作聲符。依據旗杆及旗面的筆畫形態不同，可分爲五式（表4-22）。

表4-22　“旂”字分期與型式列表

期段		型式
一期	早段	
	晚段	 Ⅰ大盂鼎
二期		
三期	早段	 Ⅱ師旂鼎
	晚段	 Ⅲ裘衛盉

續表

期段		型式
四期	早段	
	晚段	 Ⅳ豆閉簋
五期		
六期	早段	 Ⅴ趞鼎
	晚段	

Ⅰ式：旗面向上折起一角，筆道有肥筆出鋒。標本如大盂鼎（《集成》02837）。

Ⅱ式：旗面呈橫折豎筆形，末端略曲，筆道仍見肥筆出鋒。標本如師旂鼎（《集成》02809）。

Ⅲ式：旗面呈橫折豎筆形，筆道不見肥筆出鋒。標本如裘衛盉（《集成》09456）。

Ⅳ式：旗面轉角圓鈍，折過的豎筆較短。標本如豆閉簋（《集成》04276）。

Ⅴ式：旗面轉角圓鈍，折過的豎筆較長，“斤”的豎筆呈曲綫，末端略上揚。標本如趞鼎（《集成》02815）、頌盤（《文物》2009年9期，52頁圖3）。

演變趨勢：旗面由橫折短促到圓轉修長。

20. 蔑

“蔑”字金文像以“戈”砍“”，應當與“伐”義近，訓爲誇耀讚美，進而引申爲輕視。依據“蔑”所从偏旁，可細分爲二型（表4-23）。

表4-23　“蔑”字分期與型式列表

期段		型式	
		A	B
一期	早段	 AⅠ保卣	
	晚段		

續表

期段		型式	
		A	B
二期		 AⅡ小臣謎簋	
三期	早段	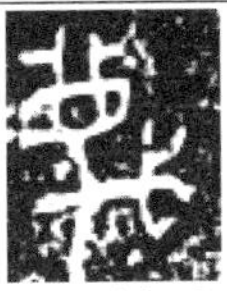 AⅢ長由盉	
	晚段		 B鮮簋
四期	早段	 AⅣ史牆盤	
	晚段		
五期			
六期	早段	 AⅤ梁其鐘	
	晚段		

A型　不从任何偏旁。根據“”的筆畫形態不同，可分爲五式。

Ⅰ式：“”上半表眉眼的部分象形性高，眼角鋭利，畫出瞳仁，目上兩筆折向一邊。標本如保卣（《集成》05415）。

Ⅱ式：“”上半表眉眼的部分象形性仍較高，但一些已不畫出瞳仁，特别是目上兩筆反方向彎折。標本如小臣謎簋（《集成》04239）。

Ⅲ式：表眉眼部分的象形性減弱，眼角略顯圓鈍，基本不畫出瞳仁。標本如長由盉（《集成》09455）。

Ⅳ式：眉眼部分比Ⅲ式抽象化，但輪廓仍顯眼形。標本如史牆盤（《集成》10175）。

Ⅴ式：眉眼部分變爲橢圓形，身體部分及“戈”筆畫呈形，筆道無肥筆。標本如梁其鐘（《集成》00189）。

演變趨勢：表眉眼部分的象形性減弱，最終變爲一個橢圓形，眼角逐漸圓鈍。

B型　从“禾”从“蔑”，與A型用法相同，其所从“蔑”的寫法與A型Ⅲ式相似，“”表眉眼的部分象形性減弱，眼角圓鈍，大多數字的筆畫規整，筆道較直。標本如繁卣（《集成》05430）、鮮簋（《集成》10166）。

21. 兄

殷墟甲骨文、西周金文“兄”字从“口”从“人”，“口”之下爲一站立人形。甲骨文“兄”“祝”二字有別，後者“口”之下是“卩”，爲一跽跪之人，如、等。西周器銘的“兄”則多爲从“口”从“人”，也有从“止”“土”的䞙字。據此，可以根據“口”下站立之人的筆畫形態不同分爲三式（表4-24）。

表4-24　“兄”字分期與型式列表

期段		型式
一期	早段	 Ⅰ保卣
	晚段	
二期		 Ⅱ旗鼎
三期	早段	 Ⅲ屯尊
	晚段	
四期	早段	
	晚段	
五期		
六期		

Ⅰ式：手部與軀幹兩筆間距較窄，字體象形程度高，屈膝弓腰，筆道有肥筆出鋒。標本如保卣（《集成》05415）、倗兄丁卣（《集成》05003）。

Ⅱ式：手部與軀幹兩筆間距變寬，字體象形程度仍較高，大多屈膝弓腰，有的也形成倒“V”形，手部筆畫向内有兩短筆，筆道仍有肥筆出鋒。標本如旟鼎（《集成》02704）。

Ⅲ式：手部與軀幹兩筆間距變的稍寬，手部筆畫變短且略向内折，軀幹筆畫略直，但仍有屈膝。標本如屯尊（《集成》05932）。

演變趨勢：身體由蜷曲跽跪到直立挺身，手部與軀幹兩筆間距漸寬，手部筆畫由曲折變爲短直。

22. 見

商周古文字从“目”从“人”，與从“目”从“卩”的寫法不同，兩者用法也多有争議。一般認爲殷墟甲骨文的多指“看見”之“見”，而則是“視”的初文。查看西周器銘上下文意，可知與的區别已不明顯，一般均用作“見”，如九年衛鼎（《集成》02831）裹即是“覲見”之意。依據“目”下之“人”的筆畫形態不同，可分爲四式（表4-25）。

表4-25　“見”字分期與型式列表

期段		型式
一期	早段	
	晚段	 Ⅰ 玐方鼎
二期		 Ⅱ 作冊魖卣
三期	早段	 Ⅲ 叔趩父卣
	晚段	

續表

期段		型式
四期	早段	 Ⅳ史牆盤
	晚段	
五期		
六期	早段	
	晚段	

Ⅰ式："目"下多从"人"，象形程度高，似一人屈膝，手部筆畫略上揚，"目"中仍畫有眼珠，筆道有明顯肥筆出鋒。標本如玑方鼎（《集成》02612）。

Ⅱ式："目"下多从"卩"，筆道仍有肥筆出鋒，跽跪的人形屈膝站立。標本如作冊䰧卣（《集成》05432）。

Ⅲ式："目"下人形筆道無肥筆出鋒，相比Ⅱ式，象徵下肢筆畫的中間有一道彎，好似人屈膝站立。標本如叔趯父卣（《集成》05429）。

Ⅳ式："目"下多从"人"，與Ⅰ式相比，軀幹、下肢兩筆間距稍寬，手部筆畫略向內收，筆道粗細一致，軀幹的筆畫形成一條弧綫。標本如史牆盤（《集成》10175）。

演變趨勢：身體由蜷曲跽跪到直立挺身，手部與軀幹兩筆間距漸寬，眼角逐漸圓鈍。

23. 盉

商周青銅盉大多自稱"尊""尊彝""彝"等共名，"盉"字用作其專名，一般从"禾"从"皿"。依據所从器皿的形態，可細分爲二型（表4-26）。

表4-26　"盉"字分期與型式列表

期段		型式	
		A	B
一期	早段		
	晚段		
二期		 AⅠ麥盉	

續表

期段		型式	
		A	B
三期	早段	 AⅡ獄盉	 B員盉
	晚段		
四期	早段	 AⅢ ≋盉	
	晚段		
五期		 AⅣ王盉	
六期	早段		
	晚段		

A型　从“禾”从“皿”。根據“皿”的筆畫形態不同，可分爲四式。

Ⅰ式：即西周金文的“皿”字，器身較矮，兩耳在腹部兩側形成短豎筆。標本如麥盉（《集成》09451）。

Ⅱ式：器身較高，兩耳在口沿兩側形成半環形。標本如獄盉（《考古與文物》2006年6期，61頁圖6）。

Ⅲ式：器身比Ⅱ式略高，頸部微微收縮，腹部外壁仍平直，兩耳在口沿兩側形成短豎綫。標本如≋盉（《集成》09442）。

Ⅳ式：器身更高，頸部已收縮，腹部鼓出，兩耳在口沿兩側形成短豎綫。標本如王盉（《集成》09438）。

演變趨勢：所从“皿”的器身由低矮到瘦高。

B型　所从應是單鋬可向一側傾注液體的器物，我們認爲即是盉本身[①]，其形源自甲骨文“注”字。標本如員盉（《集成》09367）。

① 王帥：《商周青銅器自名新解——以匜、盉爲例》，《中原文物》2013年第4期。

第五章　西周金文字形的分期與演變

在上兩章裏，我們整理了西周時期27個高頻單字的型式演進過程，“寶”字除個別存在缺環外（如寶Bb型Ⅰ式與寶Bb型Ⅱ式、寶Cd型Ⅰ式與寶Cd型Ⅱ式），絕大部分型式的發展譜系完整有序；而其他26個高頻單字，雖然存在一定程度的缺環，但整體脈絡也是清晰的。由于“寶”字在西周金文裏無論是其出現頻次、覆蓋面，還是字形變化的細緻程度都遠超過其他單字，故我們將以其作爲研究西周金文字形演變進程的主體，再依據“寶”字以外其他高頻單字的型式演進關係，分析出這些單字在“寶”字所形成的分期劃分中各自處于什麽階段，進而構建出整個西周金文字形演變的軌迹。

根據“寶”字的形態演變、新舊偏旁的更迭以及不同型式的共存情況，并輔以其他高頻單字字形演變的規律，將西周金文字形的演進細分爲六期10段。在這10段中，金文單字字形經歷了以下幾個較明顯的發展節點：一期晚段與二期之間，二期與三期早段之間，三期晚段與四期之間，五期與六期早段之間，六期早、晚段之間。數次變化都集中在偏旁架構的重組與增減、字體筆勢的端正與傾斜及筆道形態的异變與新生等方面，這些變化具有新老因素的更替，且有成批組的、規律性的特點，是具有現象級的變化。

我們認爲，在上兩章選擇各高頻單字型式的“標本”器物時，不需特別留意其時代，“標本”的形體是否具有典型性乃首要任務，因爲字形演變的特徵是進行類型學排隊的基礎。而在本章下文“小結”對期、段時代的推定分析中，爲了論證每一型式時代的上下限，除了參考之前型式分析所列舉的“標本”外，則應着重選擇其他分屬不同單字型式的“標準器”或那些基本無時代争議的器物參加討論。在這些器物里，有的銘文内容可以對相關待討論器銘提供文獻佐證，有的器形、紋飾特徵可以爲總結某一字形的演變規律提供交叉印證。總之，這階段的研究焦點需要綜合考量所選器物的時代、器銘、器形、紋飾、出土情況及其相互關係等。具體分析如下。

第一節　西周金文字形分期與時代推定

（一）一期

1. “寶”字字形分期

早段。寶Aa型Ⅰ式、寶Ab型Ⅰ式、寶Ba型Ⅰ式、寶Bb型Ⅰ式。

其字形特徵：延續殷商時期金文或甲骨文的基本構型及筆道特徵，鬆散傾斜，肥筆出鋒，尚未形成新的時代風格。“寶”字中“宀”的頂部很高，房屋的兩坡面一般較直，兩檐角既有出頭也有不出頭，貝殼的形象均具有濃厚的象形意味，下部開口兩端均有分叉筆，翻角式貝殼字形在本段較集中出現，普通貝殼式的外部輪廓則呈現上小下大的規律。值得注意的是，寶Ab型Ⅰ式裹的弜伯簋（《商周》04293）字例，其“宀”旁兩檐側壁外撇，“貝”外部輪廓上大下小，其樣式在一期早段僅見，應與弜伯墓地獨特的地方特色有關。

晚段。寶Aa型Ⅱ式、寶Ab型Ⅱ式、寶Ba型Ⅱ式、寶Ca型Ⅰ式。

其字形特徵：整體延續前一階段的基本構型及筆道特徵，鬆散傾斜，肥筆出鋒，但一些字例已開始形成新的時代風格，如“宀”頂略微降低，兩檐坡面逐漸內凹，仍有不少“貝”旁下部開口分叉筆的樣式，但本階段最重要的變化還是來自寶Ba型Ⅱ式這類貝旁下部開口不分叉的樣式開始流行，這種形態多見于西周早期偏晚，相當于康昭之際。貝殼的形象依然具有濃厚的象形意味，普通貝殼式的輪廓亦呈現上小下大的規律。

2. 本期其他高頻單字字形

子Ⅰ式、子Ⅱ式、彝A型Ⅰ式、隮Aa型Ⅰ式、隮Ba型Ⅰ式、王A型Ⅰ式、王B型Ⅰ式、王C型Ⅰ式、于A型Ⅰ式、于B型Ⅰ式、于A型Ⅱ式、于B型Ⅱ式、考Ⅰ式、令Ⅰ式、令Ⅱ式、隹A型Ⅰ式、隹B型Ⅰ式、唯Ⅰ式、易A型、易Ba型、易Bb型Ⅰ式、公Aa型Ⅰ式、公Aa型Ⅱ式、公Ab型Ⅰ式、公Ba型Ⅰ式、公Bb型Ⅰ式、公Bb型Ⅱ式、鼎Aa型Ⅰ式、鼎Aa型Ⅱ式、女Ⅰ式、女Ⅱ式、揚A型Ⅰ式、敢A型Ⅰ式、史Ⅰ式、史Ⅱ式、既Ⅰ式、既Ⅱ式、馬Ⅰ式、馬Ⅱ式、正Ⅰ式、正Ⅱ式、征Ⅰ式、蔑A型Ⅰ式、兄Ⅰ式、見Ⅰ式、旂Ⅰ式。

雖然晚段出現不少獨體象形字加聲符的新字，如“有”與“雩”等，“玝”與“唯”等字亦較爲流行，但早、晚段字形之間在偏旁架構、形體筆勢及筆道形態上的共性大于差异，如偏旁架構較鬆散，“寶”“隮”“彝”等字的某一偏旁遠大于其他偏旁或其他字，“令”“隹”“女”“馬”等字象形程度高，寫法與殷甲骨文相似，筆畫常有波磔出鋒等。

3. 小結

分析一期“寶”各型式字例所在器物，時代最早如寢敄簋（《集成》03941）、天亡簋（《集成》04261），前者爲商周之際器，後者器銘稱文王“丕顯考”并祭祀之，是公認的周初武王時器。利簋（《集成》04131），器銘提到“珷（武王）”，是公認的周初武、成之際器物。何尊（《集成》06014），器銘涉及周初成王遷都之事，爲成王五年標準器。禽簋（《集成》04041），器銘提及成王平叛，“周公謀”，與大保簋（《集成》04140）一樣，爲公認的成王時器。小臣單觶（《集成》06512），器銘“王後𠬝克商，在成師，周公錫小臣單貝十朋……”，與禽簋等均是公認的周初平叛、周公踐奄之事，當在成王初年。塱方鼎（《集成》02739），器銘記載周初平武庚、三監之亂，時代當在成王初年。

此外，蔑A型Ⅰ式、兄Ⅰ式中，代表器物亦爲保卣（《集成》05415），是成王時器。馬Ⅰ式中，代表器物如克罍（《考古》1990年1期，25頁圖4.1），“大保”即“太保”，乃召公奭，又見于大保簋、堇鼎等，是成王時器。史鼎（《滕州》218頁圖152.3），出于山東省滕州市官橋鎮前掌大村北區11號墓地，直口圓腹，口沿上有一對立耳，耳微外張，三柱足細高，頸部飾一周獸面紋帶，形制當屬畢經緯博士《海岱地區商周青銅器研究》[①]一文所列的圓鼎甲Aa型Ⅳ式，時代應爲西周早期前段。考Ⅰ式中，代表器物如天亡簋（《集成》04261）、何尊（《集成》06014）；令Ⅰ式中，代表器物如堇鼎（《集成》02703）；隹A型Ⅰ式、隹B型Ⅰ式中，代表器物如塱方鼎（《集成》02739）、天亡簋（《集成》04261）、利簋（《集成》04131）；唯Ⅰ式中，代表器物如何尊（《集成》06014）；易A型、易Ba型、易Bb型Ⅰ式中，代表器物如利簋（《集成》04131）、小臣單觶（《集成》06512）、德鼎（《集成》02405）、德方鼎（《集成》02661）；公Aa型Ⅰ式、公Ab型Ⅰ式、公Bb型Ⅰ式中，代表器物如小臣單觶（《集成》06512）、利簋（《集成》04131）、塱方鼎（《集成》02739）；鼎Ab型Ⅰ式中，代表器物如利簋（《集成》04131）；揚A型Ⅰ式中，代表器物如作冊大鼎（《集成》02759）；征Ⅰ式中，代表器物如塱方鼎（《集成》02739）、利簋（《集成》04131），以上各器均爲成王時器無疑。

一期晚段時代較早的器物如作冊大鼎，其器銘提及“成王”，稱“大保”爲“公”，彭裕商先生聯繫成王時旅鼎，認爲作冊大鼎乃是康王早期器[②]，我們贊同這一觀點。宜侯夨簋（《集成》04320）器銘提及“武王”“成王”，其器圈足較高，腹飾浮雕渦紋，時代特徵較早，是公認的康王時器。時代較晚的如大盂鼎（《集成》02837），則是康王二十三年標準器。伯各卣（商周13104）、夌伯觶（商周10588）均是弜國墓地所出，前者出于竹園溝7號墓，後者出于竹園溝4號墓，學界多認爲其時代屬于康昭之際。攸簋（《集成》03906），出于北京房山區琉璃河鎮黃土坡村53號西周墓，李豐先生將其定于穆王時[③]，具體觀察攸簋器形、紋飾，鼓腹矮圈足，圈足下有三足，蓋面呈球面形，上有圈狀捉手，蓋面和器腹各飾四隻垂冠回首大鳳鳥，此器形不見于西周成康時期，紋飾則與昭王時期的過伯簋類似，故攸簋時代不會早于康昭之際。正父卣（《集成》05244），頸部較長，鼓腹，圈足較高，底沿外侈，蓋面隆起，

---

① 畢經緯：《海岱地區商周青銅器研究》，陝西師範大學博士學位論文，2013年，36頁。

② 彭裕商：《西周青銅器年代綜合研究》，巴蜀書社，2003年，240頁。

③ 李豐：《黃河流域西周墓葬出土青銅禮器的分期與年代》，《考古學報》1988年第4期。

上有花苞形捉手，器身飾夔紋，頸飾浮雕獸頭，爲西周早期前段風格。珋方鼎（《集成》02612），同形制有兩件，器形、紋飾均是西周早期前段風格，學界一般認爲，商周這類成對配置的方鼎多見于昭王之前[①]。

時代較晚的其他單字各型式，于A型Ⅱ式、于B型Ⅱ式中，代表器物如史話簋（《集成》04030）、大盂鼎（《集成》02837）；令Ⅱ式中，代表器物如大盂鼎（《集成》02837）；子Ⅱ式中，代表器物如大盂鼎（《集成》02837）；易Bb型Ⅱ式中，代表器物如大盂鼎（《集成》02837）；女Ⅱ式中，代表器物如大盂鼎（《集成》02837）；敢A型Ⅰ式中，代表器物如大盂鼎（《集成》02837）；公Aa型Ⅱ式中，代表器物如作冊大鼎（《集成》02761）；馬Ⅱ式中，代表器物如大盂鼎（《集成》02837）；正Ⅱ式中，代表器物如大盂鼎（《集成》02837）；旂Ⅰ式中，代表器物如大盂鼎（《集成》02837），以上則爲康昭之際。

可見一期早段大致相當于殷周之際、武王、成王、康王初年，一期晚段大致相當于康王、昭王初年。

（二）二期

1.“寶”字字形分期

寶Aa型Ⅲ式、寶Ab型Ⅲ式、寶Ba型Ⅲ式、寶Bb型Ⅱ式、寶Ca型Ⅱ式。

其字形特徵：本階段“寶”字型式十分豐富，相比前一階段，字形也有了較明顯的變化。字形的基本構型及筆道特徵變得不那麼鬆散傾斜，依然有肥筆出鋒，但整體顯得風格內斂。“宀”頂較上個階段更爲降低，除了少量“宀”旁的坡頂較高、兩檐較直外，大部分的型式都有坡面內凹、兩肩上聳的現象。寶Ab型Ⅲ式、寶Bb型Ⅱ式等這類上大下小式貝殼輪廓的樣式較爲流行，寶Aa型Ⅲ式這類貝旁下端開口兩側叉筆已逐漸模糊，也有部分縮小成一點或極短豎筆，這一寫法是此階段最有特點的變化，寶Ba型、寶Bb型這類貝旁下端開口沒有叉筆的樣式繼續流行。

2. 本期其他高頻單字字形

子Ⅲ式、彝A型Ⅱ式、彝B型Ⅰ式、障Aa型Ⅱ式、障Ab型Ⅰ式、障Ba型Ⅱ式、障Bb型Ⅰ式、王A型Ⅱ式、王B型Ⅱ式、王C型Ⅱ式、永Ⅰ式、考Ⅱ式、令Ⅲ式、隹A型Ⅱ式、隹B型Ⅱ式、唯Ⅱ式、易Bb型Ⅱ式、公Aa型Ⅲ式、公Ab型Ⅱ式、公Ba型Ⅱ式、公Bc型Ⅰ式、鼎Aa型Ⅲ式、揚A型Ⅱ式、揚B型Ⅰ式、既Ⅲ式、馬Ⅲ式、正Ⅲ式、征Ⅱ式、蔑A型Ⅱ式、兄Ⅱ式、見Ⅱ式、盉A型Ⅰ式。

---

① 張懋鎔：《商周方鼎探論》，《古文字與青銅器論集》第一輯，科學出版社，2002年，77頁。

3. 小結

本期出現頻率較高的“寶”“障”“公”“王”“于”等字，開始出現不同的寫法；一些字的結構樣式在此階段逐漸消失，如寶Aa型Ⅱ式、鼎Aa型Ⅰ式等，另一些新的樣式開始出現，如寶Aa型Ⅲ式；象形意味的偏旁仍然較普遍，但筆畫轉折處開始出現圓鈍；由于一些增刪偏旁的异體字出現，字群之間形體風格開始出現差异，但總體而言，仍具有時代均衡性；作冊夨令器、作冊折器那類長篇器銘流行，多個高頻單字可以集中覆蓋一篇器銘。

二期“寶”字型式較多，其中時代較早的標準器如保侃母壺（《集成》09646），保侃母器又有保侃母簋（《集成》03744）、保侃母簋蓋（《集成》03743），簋銘有“南宮”，又見于北宋所出“安州六器”的中器組銘，原器雖已佚，但學界多認爲其銘乃昭王南征事。保侃母簋有一對獸首耳，下有鉤狀垂珥，頸飾三道弦紋，其間有浮雕圓餅和目紋，均是西周早期後段風格。保侃母壺銘有“王姒”，又見于山東濟陽縣姜集鄉劉臺子西周六號墓出土的王姒鼎（《文物》1996年12期，11頁圖16.1），王姒鼎平沿，立耳，下腹略向外垂，三條柱足上粗下細，器形介于山東曲阜魯故城M23：1及龍口莊頭M1：無號兩件立耳圓鼎之間，畢經緯博士認爲這兩件鼎屬于海岱地區青銅器二期末段，相當于西周早期後段至中期前段器[①]，其說可從；研究者也多認爲保侃母器屬于昭王時期[②]。

作冊翻卣（《集成》05400），橢圓形，直口垂腹，圈足略外侈，兩側有犄角，頸前後僅飾以浮雕犧首，器形近于昭穆時期作冊睘卣（《集成》05407）、屯卣（《集成》05337）等，時代不會早于康王。誃簋（《集成》03951），出于陝西長安縣斗門鎮花園村17號西周墓葬，器銘“……從王員征楚荊”，與䟫馭觥蓋銘（《集成》09300）“䟫馭從王南征，伐楚荊”均是昭王南征事，誃簋器腹飾垂冠回首大鳳鳥，此類紋飾也不見于早期前段，學者據此認爲是昭王時器。榮簋（《集成》04241），近來學者多認爲榮簋是昭王時器[③]，也有認爲可能晚至穆王，總之，不會是成、康時器。䟫馭觥蓋（《集成》09300），另有一件䟫馭簋（《集成》03976），器銘涉及南征楚荊，時代當在昭王時期，故䟫馭觥蓋亦在同時。過伯簋銘則提及“過伯從王伐反荊”，所述自然是昭王南征之事。

小臣謎簋（《集成》04239），學者多已指出此器銘提及“伯懋父”爲昭穆時人，也見于召尊、召卣、小臣宅簋等。此外，小臣謎簋侈口鼓腹，有附耳一對，矮圈足下連鑄三足，上有圈狀捉手，蓋面、器頸僅飾數道弦紋，器形、紋飾的簡化風格也是昭

---

① 畢經緯：《海岱地區商周青銅器研究》，陝西師範大學博士學位論文，2013年，35、131頁。

② 彭裕商：《西周青銅器年代綜合研究》，巴蜀書社，2003年，285頁。

③ 彭裕商：《西周青銅器年代綜合研究》，巴蜀書社，2003年，279頁。

王時代的特徵。𩁹鼎（《集成》02740），器銘提及“王伐東夷”，學者早已考證𧻚公、史旟均是昭穆時人物[①]，還見于厚趠方鼎等，器形、紋飾與𩁹鼎相似的還有𤔲鼎，𤔲鼎銘中亦有𧻚公，所以𩁹鼎當在昭穆之時。盠駒尊（《集成》06011），關于此器的時代，可參陝西眉縣馬家鎮楊家村西周銅器窖藏所出逨盤（《文物》2003年6期，32頁圖40），器銘有“雩朕皇高祖惠仲盠父”，按銘文所列單逨七代世系可知，盠生活在昭穆年間。

此外，觀察二期其他單字各型式，令Ⅱ式中，代表器物如小臣謎簋（《集成》04238）；子Ⅱ式中，代表器物如旟鼎（《集成》02704）；唯Ⅱ式中，代表器物如誏簋（《集成》03950）；昜Bb型Ⅱ式中，代表器物如旟鼎（《集成》02704）；鼎Aa型Ⅲ式中，代表器物如𩁹鼎（《集成》02741）；馬Ⅲ式中，代表器物如犾馭觥蓋（《集成》09300）；正Ⅲ式中，代表器物如御正衛簋（《集成》04044）；征Ⅱ式中，代表器物如誏簋（《集成》03950）、犾馭簋（《集成》03976）；蔑A型Ⅱ式中，代表器物如小臣謎簋（《集成》04239）；兄Ⅱ式中，代表器物如旟鼎（《集成》02704）；見Ⅱ式中，代表器物如作冊魖卣（《集成》05432），以上均爲昭王時器無疑。

二期應相當于昭王、穆王初年。

（三）三期

1.“寶”字字形分期

早段。寶Aa型Ⅳ式、寶Ab型Ⅳ式、寶Ba型Ⅳ式、寶Bb型Ⅲ式、寶Ca型Ⅲ式。

其字形特徵：本階段“寶”字的形態可以說是豐富多彩，各類型式比較集中。字的基本構型繼續嚴謹，鬆散傾斜的銘文很少見到，字體風格顯得肅穆大方，肥筆出鋒僅有遺留形態。寶Ab型Ⅳ式這類貝殼下端開口兩側分叉筆的樣式已比較少見。此階段有三個變化值得注意：其一，“宀”旁坡面繼續降低或內凹，寶Aa型Ⅳ式、寶Bb型Ⅲ式等已經趨平；其二，貝殼下部開口筆畫有明顯的內彎、停頓或粘連，短豎筆及向下引筆十分流行，比如寶Aa型Ⅳ式、寶Ba型Ⅳ式、寶Bb型Ⅲ式等；其三，要特別留意一些字中出現的新因素，如寶Ca型Ⅲ式，儘管“宀”旁與同時代寫法一致，但其貝殼下部開口封閉且向下引出兩斜筆，此樣式應是西周晚期流行的那類形近篆書“貝”字寫法的肇始。而寶Ba型Ⅳ式中一些字雖然“宀”旁坡頂較高，但它們貝殼輪廓卻無一例外地變成了上大下小。

晚段。寶Aa型Ⅴ式、寶Ab型Ⅴ式、寶Ba型Ⅴ式、寶Bb型Ⅳ式。

其字形特徵：本階段“寶”字的形態有兩個重大變化：一是“宀”旁的坡面基本都變得平坦，一部分仍有內凹的現象但坡面傾斜角度相比上階段更小，如寶Ab型Ⅴ

① 李學勤：《釋郭店簡祭公之顧命》，《文物》1998年第7期。

式，另一部分字兩檐角開始出現圓潤轉折的迹象，如寶Aa型Ⅴ式、寶Bb型Ⅳ式；二是貝殼下部開口的短豎筆與向下的引筆更爲流行，而開口分叉筆現象則已絕迹。

2. 本期其他高頻單字字形

三期其他高頻單字的型式還有子Ⅳ式、彝A型Ⅲ式、彝B型Ⅱ式、障Aa型Ⅲ式、障Ab型Ⅱ式、障Ba型Ⅲ式、障Bb型Ⅱ式、王A型Ⅲ式、王B型Ⅲ式、永Ⅱ式、于B型Ⅲ式、考Ⅲ式、令Ⅳ式、隹B型Ⅲ式、唯Ⅲ式、易Bb型Ⅲ式、公Aa型Ⅳ式、公Ab型Ⅲ式、公Bb型Ⅲ式、鼎Aa型Ⅳ式、鼎Ab型Ⅰ式、女Ⅲ式、揚A型Ⅲ式、揚B型Ⅱ式、敢A型Ⅱ式、史Ⅲ式、既Ⅳ式、馬Ⅳ式、正Ⅳ式、征Ⅲ式、旂Ⅱ式、旂Ⅲ式、蔑A型Ⅲ式、蔑B型、兄Ⅲ式、見Ⅲ式、盉A型Ⅱ式、盉B型。

雖然這一時期單字樣本比上一期減少，但“寶”“障”“公”等不同的寫法集中出現，字形出現多元化發展；本期是很多字的重要演變階段，對于那些象形意味的獨體字及偏旁，字形結構在這時有了較大的轉變，如“正”“令”“于”“子”等；字群之間形體風格差异化較明顯，同一個字的不同型式之間也會有不同步的現象，有的變化不大，承續上一階段，且繼續醞釀，如彝A型Ⅲ式；有的則時代特徵明顯，形成新樣式，如彝B型Ⅱ式；器銘字數繼續增多，字群組合可以較好地覆蓋一篇器銘，有利于字形書體的銅器斷代應用。

本段單字筆道在形態變化上，仍有波磔出鋒的現象，“馬”“隹”等字依然比較象形化，但新因素的呈現更爲明顯，如“寶”字中“宀”“貝”的寫法已經不同以往，“易”“令”的寫法更接近後來的篆書，而非甲骨文的字形，偏旁架構大多規整端正，形聲字的使用更加廣泛。與此同時，本段又尚未完全脱離前兩段的形態窠臼，與西周中後期的字形相去甚遠。

3. 小結

本期時代較早的如班簋（《集成》04341）亦是穆王時標準器，且李學勤先生進一步指出其是穆王前期器[①]。真盤（《集成》10091），1975年出于陝西臨潼縣南羅村墓葬，直口方脣，微外折，耳作獸首銜環，圈足有折，張婷、劉斌《商周時期青銅盤整理與研究》一書中認爲其屬于西周中期，是銜環耳盤最早出現的形態[②]，我們認爲其不會晚至共王，屬于穆王時器。史喪尊（《集成》05960），1976年出于陝西扶風雲塘村西周十號墓，喇叭口，長頸垂腹，矮圈足。頸部飾兩道弦紋，前後增飾浮雕貘頭，原簡報認爲是西周中期前段器，我們亦贊同。另有服方尊（《集成》05968），圓口方體，腹兩側各有一個象鼻形鋬，頸飾鳳紋和夔紋，腹飾獸面紋，圈足飾垂尾鳥紋，形

① 李學勤：《班簋續考》，《古文字研究》第13輯，中華書局，1986年。

② 張婷、劉斌：《商周時期青銅盤整理與研究》，綫裝書局，2012年，76頁。

制流行于昭穆時期。關于具體時代，彭裕商先生已有詳細論述[①]，認爲其屬于穆王時期，我們贊同。𢦏方鼎（《集成》02824），𢦏器1975年出于陝西扶風縣法門公社莊白村西周墓，無論從器形、紋飾還是器銘内容看，均是學界公認的穆王時器。

時代較晚的如鮮簋（《集成》10166），器銘提及“三十四年”，而學者早已指出“師雍父”即是彔簋（《集成》04122）等器銘的“伯雍父”，此人是穆王時主持南方軍事的主將[②]。鮮簋一般被認爲是紀年較長的穆王時期標準器，其銘文“寶”字的整體形態屬寶Ba型Ⅳ式，仍處于三期早段，但其“宀”旁寫法與寶Ba型Ⅴ式的季嬴霝德盉（《商周》14738）多有不同，由此也可以推測三期早段與晚段之間的界限恰恰就是鮮簋所處的時代。

效卣（《集成》05433），器腹已出現寬侈傾垂，矮圈足略向外撇，蓋兩側有犄角，蓋面及腹飾回顧式鳳鳥紋，頸飾回首夔龍紋，器形與穆王時豐卣近似，回首夔龍紋亦常見于穆王時器，如1975年陝西扶風縣法門公社莊白村西周墓所出𢦏鼎（《文物》1976年6期，58頁圖19）及伯雍父盤（《文物》1976年6期，59頁圖29），故效卣是穆王時器。豐尊（《集成》05996），豐是牆盤之“牆”的父輩，時代在穆王中後期。牆爵（《集成》09068），1976年陝西扶風法門莊白1號西周銅器窖藏所出，牆器一般認爲是共王時器，但此爵寬流尖尾，卵形腹，三棱錐足外撇，腹飾垂冠分尾鳥紋，與穆王時豐爵風格相近，張懋鎔師認爲可歸于穆王晚期[③]。競卣（《集成》05425），學者多認爲競就是穆王時的仲競父，參與穆王時周與南方的戰事，而器銘提及“伯屖父”，應是主帥，但是此器腹部傾垂，矮圈足外撇，頸部飾分尾鳥紋，略晚于穆王時的典型特徵，時代應在共王初年。而屬于寶Bb型Ⅳ式的裘衛盉（商周14800）則是公認的共王三年標準器，同窖藏另有穆王二十七年的裘衛簋。

此外，我們還觀察了二期其他單字各型式。子Ⅲ式中，代表器物如𢦏方鼎（《集成》02824）；唯Ⅲ式中，代表器物如剌鼎（《集成》02776）；隹B型Ⅲ式中，代表器物如班簋（《集成》04341）；令Ⅲ式中，代表器物如班簋（《集成》04341）；永Ⅱ式中，代表器物如𢦏方鼎（《集成》02824）；于B型Ⅲ式中，代表器物如𢦏簋（《集成》04322）；易Bb型Ⅲ式中，代表器物如班簋（《集成》04341）；鼎Ab型Ⅰ式、鼎Aa型Ⅲ式中，代表器物如𢦏方鼎（《集成》02789）；女Ⅲ式中，代表器物如彔𢦏卣（《新收》1961）；正Ⅲ式中，代表器物如彔伯𢦏簋蓋（《集成》04302）；史Ⅲ式中，代表器物如𢦏方鼎（《集成》02789）；征Ⅲ式中，代表器物如班簋（《集成》04341）；見Ⅲ式中，代表器物如叔趯父卣（《集成》05429），以上均是穆王時器。

根據以上分析，三期早段相當于穆王前期，晚段則相當于穆王後期、共王初年。

---

① 彭裕商：《西周青銅器年代綜合研究》，巴蜀書社，2003年，322頁。

② 彭裕商：《西周青銅器年代綜合研究》，巴蜀書社，2003年，305頁。

③ 張懋鎔：《周原出土西周青銅器分期斷代研究》，《古文字與青銅器論集》第二輯，科學出版社，2006年，212頁。

（四）四期

1. “寶”字字形分期

早段。寶Ab型Ⅵ式、寶Bb型Ⅴ式、寶Ca型Ⅳ式、寶Cd型Ⅰ式。

其字形特徵：本階段除了筆道粗細均勻，字體架構更爲嚴謹外，“寶”字的形態有了一些本質的變化。上一階段開始萌生的兩檐圓角的樣式在本段逐步增多，如寶Bb型Ⅴ式、寶Ca型Ⅳ式等，已經形成了西周晚期流行的圓頂基本形態。此外，儘管仍有貝殼下部開口短豎筆的型式存在，但也出現了不少寶Ca型、寶Cd型等下部封閉引出兩豎（斜）筆的樣式。

晚段。寶Ab型Ⅶ式、寶Ca型Ⅴ式、寶Cb型Ⅰ式、寶Cc型Ⅰ式、寶Ce型Ⅰ式、寶Cf型Ⅰ式。

其字形特徵：本階段僅剩寶Ab型Ⅶ式這一類“貝”旁下端開口的樣式，但“宀”旁基本都是位置較高、圓頂溜肩或頂部略平、兩肩圓潤的形態，或者說“宀”字兩檐較短，“貝”或“缶”常常未被“宀”旁包住，由半包圍偏旁結構形成了上下偏旁結構。寶Ca型Ⅴ式、寶Cb型Ⅰ式、寶Cc型Ⅰ式、寶Ce型Ⅰ式、寶Cf型Ⅰ式等型式的集中出現，標誌着貝殼下部封閉引出兩豎（斜）筆風格的全面流行。“貝”旁頂部仍流行出角的形態，如寶Ca型Ⅵ式、寶Cd型Ⅱ式等，而像寶Cb型Ⅱ式、寶Cc型Ⅱ式、寶Ce型Ⅱ式這類頂部圓潤或平坦的樣式纔剛剛出現。

2. 小結

本期時代較早的標準器如史牆盤（《集成》10175），器銘所謂“惟乙祖逨匹厥辟”的“乙祖”正是同窖所出作冊折觥（《集成》09303）銘的“父乙”，據微史家族世系推測，折生活在康、昭之際，所以史牆盤當是共王時器。師𠭰鼎（《集成》02830），則是共王八年標準器。䖒簋（《集成》03700），束頸鼓腹，獸首雙耳，下有鉤狀垂珥，圈足外侈，頸飾顧首夔紋，此類器形流行于西周中期，如趞簋、曶簋，而紋飾亦見于共懿之際器物，所以䖒簋也應是共王以後器物。

應侯見工鐘（《集成》00108），鐘銘的“榮伯”應是共王時裘衛盉的“榮伯”，而保利藝術博物館所收應侯見工簋（《新收》78）出于河南平頂山應國墓地，鼓腹略傾垂，從形制上看，時代早于元年師兌簋，對于後者時代，一般認爲是夷、厲時期，故應侯見工鐘應是共、懿時器。師遽方彝（《集成》09897），師遽方彝與盠方彝器形相似，器身稍低，腹略寬侈，師遽另有一件簋蓋（《集成》04214），銘文提及“新宮”，又見于十五年趞曹鼎（《集成》02784）、虎簋蓋（《新收》633）等，學界多指師遽器組是共王時器。十五年趞曹鼎（《集成》02784），十五年趞曹鼎與共王時五祀衛鼎器形、紋飾相似，腹部傾垂，口沿下飾竊曲紋，皆是西周中期風格，因其銘文謚號、紀年問題，彭裕商先生及張懋鎔師均認爲是稍晚的懿王時器[1]，我們贊同。曶鼎（《集成》02838），鼎銘有“王在周穆王太［室］”，故此器時代也在穆王之後，大約在共、懿時期。五年師旋簋（《集成》04216），師旋簋器腹向外傾垂，圈足下有三個較高的象鼻形扁足，蓋的捉手呈圈狀，蓋與器均飾長冠分尾鳥紋和直棱紋，器形、紋飾主要流行于西周中期後段。

本期時代較晚的如宰獸簋（《新收》663），此簋侈口束頸，腹部較淺，傾垂達到極限，圈足較矮，方座低矮，但蓋上、圈足、方座四壁均飾竊曲紋，蓋上和腹部飾瓦楞紋，形制發展介于張懋鎔師劃分的西周方座簋A型Ⅳ式與Ⅴ式之間，器銘提及“焚伯”，又見于同簋（《集成》04271）、永盂（《集成》10322）等器，故宰獸簋時代不會早于懿孝時期，張懋鎔師指其爲夷王六年器[2]。而同簋（《集成》04271），簋腹部外鼓且微有傾垂，圈足下沿外撇，口沿下飾竊曲紋，腹部有一道凸弦紋，亦是西周中期晚段的風格。

虢仲盨蓋（《集成》04435），張懋鎔師認爲虢仲盨蓋屬于西周青銅盨發展的第三期，應是夷厲時器，其説可從。公臣簋（《集成》04184），出于陝西岐山縣董家村一號窖藏，共八件，同出還有二十七年裘衛簋、儼匜、裘衛盉、善夫旅伯鼎等。董家窖藏所出銅器銘文揭示了裘衛世族的演進過程，第一代“裘衛”是穆共時人，第二代“公臣”是懿孝時人，第三代“旅伯”即此簋（《集成》04310）銘中的周王所謂“旅邑人善夫”，在宣王時期，故公臣簋可歸入孝王時器。

𤼈器出于陝西扶風縣法門公社莊白村1號西周銅器窖藏，根據世系推測，𤼈器時代主要在孝、夷兩世，最晚可至厲王初年，其中𤼈盨（《集成》04462）爲𤼈器組中時代較早的，根據微史家族世系及青銅盨器形、紋飾的時代特徵，張懋鎔師認爲是懿、孝時器[3]，其説可從。三年𤼈壺（商周12441）屬于寶Bb型Ⅴ式，其年代大致與𤼈盨同時，又由于寶Ab型Ⅵ式屬于四期早段，故寶Ab型Ⅶ式的𤼈鐘（商周15592）應屬于四期晚段，而紀年更早的十三年𤼈壺（商周12437）又晚于𤼈鐘，已進入了更晚的下個階段。這樣看來，𤼈器可作爲界定四期早、晚段及四期晚段與五期之間的標誌。

綜上所述，四期早段相當于共王至懿孝之際，晚段則相當于孝王至厲王初年。

---

① 彭裕商：《西周青銅器年代綜合研究》，巴蜀書社，2003年，342頁；張懋鎔：《周原出土西周青銅器分期斷代研究》，《古文字與青銅器論集》第二輯，科學出版社，2006年，212頁。

② 張懋鎔：《宰獸簋王年試説》，《古文字與青銅器論集》第二輯，科學出版社，2006年，208頁。

③ 張懋鎔：《兩周青銅盨研究》，《古文字與青銅器論集》第二輯，科學出版社，2006年，89頁；《周原出土西周青銅器分期斷代研究》，《古文字與青銅器論集》第二輯，科學出版社，2006年，216頁。

（五）五期

1. “寶”字字形分期

寶Ca型Ⅵ式、寶Cb型Ⅱ式、寶Cc型Ⅱ式、寶Cd型Ⅱ式、寶Ce型Ⅱ式。

其字形特徵：本階段的“寶”字有兩個特點值得注意：一是“宀”旁兩檐圓潤但頂部大多比較平坦，“宀”的整體顯得較寬，而寶Ce型Ⅱ式這類高頂溜肩不如上階段多見；二是“宀”旁大多與四期晚段不同，除了寶Cd型Ⅱ式以外，其他型式兩檐下垂幾乎包住“貝”旁，整字形成半包圍結構。

2. 五期其他高頻單字字形

四期至五期其他高頻單字的型式還有子Ⅴ式、子Ⅵ式、子Ⅶ式、彝A型Ⅳ式、彝A型Ⅴ式、障Aa型Ⅳ式、障Aa型Ⅴ式、障Ab型Ⅲ式、障Ab型Ⅳ式、障Ab型Ⅴ式、障Bb型Ⅲ式、王A型Ⅳ式、王A型Ⅴ式、王A型Ⅵ式、王B型Ⅳ式、王B型Ⅴ式、永Ⅲ式、永Ⅳ式、永Ⅴ式、于B型Ⅳ式、于B型Ⅴ式、于B型Ⅵ式、考Ⅳ式、考Ⅴ式、令Ⅴ式、令Ⅵ式、隹B型Ⅳ式、隹B型Ⅴ式、唯Ⅳ式、唯Ⅴ式、易Bb型Ⅳ式、易Bb型Ⅴ式、公Ba型Ⅲ式、公Ba型Ⅳ式、公Bb型Ⅳ式、公Bc型Ⅱ式、公Bc型Ⅲ式、鼎Aa型Ⅴ式、鼎Aa型Ⅵ式、鼎Ab型Ⅱ式、鼎B型Ⅰ式、女Ⅳ式、女Ⅴ式、揚A型Ⅳ式、揚A型Ⅴ式、揚A型Ⅵ式、揚B型Ⅲ式、揚B型Ⅳ式、揚B型Ⅴ式、敢A型Ⅲ式、敢A型Ⅳ式、敢B型、史Ⅳ式、史Ⅴ式、史Ⅵ式、既Ⅴ式、既Ⅵ式、馬Ⅴ式、馬Ⅵ式、正Ⅴ式、正Ⅵ式、征Ⅳ式、征Ⅴ式、旂Ⅳ式、蔑A型Ⅳ式、見Ⅳ式、盉A型Ⅲ式、盉A型Ⅳ式。

第四、五期單字的整體面貌與前三段相比迥然不同，可謂開一代風氣。新的字形風格完全確立，如寶C型在此時的集中出現；字形多元化現象減少，各型式的寫法趨于穩定；一些字如“史”“易”“敢”的筆畫開始形成聚攏及綫條化，漢字的抽象化進程加快；字群之間形體風格較爲統一，字形演進到此時，互相之間沒有太多的不均衡性。

我們認爲前輩學者所稱的“玉箸體”就始自于此。“寶”字中“宀”的兩檐由折角變爲圓角，“貝”也擺脫了貝殼的象形化，逐漸與後代篆書的寫法靠近，其他獨體象形字也紛紛變得綫條化、抽象化，單字大小、偏旁架構愈加規整統一，這一點也促使了金文書體的變革。但是也要注意到，在偏旁架構、字體筆勢及新字的使用上，第五期與第四期略有差別，如“宀”“兄”等偏旁或單字在第五期出現了新的寫法，這也直接影響了字形接下來的演變。

3. 小結

鬲從盨（《集成》04466），張懋鎔師將其劃入西周青銅盨發展的第三期，時代約在夷厲時期[①]。虎叔簋斂口鼓腹，蓋面有圈形捉手，圈足下附有三獸足，蓋沿、器口沿及圈足飾竊曲紋，蓋上和器腹飾瓦楞紋，與之形制、紋飾類似的還有岐山董家村的此簋[②]，任雪莉將這種樣式歸爲丙類Cb型Ⅲ式，主要流行于夷、厲之際[③]。

楚公豙鐘（《集成》00045），楚公豙鐘篆、隧間所飾紋飾，與宣王時晉侯蘇鐘相似，亦是西周晚期典型風格。“楚公豙”爲何時何人？以郭沫若先生的“熊儀”說影響頗大，因此學界多認爲楚公豙鐘時代應該進入幽王時期，但近來學者認爲郭說以“豙”作“爲”的异體字似乎不妥，朱德熙先生亦指出“豙”乃是以“豕”或“至”爲聲，應是楚君“渠”之子“摯”，當爲厲王時人[④]，此說可從。

鄂侯馭方鼎（《集成》02810），鄂侯馭方還見于禹鼎（《集成》02833），而禹鼎銘又有厲王時重臣“武公”，故鄂侯馭方鼎中的南征之王應是厲王。格伯簋（《集成》03952），此格伯簋爲弇口鼓腹的圈三足簋，另有傳世四件格伯簋（也稱倗生簋），所謂“格伯”應爲一人，後者爲方座簋，學者大多認爲其屬于西周中晚期，我們認爲其形態處于張懋鎔師所劃西周方座簋A型Ⅳ式向Ⅴ式演進之間[⑤]，腹部略深，與厲王㝬簋相像，而圈三足的格伯簋三足較高，與宣王時期的風格也有异，故格伯簋應是厲王時器。曼龏父盨（《集成》04431），橢方形器，鼓腹，獸首耳，圈足有果葉形缺口，但葉邊輪廓不很明顯，處于過渡期，蓋上有曲尺形捉手，蓋沿及口沿飾重環紋，蓋面及腹部飾瓦楞紋，這種形制風格處于張懋鎔師所劃西周青銅盨發展的第三期，當是厲王時器[⑥]，其說可從。

時代較晚的標準器則是不𡢁簋（《集成》04328），雙手交叉的轉角筆畫更爲圓潤，象徵下肢的筆畫變成一豎筆，像人已經完全站直。關于不𡢁簋的時代，李學勤先生認爲即是秦莊公之器，是現今發現的最早一批秦國銅器，大致在宣王初年[⑦]，其說可從。另有伯公父簠（《集成》04628），根據發掘者的研究，伯公父器組是西周晚期

---

① 張懋鎔：《兩周青銅盨研究》，《古文字與青銅器論集》第二輯，科學出版社，2006年，89頁。

② 岐山文化館、陝西省文管會：《陝西省岐山縣董家村西周銅器窖穴發掘簡報》，《文物》1976年第5期，30頁。

③ 任雪莉《中国古代青铜器整理与研究·青铜簋卷》，科學出版社，2016年，87頁。

④ 李天虹：《楚國銅器與竹簡文字研究》，湖北教育出版社，2012年，13、14頁。

⑤ 張懋鎔：《金文所見西周召賜制度考》，《古文字與青銅器論集》第一輯，科學出版社，2002年，89頁。

⑥ 張懋鎔：《兩周青銅盨研究》，《古文字與青銅器論集》第二輯，科學出版社，2006年，89頁。

⑦ 李學勤：《秦國文物的新認識》，《文物》1980年第9期。

器[①]，張懋鎔師將伯公父盨蓋和伯多父盨劃爲西周青銅盨發展的第三期[②]，大致在厲王世，其説可從，或是伯公父器中時代較早者。伯公父簠與宣王時史免簠器形、紋飾相近，時代亦相距不遠。

師嫠簋（《集成》04325），此器銘提及"宰琱生"與"師龢父"，"琱生"見于琱生鬲（《集成》00744）、五年琱生簋（《集成》04292）、六年琱生簋（《集成》04293）及琱生尊（《文物》2007年8期，19頁圖31、圖32）等，後幾件均是宣王初年無疑，琱生鬲平襠，三足，雙立耳，頸飾竊曲紋，腹飾垂冠回首夔龍，其時代稍早，應是厲王時器。"龢父"又見于妄鐘（《集成》00110），妄鐘的器形、紋飾與宣王時梁其鐘近似，時代亦相近。妄鐘銘有"肆妄作龢父大林鐘，用追孝侃前文人"，故"龢父"年歲或輩分應大于"妄"，琱生當生活在厲宣之際。

由以上推測，五期相當于厲王至厲宣之際。

（六）六期

1. "寶"字字形分期

早段。寶Ca型Ⅶ式、寶Cb型Ⅲ式、寶Cc型Ⅲ式、寶Cd型Ⅲ式、寶Ce型Ⅲ式、寶Cf型Ⅱ式。

其字形特徵：本階段，像寶Ca型Ⅶ式、Cd型Ⅲ式這類"貝"旁頂部出角的形態已比較少見，取而代之的則是寶Cb型Ⅲ式、寶Cc型Ⅲ式、寶Ce型Ⅲ式、寶Cf型Ⅱ式等頂部圓潤或平坦的樣式，"宀"旁的兩檐多外撇上翹。此外，"貝"旁外壁兩側的筆畫向下延伸交叉，這種風格在本階段比較流行。

晚段。寶Cd型Ⅳ式、寶Ce型Ⅳ式、寶Cf型Ⅲ式。

其字形特徵：本階段的"寶"字如寶Cd型Ⅳ式、寶Cf型Ⅲ式等已接近春秋早期一些字形的風格，突出的特點就是"宀"旁兩檐上翹飛起，有的"貝"旁下部的兩豎（斜）筆甚至也向外撇或飛起，此外，春秋時期流行的頂部平坦整體呈現倒三角的"貝"旁也比較多見。

2. 六期其他高頻單字字形

六期其他高頻單字的型式還有子Ⅷ式、子Ⅸ式、彝A型Ⅵ式、彝A型Ⅶ式、障AaⅥ式、障Ab型Ⅵ式、王A型Ⅶ式、王B型Ⅵ式、永Ⅵ式、永Ⅶ式、于B型Ⅶ式、考Ⅵ式、令Ⅶ式、隹B型Ⅵ式、唯Ⅵ式、易Bb型Ⅵ式、公Ba型Ⅴ式、公Bc型Ⅳ式、鼎Aa型Ⅶ

---

① 陝西周原考古隊：《陝西扶風縣雲塘、莊白二號西周銅器窖藏》，《文物》1978年第11期。

② 張懋鎔：《兩周青銅盨研究》，《古文字與青銅器論集》第二輯，科學出版社，2006年，107頁。

式、鼎Ab型Ⅲ式、鼎B型Ⅱ式、鼎B型Ⅲ式、女Ⅵ式、揚A型Ⅶ式、揚B型Ⅵ式、敢A型Ⅴ式、敢A型Ⅵ式、史Ⅶ式、史Ⅷ式、既Ⅶ式、馬Ⅶ式、正Ⅶ式、旂Ⅴ式、蔑A型Ⅴ式。

3. 小結

本期代表性器物如兩件卌三年逨鼎（《單氏》55頁與《單氏》87頁）、逨鐘（《新收》775），學界多認爲逨器在宣王時期[①]。伯梁其盨（《集成》04447），該器、蓋形制與三門峽虢國墓地所出獸叔盨相似，後者多被認爲是宣王時器，此外，雖然學界對于“克”即“梁其”一說尚無定論，但兩器時代應相隔不遠，克鐘作于宣王十六年，梁其器當在宣王世。

兩件晉侯蘇鼎（《新收》960與《文物》1994年1期，圖24.1），晉侯蘇即是《史記·晉世家》中的“穆侯”，亦是“晉侯對”的下一代，張懋鎔師將晉侯對盨置于西周青銅盨發展的三期[②]，大致爲厲王時期，原簡報亦認爲其是厲王時器[③]，而晉侯蘇鼎器銘言及“三十三年”，應是宣王三十三年穆侯所鑄。另有大克鼎（《集成》02836），大克鼎之“克”即是“善夫克”，克器中克鐘銘有“王在周康剌宮”，唐蘭、李學勤先生均指出“剌宮”就是厲王廟[④]，故此器應在宣王時期。善夫山鼎（《集成》02825）是宣王三十七年器。

本期時代較晚的器物則有函皇父簋（《集成》04141），學界多認爲函皇父簋是宣、幽之際器。《詩·小雅·十月之交》有“皇父卿士”之句，據文獻所載、學者考證，《十月之交》當指周幽王六年之事[⑤]，此“皇父”很可能即是“函皇父”。虢季氏子組簋（《集成》03972），此器鼓腹，獸首耳，圈足下有三獸足，蓋上有圈狀捉手，蓋沿、口沿飾竊曲紋，蓋面、腹部均飾瓦楞紋，圈足飾垂鱗紋，整體器形、紋飾與宣幽時期的頌簋相近。頌壺（《集成》09731與《集成》09732）也是公認的西周末年宣幽時器。

另有應姚簋（《考古》2003年3期，93頁圖2.2），應姚簋出于河南平頂山市郊區應國13號墓，該器斂口，鼓腹向外傾垂，一對獸首耳，下有方形垂珥，圈足連鑄三條獸面扁足，蓋面隆起有圈狀捉手，此器形與宣王元年師兌簋相比，最大腹徑較之略低一些，時代應在宣王中後期。據李樹浪考證，此墓其他出土物均爲宣幽之時[⑥]。

因此，六期早段大致相當于宣王時期，晚段則相當于宣王後期至幽王時期。

---

① 張懋鎔：《周原出土西周青銅器分期斷代研究》，《古文字與青銅器論集》第二輯，科學出版社，2006年，213頁。

② 張懋鎔：《兩周青銅盨研究》，《古文字與青銅器論集》第二輯，科學出版社，2006年，89頁。

③ 北京大學考古系等：《天馬—曲村遺址北趙晉侯墓地第五次發掘》，《文物》1995年第7期。

④ 唐蘭：《西周銅器斷代中的“康宮”問題》，《考古學報》1962年第1期；李學勤：《吳虎鼎考釋》，《考古與文物》1998年第3期。

⑤ 周振甫：《詩經譯注》（修訂本），中華書局，2002年，278～282頁。

⑥ 李樹浪：《應國青銅器整理研究》，陝西師範大學碩士學位論文（學術型），2013年，38頁。

第二節　西周金文字形的發展演變與時代特徵

以上我們通過類型學基本原理和方法梳理了西周時期27個高頻單字的型式與分期，借此可以初步窺視古漢字形體在這一歷史階段的譜系發展。而西周金文字形演變的過程與特徵是什麼？所分六期的字群的共存關係又有哪些特點？下面將會做一些探討。

1. 寶

“寶”字的基本偏旁結構，是从“宀”从“玉”从“貝”从“缶”。在我們的分型研究中，依據這一多層次的偏旁架構，將其分爲A、B、C三型。A型“貝”與殷墟甲骨文“貝”的寫法相似，有濃厚的象形意味，如海貝殼狀，貝殼下端有開口。通過表3-1可以看到，A型各亞型演變的核心偏旁是“宀”的屋頂高低與兩檐的轉角形態以及“貝”的開口大小，趨勢是屋頂逐漸降低，轉角由折筆變爲圓筆，開口則從小變大。其中Aa型“貝”旁下端開口叉筆只存在于第一期，Ab型的叉筆則延續至三期早段。一、二期的“宀”旁屋頂要高于其他階段，而B型的“宀”旁屋頂則要高于同時期的其他亞型。從第二期開始，上大下小輪廓的貝殼逐漸增多，直至流行于三期晚段。Ab、Ca兩亞型延續時間很久，從第一期到第六期早段其字形持續演進。“宀”旁屋頂從三期早段起逐漸降低高度，屋頂坡面較平。B型從成王年間的德鼎、何尊就已經產生，最晚在夷厲之際的㾓器銘文裏仍偶有出現。

C型“貝”的整體形態與A、B兩型有根本性的差异，更接近後來的篆書寫法，其下部引出的兩豎（斜）筆及“宀”兩檐角下垂的末端形態是演變的核心。C型中的Ca、Cb、Cc三亞型，其“貝”旁下端的兩豎（斜）筆是時代越晚間距越近。“宀”旁兩檐角下垂的末端在六期早段向上翹起，特別是宣幽時期的梁其器、頌器表現更明顯。C型的Ca型Ⅲ式自第三期早段開始出現，相當于穆王時期，可知這類篆書“貝”的寫法出現相當早，C型在西周時期最晚的形態與春秋早期的寫法已經很接近。總體來說，在三期早段與四期早段兩個時間節點上，各型式的形態變化呈現出兩次大發展的局面，這也預示着穆王及共王之後金文字形書體出現兩次嬗變，且很有可能是連續發生的。

最後談談變體類。其各型寫法實質有兩類：一類如變體A、B型，屬于標準“寶”字寫法的筆畫訛變，這可能與地域變遷、書匠契手的風格轉換相關；另一類如變體C、D、E型，則是隨整個漢字繁、簡趨勢的大背景產生的結構性變化。有時候兩類情況也互相交融，共同影響。從西周中期開始，一些字就可以穿透筆畫，相互交叉，如、、和、等，而變體C型“貝”的形態與丙Ab型一樣均是受到這類變化的影響。古文

字一些字在省形時，一般是省去形符或形符的一部分而保留聲符[①]，這也就不難理解變體D型無“貝”旁了。

變體類集中出現在穆王之後的西周中晚期，這也說明雖然在穆共之後，字形縱向的演變略顯遲緩，但横向的多元化發展則比較繁榮；與此同時，青銅器器形、紋飾、銘文辭例等要素均呈現多樣化發展，這種社會性變化是綜合的，且具有協調性，我們認爲這與周人的主動調整有關。

2. 隮

西周金文“隮”的變化集中在所从的“廾”與“酉”旁，“酉”的底部是逐漸從瘦窄的尖底轉爲寬圓的圜底，“廾”象徵手指的筆畫則由象形的疏鬆轉而聚攏，兩掌心從相向轉爲兩兩向上。此外，“酉”上兩豎筆與頂端的分離寫法以往被認爲出現較晚，但實際上在第一期後段的過伯簋銘就有出現，只是其普遍流行則要遲至第三期。A型與B型相比，前者的演變持續更久，時代特徵明顯，而後者主要流行于第一、二期，最晚在師虎簋銘有發現，相當于穆共之際。

3. 彝

西周金文“彝”字形像雙手抓住一隻被縛的犧雞，常認爲是用于祭祀。變化的重點在核心偏旁，也就是所象徵雞尾的筆畫，從形態鬆散拖曳逐漸變化成倒“叉”形，好似三筆平直引出；而頸部附近的兩點也逐漸拉長成短横筆。除此之外，最早在第二、三期時，雞身已經縮短，如或方鼎與史牆盤的寫法。“廾”的變化趨勢與“隮”類似，起初階段，雙手張開，掌心向上，晚期則掌心兩兩向上。

4. 公

西周金文“公”字“厶”上兩筆有分離式與粘連式兩種，其構形意義仍不明確，但兩者均從第一期就已存在，粘連與否不能作爲有的學者所舉的時代早晚依據[②]。“公”A型變化的核心筆畫是“厶”上兩筆的間距由寬及窄，弧筆曲度不斷加大，直筆則頂端不斷靠近。B型的變化依“厶”的形狀而略有區別，但總的趨勢是分離出的兩豎筆逐漸從直筆向“八”形轉變，時代越晚，“八”的兩筆末段越呈外撇。

5. 于

西周金文“于”從甲骨文“竽”分化而來的，“弙”字（A型）基本只出現在第一期，較早的如塱方鼎，稍晚些的如史話簋，變化的趨勢在于“弓”形偏旁頂端横筆

---

① 劉釗：《古文字構形學》，福建人民出版社，2006年，335～346頁。

② 劉華夏：《金文字體與銅器斷代》，《考古學報》2010年第1期，62頁。

從短促到略長。而更普遍的則是B型，變化的核心筆畫是兩橫筆的間距由寬及窄，豎筆末端漸彎，而這種彎曲的演變出現在第二期。自此時開始，豎筆逐漸有了鉤狀。

6. 令

西周金文“令”字的變化主要集中在“卩”的形態，第一期“卩”象形意味濃厚，身體蜷曲成三道彎，像人跽跪在地，西周早期成康時，有部分“卩”旁的筆畫轉折處呈尖角狀，從第二期開始，“卩”呈𠃍形，已經初具後代篆書面貌。在第四期，“卩”豎筆末端略上揚。

7. 唯

西周金文“唯”的字形變化，主要表現在表羽翅的筆畫的形態與位置。第一期時，鳥足的豎筆與表羽翅的三筆間貫穿的豎筆不相連，三橫筆略向上。自第二期開始，鳥胸腹部凸起呈圓角，表羽翅的三橫筆逐漸向下引出，表爪足的叉筆亦上移與表羽翅的三橫筆并列，第三期鳥胸部凸起，腹部則內收。

8. 隹

B型基本形態的變化與“唯”同步，而A型羽翅筆畫則拖曳向下，僅出現在第一期。

9. 正

西周金文“正”出現較晚，第一期後段始見。筆畫演變的特點體现在“止”旁象徵腳趾的左右兩筆從直短向略微曲長變化，除了“止”旁，還有“止”上横筆由大變小，由圓方趨于圓點，最早在第二期變爲粗短橫條，在第三期基本定型爲較小的圓點狀，如共王時師𧺝鼎銘就出現了這種寫法。

10. 征

“征”字“止”旁的變化趨勢與“正”大致相似，但“征”在武、成時的利簋即有。需要注意的是，“征”的“止”旁，其筆畫在第二期仍未有明顯變化，大約在第三期“止”象徵腳趾的筆畫纔開始變長并互相靠近。

11. 蔑

“蔑”字的變化集中在表眉眼的部分，眼角由鋭利逐漸圓鈍，第一期眼內畫出瞳仁，二期開始眼內一點消失，逐漸變成兩短弧筆。“蔑”身體部分及“戈”的筆畫則從第二期開始變得豎直横平。而从“禾”的“蔑”B型僅在第二期流行。

12. 敢

源自殷墟甲骨文、的B型只在三期出現，特別是共王時伯敢盨、五祀衛鼎。A型的變化集中在象徵“倒豕”及“又”的筆畫形態上，“倒豕”的筆畫形態抽象化，豕尾和後腿的三筆逐漸平直聚攏，“又”的筆道由波磔出鋒發展到綫條均勻，手指靠近。

13. 考

手部與軀幹兩筆間距逐漸變寬，這種變化大約在第一期後段開始形成，第三期手部筆畫向下彎，第四期最終形成倒“U”形，而軀幹筆畫則由屈膝弓腰到直立挺直。

14. 女

西周金文“女”字，第一期雙手交叉，筆畫呈或形，身體蜷曲成三道彎，像人跽跪于地上。第三期開始，雙手交叉的筆畫呈形，轉折多圓角，象徵下肢的筆畫接近弧綫，身體由蜷曲跽跪到直立挺身。

15. 既

西周金文“既”字，第一期跪坐之人的身體蜷曲跽跪在地，筆畫轉折處呈尖角狀，從第一期後段開始，人形筆畫逐漸站立起來，但第二期大約在穆王時，手部筆畫與腿部筆畫連成一豎筆。這類變化趨勢與“令”“女”“既”等相似，主要的形體變化均發生在第二、三期之交。

16. 兄

“兄”的變化表現在“口”下人形，其身體由蜷曲跽跪到直立挺身，手部與軀幹兩筆間距逐漸變寬。從第二期開始，手部與軀幹兩筆間距開始變寬，第三期開始，開始變成倒“V”狀，手部筆畫內側兩短筆消失。

17. 見

“見”的“目”旁從第三期開始由眼角尖銳變爲圓鈍，第二期人形變爲“卩”旁，第三期開始手部與軀幹兩筆間距漸寬，手部筆畫下壓。

18. 子

“子”的變化表現在象徵幼兒頭部的筆畫，基本趨勢是，頭部的筆畫由半圓發展到略圓，再變爲水滴狀或三角狀，雙臂由環舉到直臂斜舉。第一期呈圓形或填實，偶見半圓，象形意味濃厚，與族徽或圖形文字接近。第一期後段頭部大多呈半圓形，第二期頭部形狀仍不規整，多半呈圓形或近似水滴狀。這種轉變在第三期完成，頭部形狀規整，多呈扁圓形或上大下小的水滴狀，史牆盤、匡卣的下肢豎筆末端向一側彎曲，兩臂上舉，開始出現“十點十分”狀。

19. 馬

西周金文“馬”字的變化表現在眼、鬃、尾、四足的筆畫形態，第一期的眼睛較大，眼角鋭利；第二期眼角開始圓鈍，鬃的筆畫位置與眼內瞳仁筆畫逐漸靠近。從第三期開始，眼內兩筆向眼眶外引出，形成兩筆鬃毛，此時，馬尾用向下的三叉筆表示，第四期接近篆書“馬”字的寫法。

20. 史

西周金文“史”字的“”旁由大變小，底部由尖漸圓，“又”之捺筆由直漸曲，直至末端略有上揚。第三期底部開始變尖，“又”旁的手指併攏。

21. 王

西周金文“王”字，依據最下一橫筆的形態，可細分爲三型。C型最下一橫筆形似圖形文字“山”的寫法，主要流行于第一期，A、B型從第一期到第四期末段均有，時代特徵明顯，主要是最上兩橫筆間距縮小，且與最下一橫筆間距逐漸拉大，大約在第三期後段A型變寬，A、B型最下一横筆也在此時變細，三橫筆粗細均匀。

22. 昜

西周金文“昜”字分爲二型，Ba型只在第一期早段出現，相當于成康時期，Bb型是Ba型的簡化，與A型區别在于象徵傾注容器側壁的筆畫呈曲綫，容器側壁的筆畫逐漸彎曲，單鋬由大變小。第二期開始，側壁曲度加大，第三期開始，單鋬位置上移變小。A型與Ba型流行時間一樣，只在成康時期。

23. 永

西周金文“永”字，“人”與“彳”旁是最重要的演變節點，就是豎筆筆道由短直逐漸變得曲折流轉，這種變化主要發生在第三期，第四期則更加明顯，字形變得更寬。

24. 盉

“盉”字，A型所从“皿”的器身在第二期後由低矮發展到瘦高。B型僅在第二期流行。

25. 鼎

“鼎”字，大多是鼎的象形字，鼎Ab型的發展有缺環，總趨勢是器身由方變圓，由大變小。Aa型兩尖角耳的內側斜筆與口沿橫筆由粘連到分開，鼎足由長變短，器口逐漸變大。B型出現在第五期，與同期的變體“寶”的貝旁頂端筆畫相似，之後到六期晚段有連續三式的變化。

西周金文“盉”“鼎”兩字的演變過程存在不少缺環，如鼎Aa型Ⅰ式與鼎Aa型Ⅱ式之間，盉A型Ⅱ式與盉A型Ⅲ式之間。

26. 旂

“旂”字，旗面筆畫由橫折短促到圓轉修長，旗面的直角發生在第三期早段，圓角的出現則稍晚，大約相當于孝、夷時期。

27. 揚

西周金文“揚”字，A型“丮”象徵的人形由屈膝弓腰逐漸直立，所从“昜”上部的“日”形由不規則形到漸近圓。B型出現稍晚，第一期後段，“日”形呈半圓，在第三期後段逐漸變爲圓形，“日”下的“丂”旁的豎筆也逐漸變長，筆端向一側彎曲。

通過觀察西周時期單字形體的演進過程，我們注意到“寶”字由于其單字數量龐大且廣泛分佈于西周各個時期的不同器類，覆蓋面甚廣，出現率很高，型式變化多樣，發展承前啟後，故利用其對銅器時代的判定應具有優先參考價值。其他單字雖然也有着清晰的型式演變序列，但情況略複雜，有的是存在缺環，有的則是某式寫法流行時間較長或跨越幾個王世。這些現象的出現或是因爲一些單字的數量有限，難以形成連續發展的態勢，或是因爲一些單字的使用率不高，形體不具有頻繁改造的機會。正是由于這些問題，促使我們對27個單字的型式劃分與分期採取了有主有輔的研究思路，在利用字形進行銅器斷代時也要考慮到多個單字的綜合比較研究。

第六章　西周金文書體研究的新思考

青銅器作爲西周禮制的核心角色，可謂是意識形態的某種外化形式。終周一朝的不同時段和地區，限于其政治、經濟、思想、文化、宗教的上層建築變化，在青銅器銘的行款佈局與書風特徵上必然會有所差异。學界對西周器銘書體演變特徵的研究有一個發展過程，郭沫若①、唐蘭②、馬承源③、裘錫圭④、松丸道雄⑤、朱鳳瀚⑥、張振林⑦、陳英傑⑧等學者在有關論著中均對西周器銘書體的演變規律有所闡述，邢文、游國慶先生近年亦分別對金文書體與書寫空間以及銘文製作與書體風格的相互關係進行過討論⑨，我們認爲仍可就這個問題換個角度略加申析。

第一節　西周金文書體的型式劃分

以往研究者對西周金文的書體風格、字排特徵的論述比較概括，也較多使用一些描述書法行款的術語，若欲客觀總結出器銘書體的演變規律，還需要採用易于操作、適用性强的研究方法。

金文書體各型式的變化與聯繫是一個動態的演進過程，其發展道路與節奏具有獨

---

①　郭沫若：《殷周青銅器銘文研究》，人民出版社，1954年；《兩周金文辭大系圖錄考釋》，上海書店出版社，1958年。

②　唐蘭：《論周昭王時代的青銅器銘刻》，《古文字研究》第2輯，中華書局，1981年，12～142頁。

③　馬承源：《中國青銅器》（修訂本），上海古籍出版社，2003年，372～374頁；《中國青銅器研究》，上海古籍出版社，2002年，106～112頁。

④　裘錫圭：《文字學概要》，商務印書館，1988年，46～51頁。

⑤　松丸道雄：《金文の書體——古文字中宮廷體の譜系》，二玄社，1990年。

⑥　朱鳳瀚：《古代中國青銅器》，南開大學出版社，1995年，454～456頁。

⑦　張振林：《試論銅器銘文形式上的時代標記》，《古文字研究》第5輯，中華書局，1981年。

⑧　陳英傑：《西周金文形態特徵研究三論》，《商周青銅器與先秦史研究論叢》，科學出版社，2017年，11～32頁。

⑨　邢文：《楚簡書法探論——清華簡（繫年）書法與手稿文化》，中西書局，2015年，45～47頁；游國慶：《泥條製銘與西周金文書風》，《赫赫宗周——西周文化特展》，“故宮博物院”，2012年，353頁。

特性。器形、紋飾、銘文者共存于一器，互爲影響、亦非同步，考察器銘書體的變化規律需要結合各時代、各王世的標準器，也需要將其自身型式的演進關係納入研究範圍。狹義來看，掌握演變規律有助于銅器時代特徵的確定，例如，對一批西周世族銅器代系間器銘書體的考察，就可以驗證其傳承次序是否合理，甚至可以考察是否具有統一的家族風格，而從更廣的角度看，器銘書體的演變規律反過來對深入瞭解古代漢字單個形體的孳乳繁衍及青銅文明的整體面貌均有着不小的作用。

我們對西周器銘的書體演變規律考察，主要從四個角度進行分型分式：①字距及行距情況；②單字輪廓體勢及形體大小；③字體偏旁架構情況；④筆道粗細、曲直、波磔情況。

書體研究需要注意細化類型學的研究標準，依據不同標準分型分式。此外，還要重視器銘行數，單行或兩行的器銘一般不適于討論行款或字排規整與否，而對鼎、簋、盤、尊等不同器類放在一起觀察時，亦可對書體型式的判定及書體時代特徵演變規律的認知造成較大影響。在研究中，字形系統與書體系統還需要互相對比，關注兩者之間的演進關係。對于器、蓋同銘者，其字形與書體風格的异同，也需要特别關注。

截至目前，我們搜集兩行以上青銅器銘且清晰可辨者1000餘例，所選標本不包括摹本，亦不包括單行及兩行器銘，器、蓋同銘者各自統計。此外，器銘書體風格與所屬器類有密切關係。這是因爲器類的不同會導致鑄刻銘文的空間差异，自然能引發器銘字排佈局的差别。便于比較的器類主要有食器：鼎、簋、盂、豆、盨、簠；酒器：觥、彝、卣、尊、壺；水器：盤、盉、匜；樂器：鐘。

依據器銘字排[①]的縱横間距，對單字的形體大小，單字的輪廓體勢，單字的偏旁架構及筆道的粗細、曲直、波磔等特徵，進行類型學分析，可以將西周器銘書體分爲三型（附表一）。

A型　單字象形程度高，字形長方，筆勢姿態多傾斜隨意，起筆、收筆出鋒雖明顯，但筆畫形態古拙，不甚張揚（我們稱爲“小出鋒”），曲筆較多，轉折處多呈圓角，字排的整體風格顯得比較潦草淩亂。依據縱横字排間距、偏旁架構及筆道粗細、肥筆出鋒形態等特徵可進一步分爲六式。

Ⅰ式：整體形態延續商代晚期金文的主流風格，少部分字形與武丁時期𠂤組卜辭相似，大部分字施以肥筆，波（撇）磔（捺）筆畫行筆至筆道三分之二處變粗，字排不甚整飭，或縱不成列，或横不成行，或兼而有之，字間距隨意，偏旁架構時而疏鬆、時而緊密，大小不一。標本如天亡簋（《集成》04261）（圖6-1）、小臣單觶（《集成》06512）、堇鼎（《集成》02703）、宜侯夨簋（《集成》04320）。

① “字排”的概念常用以甲骨刻辭研究，可參崎川隆：《賓組甲骨文分類研究》，上海人民出版社，2011年。

圖6-1　天亡簋

（《集成》04261）

Ⅱ式：部分字仍施以肥筆，起筆、收筆出鋒變得略圓鈍，筆道變細，縱向字排間距較規整，偏旁架構趨于緊致。標本如憲鼎（《集成》02749）、靜方鼎（《文物》1998年5期，86頁圖4）、小臣謎簋（《集成》04238）（圖6-2）等。

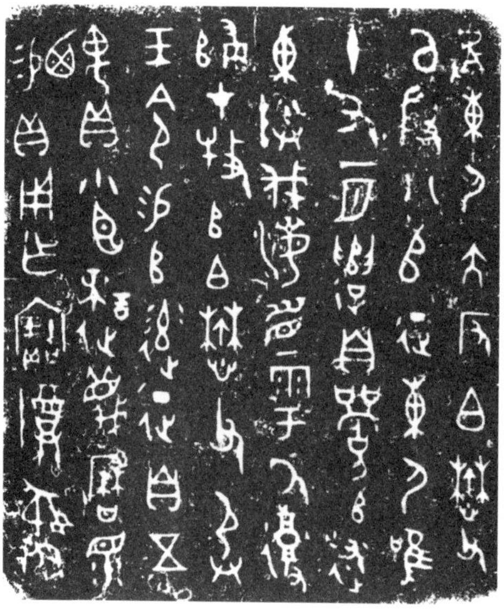

圖6-2　小臣謎簋

（《集成》04238）

Ⅲ式：縱向字排間距較Ⅱ式規整，筆畫均勻較細，單字大小趨于接近，偏旁架構緊致，筆勢姿態多傾斜。標本如趞簋（《集成》04266）（圖6-3）、啟尊（《集成》05983）等。

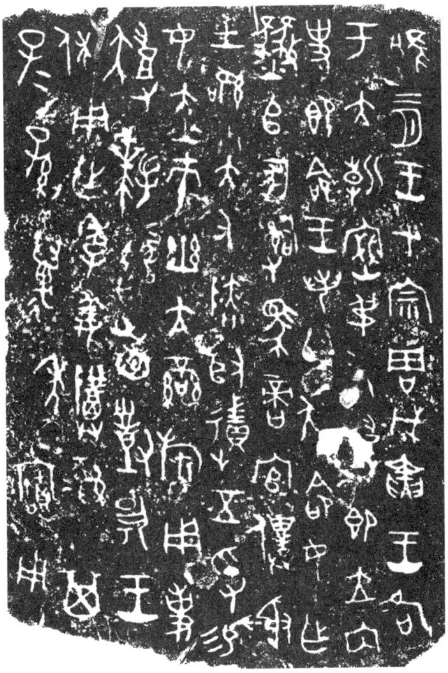

圖6-3　趞簋

（《集成》04266）

Ⅳ式：字形變得長方，筆道雖保持均勻，但一些豎筆略顯曲折，個別筆畫還有肥筆，主要在“才”“十”等字的横、豎筆交接處。標本如曶鼎（《集成》02838）（圖6-4）。

Ⅴ式：字形多長方，筆勢姿態傾斜隨意，顯得書寫草率，偏旁架構較爲鬆弛，縱横字排均不夠整飭，直筆較多，轉角處多折筆，偏旁架構鬆散，單字大小不一。標本如䣄从盨（《集成》04466）（圖6-5）、叔向父簋（《集成》03870）、雍伯原鼎（《集成》02559）等。

Ⅵ式：字排間距比Ⅴ式略爲整齊，偏旁架構也比Ⅰ式緊致些，單字大小接近，曲筆較多，轉角處多圓筆，筆道均勻，豎筆或波（撇）磔（捺）筆畫末端略向兩側外撇。標本如六年琱生簋（《集成》04293）（圖6-6）。

B型　字形稍顯長方，筆道形態與A型相似，但略細，直筆較多，筆勢姿態較端正，字排整體顯得比較規整。依據縱横字排間距、偏旁架構及筆道粗細、肥筆出鋒形態等特徵可進一步分爲五式。

Ⅰ式：器銘的縱向字排間距較整齊，但上下兩字間距隨意，分佈時而疏鬆、時

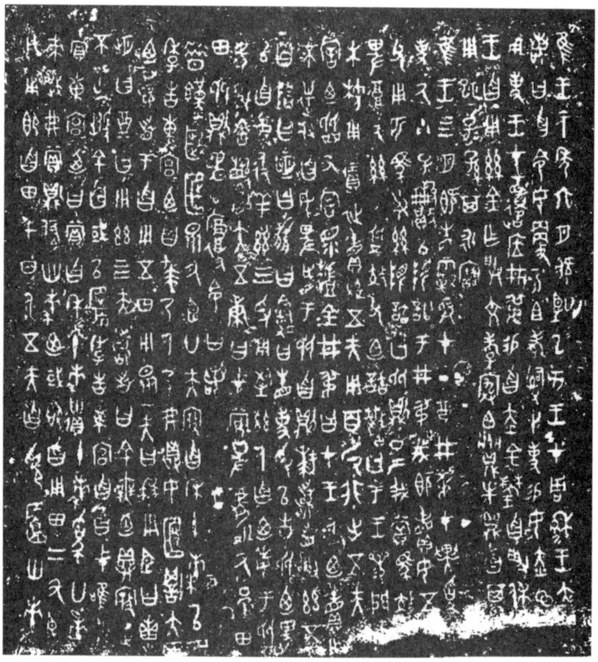

圖6-4　曶鼎

（《集成》02838）

圖6-5　融从盨

（《集成》04466）

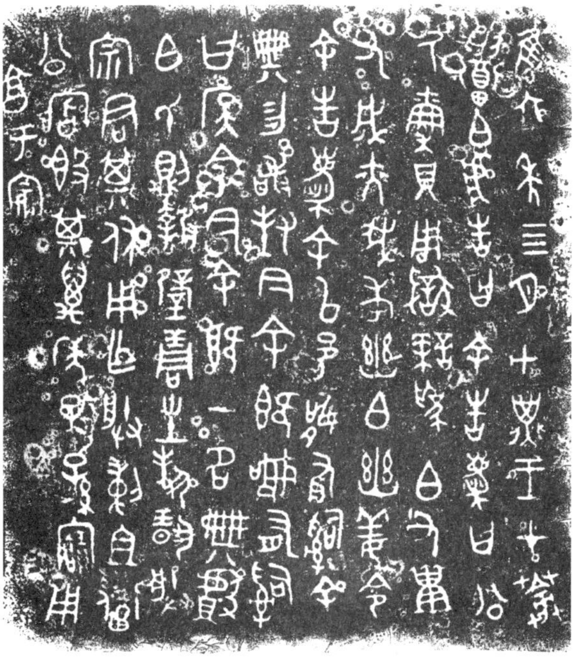

圖6-6　六年琱生簋

（《集成》04293）

圖6-7　利簋

（《集成》04131）

而緊密，直筆增多，行筆乾淨俐落，個別字體筆勢略傾斜，字形大小不一，偏旁架構仍不夠合理，但與Aa型Ⅰ式相比略顯規整。波（撇）磔（捺）肥筆比較明顯，但收筆處出鋒略顯圓鈍。標本如利簋（《集成》04131）（圖6-7）。

Ⅱ式：縱、橫向的字間距已開始有意識拉開，橫向字排已比較整齊。單字姿態端正，大小接近，肥筆依然存在，但筆道略變細，直筆繼續增多，筆道趨于均勻，呈現出一種新風格。標本如大盂鼎（《集成》02837）（圖6-8）、魯侯簋（《集成》04029）、作冊睘卣（《集成》05407）等。

Ⅲ式：字排間距較規整，橫向及縱向字排比Ⅱ式整飭，個別銘文已有界格，偏旁架構緊致平穩，單字大小規整，部分字形呈長方形，部分字形略呈正方，比之Ⅱ式，筆道更加均勻細直，肥筆大大減少，一般出現在筆畫轉承起合處，字形偏長方，單字大小仍有不一致者，筆畫較多者形體稍大，部分筆道仍顯得不夠均勻，弧筆較多，轉角處多圓筆，“圉”等字外包圍偏旁呈橢圓形，此式肥筆及波磔出鋒極少見。標本如井鼎（《集成》02720）（圖6-9）、𦿅簋（《集成》04195）、史牆盤（《集成》10175）（圖6-10）。

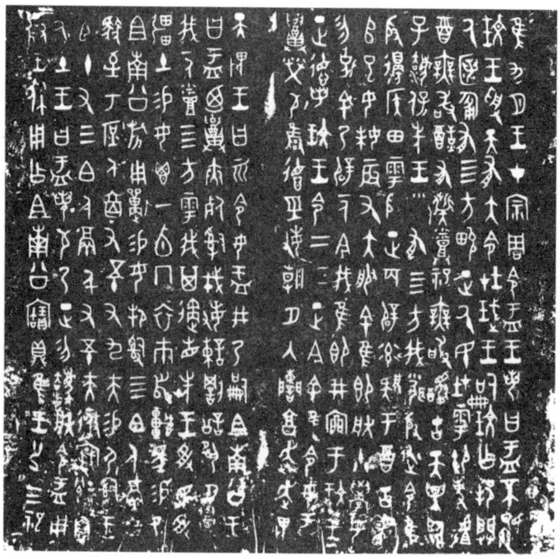

圖6-8　大盂鼎

（《集成》02837）

圖6-9　井鼎

（《集成》02720）

Ⅳ式：字排間距較規整，但有些器銘字排略顯參差，甚至在界格之外，字形偏正方，單字大小規整，個別字也顯得草率隨意。筆勢姿態端正，筆道均勻圓潤，直筆較多，弧筆減少，轉角處多折筆，偏旁架構緊致。標本如伯寛父盨（《集成》04438）（圖6-11）、逆鐘（《集成》00060 ~ 00063），另有晉侯蘇鐘（《新收》870 ~ 877①）及晉侯蘇鐘（《新收》87 ~ 884）（圖6-12）等，雖然爲刻銘，其書體風格及字排形態也可歸入此式。

① 鍾柏生、陳昭容、黃銘崇、袁國華編：《新收殷周青銅器銘文暨器影彙編》，藝文印書館，2006年。下同。

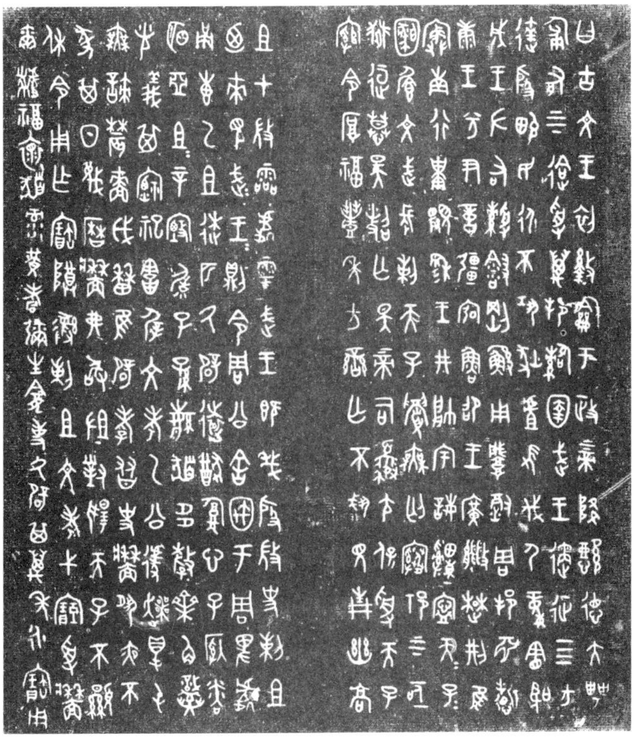

圖6-10　史牆盤

（《集成》10175）

圖6-11　伯窺父盨

（《集成》04438）

圖6-12　晉侯蘇鐘

（《新收》870）

V式：縱橫字排通常整齊，部分有界格的，單字亦在其間均勻排列，字體規整典雅，偏旁架構緊致內收，轉角處多圓筆，筆畫舒展，呈細水長流狀（類似波曲紋），豎筆或波（撇）磔（捺）筆畫末端略向兩側外撇。標本散氏盤（《集成》10176）、幾父壺（《集成》09721）（圖6-13）、虢季子白盤（《集成》10173）（圖6-14）。

圖6-13　幾父壺

（《集成》09721）

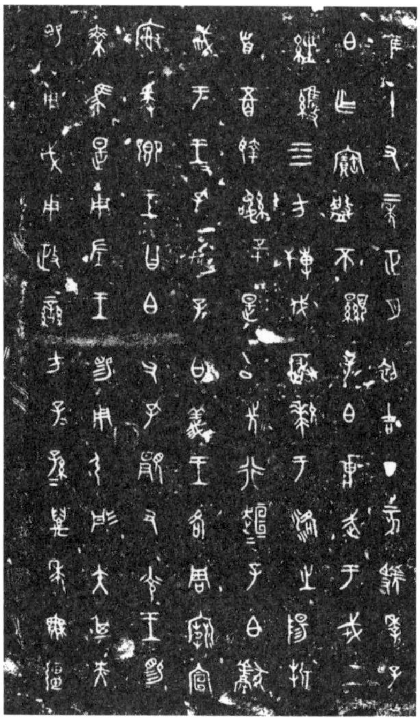

圖6-14　虢季子白盤

（《集成》10173）

C型　比之A、B二型，筆道較粗，直筆或弧筆較多，多爲肥筆，字形呈長方形，筆勢姿態恣意放縱，一氣呵成。依據縱横字排間距、偏旁架構及筆道粗細、肥筆出鋒形態等特徵可進一步分爲三式。

Ⅰ式：字排間距隨意，大部分字施以肥筆，收筆出鋒比A型Ⅰ式更加明顯，（我們稱爲“大出鋒”），如“令”字下部筆畫轉角處多呈尖角狀，偏旁架構疏鬆，單字大小不一，部分偏旁筆勢略傾斜。此式應是延續商晚期小子𤔲卣（《集成》05417）的書體風格。標本如大保簋（《集成》04140）（圖6-15）。

圖6-15　大保簋

（《集成》04140）

Ⅱ式：縱向字排間距較規整，單字較Ⅰ式端正，偏旁架構趨于緊致，肥筆仍比較明顯，但波（撇）磔（捺）筆畫出鋒已減弱。標本如召尊（《集成》06004）（圖6-16）、榮簋（《集成》04241）。

Ⅲ式：字排間距更加規整，筆道變細，肥筆減少，出鋒處略顯圓鈍。標本如小臣逋鼎（《集成》02581）（圖6-17）。

圖6-16　召尊

（《集成》06004）

圖6-17　小臣逋鼎

（《集成》02581）

第二節　西周金文書體的發展演變與時代特徵

我們通過對西周器銘書體的型式特徵及其演變情況的梳理，可以瞭解到各型式的變化與聯繫是一個動態的演進過程，其發展途徑及節奏具有獨特性。器形、紋飾、銘文三要素共存于一器，雖互相影響，但并非同步，考察器銘書體的變化規律需要結合各時代、王世的標准器，也需要將其自身型式的演進關係納入研究。

西周一朝的器銘書體從武、成年間開始流行的主要是A類，A類書體與舊日所稱的“波磔體”“殷商體”相比，异大于同。A類表面上通篇多肥筆，筆道出鋒，與所謂殷商風格的波磔體相似，但實際上只有Aa型Ⅰ式、Aa型Ⅱ式、Ac型Ⅰ式、Ac型Ⅱ式與之類同，Aa型、Ac型的Ⅲ式已發生變化，主要變化在縱向字排間距的逐漸規整，筆畫均勻變細，偏旁架構緊致，當然其單字的筆勢姿態仍傾斜，這就導致其横向字排的淩亂與無序，單字大小雖趨于接近，卻仍有不少字如“寶”“彝”“王”等顯得形體突兀。其中Aa型的“唯”“隹”“障”“彝”等字象形程度高，筆勢姿態多傾斜隨意，起筆、收筆出鋒雖明顯,但筆畫形態古拙，這一點與所謂“瑰异凝重”的描述較接近，把握Aa型的最重要的特徵就是曲筆較多，轉折處多呈圓角，字形拉長。Ac型則是另一氣象，最大的特點就是筆道較粗，直筆或弧筆較多，有些筆道出鋒明顯，字形略方正，不如Aa型顯得修長，細看筆勢姿態倒可以用所謂“雄奇恣放”形容，但其縱横字排間距、偏旁架構及筆道粗細、肥筆出鋒形態依然有一個變化的過程，不宜概而述之。Ab型在A型中較爲特殊，肥筆、出鋒均有，字形長方但其筆勢姿態較端正，筆道形態雖與Aa型相似，但各筆略細，轉折處圓筆不少，但横竪筆畫較多直筆，這樣就形成了Ab型各式的縱横兩方向字排要比Aa、Ac型規整一些，但其細節亦非“質樸平實”可以描述。

按照銅器器形、紋飾所劃的“三期說”，在西周早期前段，也就是武、成、康年間流行的有Aa型Ⅰ式、Ab型Ⅰ式及Ac型Ⅰ式等三式。Aa型Ⅰ式整體形態延續商代晚期金文的主流風格，少部分字形還與殷商卜辭相似。此式較早的標本如武、成年間的天亡簋（《集成》04261）和小臣單觶（《集成》06512），其風格與殷商晚期的戍革鼎（《集成》02694）一脈相承。另有標本作冊大鼎（《集成》02758）、宜侯夨簋（《集成》04320）是公認的康王時器。標本作冊䰧卣（《集成》05400），橢圓形器身，腹部略傾垂，圈足沿外侈，兩側有犄角，這類風格的器形多流行于西周早期後段至西周中期前段，即昭、穆兩世，從此器也可看出器形與器銘書體的不均衡演進。因此Aa型Ⅰ式主要流行于西周早期前段，在成、康時最常見，但也有少量延至西周早期後段。Ab型Ⅰ式直筆較多，字雖多肥筆，出鋒卻不甚明顯，字間距隨意，分佈時而疏鬆、時而緊密，行筆乾淨利落，個別字體筆勢略傾斜，但與Aa型Ⅰ式相比略顯規整。

標本如武、成之際的利簋（《集成》04131），此式流行時代約在西周早期前段，相當于成、康時期。Ac型Ⅰ式字排間距隨意，大部分字施以肥筆，收筆出鋒比Aa型Ⅰ式更加明顯，我們稱爲“大出鋒”，此式也是延續到殷晚如小子𧺲卣（《集成》05417）等書風。標本大保簋（《集成》04140）、禽簋（《集成》04041），可知此式流行時代在西周早期前段，約當于成、康時期。

從康、昭之際始，書體風格有了新變化，主要體現在字排的逐漸規整、筆道的變細及單字大小的趨同。此階段流行的有Aa型Ⅱ式、Aa型Ⅲ式、Ab型Ⅱ式、Ac型Ⅱ式、Ac型Ⅲ等五式。Aa型Ⅱ式起筆、收筆的出鋒略顯圓鈍，筆道變細，縱向字排間距較規整，單字偏旁架構趨于緊致。標本如憲鼎（《集成》02749）、靜方鼎（《文物》1998年5期，86頁圖4）、小臣謎簋（《集成》04238）等均爲昭王時器，此式産生并流行于西周早期後段，相當于昭王世，標本如屯鼎（《集成》02510）下腹向外傾垂，三柱足，頸部飾一道弦紋，時代稍晚，爲西周中期前段風格，當是穆王時器，即此式最晚。Ab型Ⅱ式縱、橫字排間距已開始有意識拉開，特別是橫向字排比較整齊，肥筆依然普遍存在，但字形略方正。最大的特點是筆道開始變細，趨于均匀。標本如大盂鼎（《集成》02837）、魯侯簋（《集成》04029）、作冊睘卣（《集成》05407）等，大盂鼎時代較早，在康王二十三年，其餘均爲昭王時器，可知此式流行于康、昭之際至昭、穆之際。Ac型Ⅱ式縱向字排間距較規整，單字較Ⅰ式端正，波（擻）磔（捺）筆畫出鋒已趨弱。標本如召尊（《集成》06004）、榮簋（《集成》04241），時代大約在西周早期後段，相當于昭、穆之際。Ac型Ⅲ式筆道變細，肥筆減少，出鋒處略顯圓鈍。標本如小臣逋鼎（《集成》02581），時代大約在西周早期後段至西周中期前段，相當于昭、穆二世。

西周中期的穆、共兩世，是西周銅器呈現多樣化發展的階段，此時流行的書體有Aa型Ⅲ式、Ab型Ⅲ式、Ba型Ⅰ式等式，之前的Aa型Ⅱ式、Ab型Ⅱ式、Ac型Ⅱ式亦有少量延續。Aa型Ⅲ式的縱向字排間距則較規整，筆道顯得均勻，但仍沿襲了Aa型筆勢姿態多傾斜的特點。標本有趞簋（《集成》04266）、啟尊（《集成》05983）等，前者簋體寬矮，侈口束頸，圈足沿外侈，頸部飾垂冠顧首夔龍紋，後者侈口長頸，腹略傾垂，器形、紋飾均爲西周中期前段流行，相當于昭、穆之際，而多見于穆王世。Ab型Ⅲ式書風已趨于整飭，横向及縱向字排比較整齊，個別銘文甚至還有界格，偏旁架構緊致平穩，比之Ⅱ式，筆道更加均匀細直，肥筆大大減少，一般出現在筆畫轉承起合處。標本如員方鼎(《集成》02695)、師旂鼎（《集成》02809）、井鼎（《集成》02720），故此式時代在西周中期前段，約當于穆世，稍晚些的如豆閉簋（《集成》04276），可延至共、懿年間。

B類與A類相比，通篇基本不見肥筆，筆道亦少出鋒。Ba型與Bb型相比，字形多方正，偏旁架構更爲緊致，而後者則顯得草率鬆弛一些。Ba型Ⅰ式字排間距規整，最大的特點是單字大小仍有不一致者，弧筆較多，此式與Ab型Ⅲ式較相似，但肥筆及波磔出鋒基本不見。標本如𦿅簋（《集成》04195）、史牆盤（《集成》10175），可知此式時代在西周中期前段，約當于穆、共二世。

西周中期後段，大約從孝、夷之際開始，書體又有了新的變化，主要體現在字排的縱橫畫及筆道的均勻圓潤。此階段流行的有Ab型Ⅳ式、Ba型Ⅱ式、Ba型Ⅲ式、Bb型Ⅰ式、Bb型Ⅱ等式。Ab型Ⅳ式字排比Ⅲ式稍顯淩亂，筆道雖保持均勻，但一些豎筆略顯曲折，個别筆畫還有肥筆，主要是“才”“王”等字的横、豎筆交接處。標本如師遽簋蓋（《集成》04214）、尹姞鬲（《集成》00754）、曶鼎（《集成》02838），可知此式主要流行于西周中期後段，不早至共王世。

Ba型Ⅱ式某些字排間距略顯參差，甚至在界格之外，筆勢姿態仍端正，筆道均勻圓潤，直筆較多，弧筆減少，轉角處多折筆。標本如伯窺父盨（《集成》04438）、逆鐘（《集成》00060～00063）等，此式主要流行于西周中期後段至西周晚期前段，約當于孝、夷、厲三世。此式晚些時候還見一些刻銘，標本如晉侯蘇鐘（《新收》870～877），多在西周晚期，約當于宣王時期。Ba型Ⅲ式縱横字排通常整齊，部分有界格的，單字亦在其間均勻排列，字體典雅，偏旁架構緊致内收，呈細水長流狀（類似波曲紋），豎筆或波（撇）磔（捺）筆畫末端略向兩側外撇。標本如幾父壺（《集成》09721），主要流行于西周晚期，約當于厲、宣之際至幽、平之際。此式出現了一種與春秋早期秦系文字類似的書體，單字輪廓瘦長，中宫内收，體勢修長，標本如虢季子白盤（《集成》10173），時代在西周晚期後段，相當于宣王世。Bb型Ⅰ式縱横字排均不夠整飭，直筆較多，我們認爲此式與Aa型Ⅲ式、Ab型Ⅳ式有書體上的傳承關係，標本如融从盨（《集成》04466）、叔向父簋（《集成》03870）、雍伯原鼎（《集成》02559）等，時代在西周中期後段至西周晚期前段，約當于夷、厲時期。Bb型Ⅱ式字排間距較Ⅰ式整齊，曲筆較多，轉角處多圓筆，與Ba型Ⅲ式一樣，豎筆或波（撇）磔（捺）筆畫末端常向兩側外撇。標本如六年琱生簋（《集成》04293），時代在西周晚期後段，約當于宣王時期。

通過我們的初步梳理，西周器銘書體發展大致經歷了四個階段：第一階段可稱爲“殷式續承期”；第二階段可稱爲“周式萌芽期”；第三階段可稱爲“周式鞏固期”；第四階段可稱爲“周式確立期”。實際上，這四期還可以進一步合并爲前後兩大期，前期爲第一、二階段，大抵相當于武、成之際到昭、穆之際；後期爲第三、四階段，大抵相當于穆、共兩世到西周末年，此階段西周器銘完全確立了自己的風格，最終導致了後代篆、隸銘刻字排風格的演進和形成。

第七章　金文字形書體研究與西周銅器斷代

縱觀20世紀西周青銅器分期斷代研究取得的豐碩成果，對西周青銅器器銘自身的字形書體演變規律未見系統梳理。雖然很多學者對西周金文均作過分期，甚至還利用金文字形的一些變化特徵確定銅器時代（如唐蘭對康世器銘中“保”字多帶“玉”旁的說法）[①]，但目前爲止，似乎還沒有學者利用金文字形書體在不同時期的不同變化對銅器斷代作一綜合研究。因此，在西周銅器斷代工作中，顯然有必要引入金文字形書體演變的規律性成果開展適當的深入探索，這不僅有利于擴充完善銅器斷代體系的方法與標準，更可以與依據器形、紋飾得出的結論互相參證，以期更科學客觀地反映歷史的真實情況。

第一節　西周銅器斷代體系的既有成果

王世民先生曾在《商周銅器考古學研究的回顧與展望》[②]中對商周銅器研究史有較全面的記述，以下則重點回顧西周銅器斷代體系構建的過程及其所涉分期斷代及理論方法的重要成果。

不少西周銅器的斷代問題至今仍存在争議。20世紀的西周青銅器研究，圍繞銅器分期斷代體系的基本確立，諸多學者紛紛著書立說，争議不斷，衆說紛紜。

1935年郭沫若先生完成《兩周金文辭大系圖錄考釋》（以下簡稱《大系》），分上、下兩篇對西周和東周銅器進行了系統的討論，郭先生利用銘文豐富的內容與史料結合，聯繫器形、紋飾綜合考察時代特徵，特別對一些長銘銅器着墨較多。《大系·序》中提及“余專就彝銘本身以求之，不懷若何之成見，亦不據外在之尺度”，可見這就是他推定年代的關鍵——確定標準器。郭先生所定標準器有30多件，其中有自己發明，也有接受或繼承前人的研究成果，如他談到大豐簋（天亡簋）銘云“衣祀于王不顯考文王”，則“自爲武王時器”[③]。

---

① 唐蘭：《論周昭王時代的青銅器銘刻》，《古文字研究》第2輯，中華書局，1981年，131～137頁。

② 王世民：《商周銅器考古學研究的回顧與展望》，《商周銅器與考古學史論集》，臺北藝文印書館，2008年。

③ 郭沫若：《兩周金文辭大系圖錄考釋》，上海書店出版社，1958年，1頁。

郭先生較早利用標準器來推定其他關聯銅器的時代。《大系·序》將標準器作爲“中心以推求它器，其人名事蹟每有一貫之脈絡可尋。得此，更就文字之體例、文辭之格調，及器物之花紋形式以參驗之，一時代之器大抵可以蹤迹，即其近是者，于先後之相互關係求其合與不合，然此僅作爲消極之副證而已”。如對周公簋的研究，郭先生注釋說：“此銘字迹與大、小盂鼎之筆意相同，花紋爲象，亦與臣辰卣、臣辰尊同，故此簋之榮與大、小盂鼎之榮必系一人。”故他認爲此器當與盂鼎同是康王時器①。郭沫若可謂近代第一位綜合科學地研究古代銅器斷代者，他爲兩周青銅器分期斷代體系的建立奠定了基礎，而《大系》的意義，最重要的也是其利用綜合研究方法對兩周有銘銅器所進行的斷代工作。

《大系》所定西周銅器的時代，在其出版之後大多已被學術界所接受，當然也有不同的意見。陳夢家先生自1955年9月起在《考古學報》連續發表的《西周銅器斷代》就是20世紀50年代較有代表性的斷代研究成果，可以說是當時對《大系》做出的有代表性的回應。到宣王爲止，陳先生用以斷代的銅器共218件，“成王銅器”中，《大系》所列27器，《西周銅器斷代》列入34器，而同意《大系》17件，差异較小；“昭王銅器”中，《大系》列入7器，《西周銅器斷代》則列入5器，雖然意見略有不同，但兩書所舉昭王銅器被其他學者質疑頗多，這也成爲西周銅器斷代争論的主戰場之一；“穆王銅器”中，《西周銅器斷代》所列僅的3件，就有2件與《大系》一致。以上反映出陳夢家先生對《大系》的結論，更多地是一種補充與糾偏，兩者的差异不是非常明顯。郭沫若先生的《大系》爲銅器斷代研究建立框架，陳夢家先生的《西周銅器斷代》則是其很好的發展，并作了有益的補充。特別是陳先生在“標準器”的基礎上提出“器組”的概念，使後來的甲骨、青銅研究均得以深入。

唐蘭先生“康宮”問題的提出成爲日後持續八十餘年争論的導火索。20世紀30年代，唐蘭提出對“康宮”問題的新看法②，郭沫若隨即表示异議。50年代，陳夢家在《西周銅器斷代》中亦對唐氏表達了不同意見。針對兩位學者的反駁，唐先生于60年代寫作《西周銅器斷代中的“康宮”問題》③一文，從幾個方面對“康宮”是康王之廟的觀點作了詳細的論述，由此“康宮”標準的確定就成爲西周銅器斷代體系的一個關鍵所在。唐先生指出“康宮是周康王的宗廟，所以用‘康宮’來作爲分時代的標尺，不只是一兩件銅器的問題，而將是一大批銅器的問題”④。一些學者也圍繞“康宮”對西周銅器斷代的重要標準進行討論，如白川靜在《金文通釋》中舉例批駁唐蘭將宗周

① 郭沫若：《兩周金文辭大系圖録考釋》，上海書店出版社，1958年，39頁。

② 唐蘭：《作冊令尊及作冊令彝銘文考釋》，《國立北京大學國學季刊》1934年第4卷第1期，34頁。

③ 唐蘭：《西周銅器斷代中的“康宮”問題》，《考古學報》1962年第1期。

④ 唐蘭：《西周銅器斷代中的“康宮”問題》，《考古學報》1962年第1期。

的“康新宫”與相當于周室太廟的“康宫”混爲一談[①]。

唐蘭先生依據其“康宫”標準對西周銅器重新梳理，晚年又發表《西周青銅器銘文分代史徵》[②]等一系列論著，最引人注目的是其在周初銅器斷代的認識上與郭沫若、陳夢家兩位觀點迥异，如《大系》中所定西周成、康兩世的38件銅器，在《西周青銅器銘文分代史徵》僅有8件與之基本相合，結論相差甚殊。

以上可以看出，銅器斷代分歧的直接原因正是各家對分期斷代標準的確定意見不一。

繼郭、陳、唐争論之後，其他學者也依據不同的斷代標準提出了各自的西周銅器序列。馬承源先生于1986~1990年主編出版《商周青銅器銘文選》及其論文集《中國青銅器研究》[③]，兩者可以看作馬先生對西周銅器斷代討論的正式參與，對一批有年代争議的銅器集中發表了觀點。

李學勤先生對周原地區所出家族銅器群給予了特别關注，不僅考察家族器群所涉及同一時代的器物，也重視一個家族譜系的器物，提出了依靠世系傳承有序的若干家族器組作爲標準器組的斷代法。李先生1990年出版《新出青銅器研究》，集中了作者1985年之前撰寫的43篇商周銅器研究論文，其間涉及不少西周銅器斷代的熱點議題，在此書後記（二）中，李先生特附十餘篇1985年之後發表于其他學術刊物的論文題目，皆是有關商周銅器的研究成果。

20世紀80年代，劉啟益先生相繼在《古文字研究》《出土文獻研究》《出土文獻研究續集》等刊物發表了《西周武成時期銅器的初步清理》一系列文章，2002年又出版《西周紀年》[④]，系統發表關于西周銅器年代的研究成果。

在利用器銘斷代的同時，隨着考古學理論與實踐在中國的發展，田野考古發掘的具有時代特徵的標準器被作爲重要標尺，用以不同墓葬、遺址、窖藏所出的青銅器群的年代斷定。主要成果有郭寶鈞《商周銅器群綜合研究》[⑤]，李豐《黄河流域西周墓葬和窖藏出土青銅禮器的分期與年代》[⑥]，盧連成、胡智生《陝西地區西周墓葬和窖藏出

---

① 白川静：《金文通釋》，白鶴美術館，1984年，383頁。

② 唐蘭：《西周青銅器銘文分代史徵》，中華書局，1986年。

③ 馬承源等：《商周青銅器銘文選》，文物出版社，1986~1990年；《中國青銅器研究》，上海古籍出版社，2002年。

④ 分别參見劉啟益：《西周武成時期銅器的初步清理》，《古文字研究》第12輯，中華書局，1985年；《西周康王時期銅器的初步清理》，《出土文獻研究》，文物出版社，1985年；《西周昭王時期銅器的初步清理》，《出土文獻研究續集》，文物出版社，1989年；《西周穆王時期銅器的初步清理》，《古文字研究》第18輯，中華書局，1990年；《西周紀年》，廣東教育出版社，2002年。

⑤ 郭寶鈞：《商周銅器群綜合研究》，文物出版社，1981年。

⑥ 李豐：《黄河流域西周墓葬和窖藏出土青銅禮器的分期與年代》，《考古學報》1988年第4期。

土的青銅禮器》[①]及樋口隆康《西周銅器之研究》[②]等。

進入20世紀90年代後半至21世紀初，西周銅器斷代研究開始轉入傳統器銘與類型學、考古發現相結合、借鑒的軌道，配合“夏商周斷代工程”的開展，諸位學者在這一領域陸續發力。

1999年王世民、陳公柔、張長壽等先生出版《西周青銅器分期斷代研究》，綜合利用器銘與器形、紋飾及出土信息，集中梳理了一批西周各王世重點銅器的年代，此書“以西周銅器中，銘文可供西周曆譜研究者爲主，就其形制、紋飾作考古學的分期斷代研究，爲改進西周曆譜研究提供比較可靠的依據”[③]。這些研究結論在課題組《夏商周斷代工程1996～2000階段成果報告（簡本）》[④]中均有體現。

彭裕商先生2003年、2011年分別出版《西周青銅器年代綜合研究》《春秋青銅器年代綜合研究》[⑤]，對兩周銅器諸方面進行分類、分時、分地的論述。《西周青銅器年代綜合研究》一書對359件（組）西周銅器按王世排列，旁徵博引，綜合器形、紋飾進行分析，亦對部分器銘字形書體的時代特徵略加描述。

張懋鎔師善于綜合利用器形、紋飾、字形書體、銘文內容及考古現象等各類要素進行銅器斷代，在繼承前代學者優秀成果的基礎上，對“斷代法”的辨析與創新有着很多新見，撰寫了《西周青銅器斷代兩係說芻議》《試論西周青銅器演變的非均衡性問題》《周原出土西周青銅器分期斷代研究》《金文字形書體與20世紀的西周銅器斷代研究》《回顧夏商周斷代工程——以西周王年研究爲例》等論文，這些成果陸續收入張師《古文字與青銅器論集》（第一至五輯）[⑥]。此外，何幼琦先生《西周年代學論叢》[⑦]一書也涉及部分西周銅器年代問題。

除了以上對西周青銅器年代問題系統性的研究成果外，歷年來學界針對區域類型、考古出土的墓葬窖藏、曆法年代學、銘文內容的考證及市場零星流轉的新見青銅器等，成果頗豐，特別是一些考古學者如李伯謙、劉緒、曹瑋、王占奎、張天恩、張昌平等發表了大量的精彩論述，在此不一一贅舉。

通過梳理西周金文字形書體與銅器斷代研究領域的已有成果，可以看出，經過數

---

① 盧連成、胡智生：《陝西地區西周墓葬和窖藏出土的青銅禮器》，《寶雞強國墓地》（附錄一），文物出版社，1988年。

② 樋口隆康：《西周銅器之研究》，《京都大學文學部研究紀要》第七，1963年。

③ 王世民、陳公柔、張長壽等：《西周青銅器分期斷代研究》，文物出版社，1999年，1頁。

④ 夏商周斷代工程課題組：《夏商周斷代工程1996～2000階段成果報告（簡本）》，世界圖書出版公司，1999年。

⑤ 彭裕商：《西周青銅器年代綜合研究》，巴蜀書社，2003年；《春秋青銅器年代綜合研究》，中華書局，2011年。

⑥ 張懋鎔：《古文字與青銅器論集》（第一至第五輯），科學出版社，分別于2002年、2006年、2010年、2014年、2016年出版。

⑦ 何幼琦：《西周年代學論叢》，湖北人民出版社，1989年。

代學者的不斷開拓，在史學研究、古文字研究、斷代研究、金文的著錄及整理、方法研究、銅器辨僞與書法藝術研究等均有顯著成績。但也要注意，關于字形書體演變的研究還比較薄弱，特别是利用金文字形書體演變的規律，對有争議的銅器時代的討論仍不夠充分。在這方面加大研究力度，不僅有助于審驗百年來西周銅器斷代體係的得失，也可以進一步創新銅器斷代的理論方法，對古代青銅器的綜合研究提供有益的嘗試，從而影響和推動青銅器斷代體係的發展和完善。

第二節　西周銅器斷代標準與方法的建立

學者開始關注青銅器的所屬王世，大約起自清代。趙誠先生曾以方濬益之研究爲例總結，可知當時的方法主要有四種[①]：第一種，通過曆法推算。方濬益考察虢季子白盤銘，其《綴遺齋彝器款識考釋》[②]7卷18頁談道："前此諸家釋文，惟平定張石州（穆）依羅次球以四分周術推算，周世惟宣王十二年周正建子月乙酉朔丁亥爲月之三日，所考最爲精確。"第二種，利用文獻考知。方濬益《綴遺齋彝器款識考釋》4卷1頁依據《左傳·昭公四年》所載對成王方鼎銘"成王尊"三字加以考證，認爲此鼎爲康王所作。第三種，從文字構形分析。方濬益《綴遺齋彝器款識考釋》4卷2頁對大保鼎銘"大保鑄"三字進行了分析，他結合盂鼎字形特點，兩相對比，提出大保鼎與大盂鼎爲同時器。第四種，與相關器所載銘文進行聯繫考證。方濬益《綴遺齋彝器款識考釋》4卷2、3頁對旅鼎銘"隹公大保來伐反夷年"一語加以考證，聯繫中方鼎銘"伐反虎方之年"，并參考《左傳·昭公七年》《左傳·襄公三十年》兩篇内容，認爲"大保"召公伐叛夷之事發生在康王時期。

可以看出，清人已經開始考定某器成于某時以及採用一些具體方法來推測銅器的時代，這本身就是一大進步。晚清學者在金文研究中對銅器銘文斷代以及用繫聯的方法來劃分銘文所屬時代的做法，對後代的金文研究產生了積極的影響，也應是一種貢獻[③]。

在現代考古學被引入中國之後，青銅器斷代方法有了突飛猛進的變化。通過借用考古學分析陶器時的類型學和地層學斷代法，學者普遍對青銅器進行了年代排列，但由于青銅器本身性質與陶器差异較大，并不具有陶器那樣頻繁的連續性變化，所以其中還存在一些問題。

20世紀初，馬衡先生就較早利用器銘内容對青銅器進行斷代。他提出了銅器斷代的兩項標準，又列出了七件標準器[④]。其後又有多種斷代方法被提出，如吳其昌先生

① 趙誠：《二十世紀金文研究述要》，書海出版社，2003年，77頁。
② 方濬益：《綴遺齋彝器款識考釋》，商務印書館，1935年。
③ 趙誠：《二十世紀金文研究述要》，書海出版社，2003年，79頁。
④ 馬衡：《凡將齋金石叢稿》，中華書局，1977年，118～120頁。

的“曆朔斷代法”[①]；郭沫若先生的“標準器繫聯法”[②]；陳夢家先生提出的“分組法”[③]以及根據銘文和形制的内部聯繫來斷代的方法；唐蘭先生發表了《西周銅器斷代中的“康宫”問題》[④]，根據銘文中的“康宫”來斷代；李學勤先生則嘗試用窖藏銅器群作爲斷代的重要依據[⑤]，爲銅器的斷代研究開闢了新思路。

通過以上梳理，青銅器的斷代方法大體來説有以下幾種。

第一種，出土背景信息斷代法。這類方法曾經被稱爲考古地層學斷代法，學者通常依據各層位相對年代、同層位出土物、不同歷史時期墓葬的疊壓與打破關係對器類組合和器形特徵進行分期比較，以期得到所研究器物的前後時代次序。其實，對于那些有更豐富田野發掘信息的青銅器，還可以廣泛關注出土地的聚落形態、生産生活的遺迹、自然生物的環境變遷等，這些信息的綜合分析往往也可作爲判斷出土青銅器年代的重要手段。

第二種，器物類型學斷代法。這種方法在考古學中的使用最早是受生物分類學啟發，旨在通過考古遺址、遺迹的形態演變過程來描述遺存的文化性質。青銅器斷代研究中，學者希望建立各種器物形態發展的標準和序列，其中有關于器類器形方面的標準，如對器物功能、性質從整體上的分類，或對蓋部、口部、腹部、足部等不同形態的分型分式，也有關于紋樣裝飾方面的標準，如對獸面紋、鳳鳥紋、夔龍紋等動物類紋樣及弦紋、直棱紋、波曲紋等幾何類紋樣在不同時期的梳理排比，甚至有對扉棱、附珥、獸角等裝飾構件的分析歸納。類型學與地層學的相互結合也是青銅器斷代體系構建中最爲常見的綜合研究方法。

第三種，現代自然科學分析斷代法。研究者大多將青銅中所包含的銅、錫、鉛及其他微量元素的比例變化進行分析排隊，按時代先後確定出不同時期的比例特徵，進而推測出器物的大致時代順序，也有學者嘗試利用不同時代、不同地域、不同族屬鑄造工藝之間的差异進行斷代研究，但這類方法往往需要更多學科的共同參與，目前仍有許多工作要做。

第四種，銘文及文獻資料斷代法。應該説以上列舉的三種方法只能制定器物的早晚邏輯序列，對判斷青銅器鑄造的確切年代或王世基本沒有把握，對確定不同形態器物之間的間隔長短也無能爲力，而對青銅器銘文研究的不斷深入，無論是銘文内容的文獻對比研究，還是字形書體外在形態的類型學研究，都對全面推進青銅器斷代體系的成熟和完善有着舉足輕重的作用，也是我們在本書中嘗試突破的關鍵所在。

---

① 吳其昌：《金文曆朔疏證》，北京圖書館，2004年。

② 郭沫若：《兩周金文辭大系圖錄考釋》，上海書店出版社，1958年。

③ 陳夢家：《西周銅器斷代》，中華書局，2004年。

④ 唐蘭：《西周銅器斷代中的“康宫”問題》，《考古學報》1962年第1期。

⑤ 李學勤：《西周中期青銅器的重要標尺》，《新出青銅器研究》，文物出版社，1990年，83～93頁。

杜勇、沈長雲先生在《金文斷代方法探微》一書中提出了一個很重要的問題，"目前銅器類型學研究存在的較爲突出的第二個弊端，是對銅器銘文字體書風的研究普遍不夠重視"，"尤其是西周時期，青銅器銘文趨于鼎盛，銘文字體書風（包括章法佈局及書寫風範）呈現出許多形式的變化，焉能對其發展之迹掉以輕心"，"然而遺憾的是，我們在這方面所作的研究真是少的可憐"①。我們是認可這種說法的。儘管學界早已利用綜合考證來進行銅器斷代研究，但在争論的八十餘年中，大家關注的焦點主要還是集中在銘文内容和銅器形制兩方面。諸家對銅器器銘多限于其史料價值的考察，對金文文字形態的演變規律則較爲忽視。

在青銅器斷代工作中，學者常常從銘文的内容着手，對照歷史文獻找出可做青銅器斷代依據的所謂"標準器物"；學界亦早有共識，因具備直接斷代證據的青銅器并不多，故需要使用間接的方法來判斷青銅器年代。在實踐中，這種"標準器斷代法"是選擇一批與銘文内容有關聯的青銅器，以其中記載的事件、人物、地點等信息爲紐帶，進而組織成大小不一的青銅器群體，群體中那些時代明確的"標準器"就是承擔相互比對分析的關鍵點。關聯青銅器與"標準器"綜合比較的結果若屬横向關係，則有關聯的青銅器應該與"標準器"同一時代，如果與"標準器"屬于縱向的承接關係，那麼彼此的時代就屬于相續的不同王世。這種間接取證的方法，如果分析無誤，就可以最大限度地降低青銅器斷代的誤差。學者也會因爲銘文内容缺失重要信息而無法確定具體王世，一般亦採取將銅器置于相鄰兩個王世之間的辦法，習慣上可并稱兩個王世或"某某之際"，如"成康之世"與"昭穆之際"等②。

研究銘文内容，如果從文字學和歷史學角度看，這只是利用了文字的意義與史料部分，而銘文也是通過一定的文字形體實現其表達功能的，能否利用文字的形體和銘文的表現形式找出銅器的斷代標誌來，是使用古文字學方法爲銅器斷代的另一方面。儘管張振林先生早就指出"在利用文字的形體和表現形式方面曾有許多專著和論文報告談到過如下一些特點：殷商銅器上的族氏銘文象形意味很濃，商末周初多用肥筆，吳、越、楚、蔡喜用'錯金鳥書'，春秋鐘銘字多細長，而不少文章在試圖判斷個别銅器的年代時也零散提到書體風格或某些字的點畫結構或某些語詞文例與某些標準器相似"③，但是迄今爲止，整個學界利用文字形體和銘辭表現形式的分期成果對銅器進行斷代的系統深入研究仍顯得相當薄弱。

基于以上論述，我們提出"字體類型學斷代法"。此方法就是在分析西周金文

① 杜勇、沈長雲：《金文斷代方法探微》，人民出版社，2002年，146頁。

② 可參見陳夢家：《西周銅器斷代》，中華書局，2004年；馬承源等：《商周青銅器銘文選》，文物出版社，1986～1990年。

③ 張振林：《試論銅器銘文形式上的時代特徵》，《古文字研究》第5輯，中華書局，1981年，52頁。

字形書體演變規律的基礎之上，綜合銅器器形、紋飾、銘文内容、器類組合及其出土的地點、地層、埋藏方式等因素討論銅器的所屬時代。以下對此方法及其應用略作闡釋。

（1）研究步驟。應用“字體類型學斷代法”時，遵循如下步驟進行。第一步，確定所討論的銅器範圍。第二步，首先結合器銘的書風特徵、行款佈局及字體架構等因素進行綜合分析并加以分期；其次通過字頻統計和字體變化選取所研究的單字，從字體結構和形體筆勢兩個方面詳細分析該字形發展的時代差异，并聯繫所在銅器進行分類比較；在此基礎上將兩次分期的結果進行綜合後，以得出最終的分期結果。第三步，參照以上的字形書體分期并結合器形、紋飾、銘文内容、器類組合及其出土的地點、地層、埋藏方式等因素討論銅器的所屬時代。

（2）應用原則。由上可知，使用“字體類型學斷代法”進行銅器斷代時應遵循兩個原則：其一，單字的形體結構演變應與器銘的書風行款相結合；其二，“字體類型學斷代法”應與其他銅器斷代法相結合進行綜合研究。

（3）時代確定。在青銅器研究過程中，斷代的程度可以分爲兩種：一種是具體標明年月或日期；另一種則是標明所屬王世，能斷定具體年、月、日的銅器需要要素齊全的銘文記載。具備直接證據的銅器并不多，因此經常使用與它器繫聯等間接取證的方法來判斷青銅器年代。利用該方法進行金文分期或銅器斷代，仍是一種相對年代的判斷，在此基礎上推定的王世，僅指相當于某王前後，上下留有餘地。

第三節 西周部分争議青銅器的時代推定

目前學界圍繞時代討論較多的西周有銘銅器有100餘件（組）[①]（附表二），這些争議，有不少時代差异在三個王世以上，有的差异儘管在三個王世以内，但諸家往往各持一説，也有少量是因爲缺乏器圖或器圖模糊、失真及殘破而造成的時代不明或斷代過寬。限于篇幅，本節將選擇一部分銅器分爲西周前、後兩個階段進行討論。在討論中，以字形書體的型式爲觀察切入點（本章討論涉及各型式的時代推定可參見前文），綜合郭沫若、陳夢家、唐蘭、白川静、馬承源、李學勤、劉啟益、王世民、陳

① 自20世紀30年代始，西周銅器斷代領域存在所謂“康宫之争”，那時一些争議較多的銅器因爲新證據的出現及研究的深入，如今已經基本達成共識，如曶鼎、小臣謎簋等，本書就不再將其納入討論。

公柔、張長壽、彭裕商、吳鎮烽及張懋鎔師[①]等學者對器形、紋飾、銘文內容的分期斷代意見，以期展示金文字形書體對西周銅器斷代的意義，特別是對缺少器影綫圖的有銘銅器時代確定工作的重要價值。

需要說明的是，我們在斷代結果裏所談到的王世，僅是時代相當于或接近于，大多數情況下是希望在前輩學者斷代的基礎上，依據字形書體等劃分的標準再盡可能地細化一些。一些介于兩個王世之間的器物，我們用“之際”或并列兩王世標示。依據前幾章節分析得出的結論，從金文字形書體的角度判斷，我們認爲西周銅器可以分爲前、後兩個大階段，其分水嶺大約從共、懿之後，即傳統“三段說”所指的西周中期後段，以下就按照這個思路分兩部分展開探討。

一、西周前期

1. 覭公簋

覭公簋（《考古》2007年3期，圖版3.5），內底有銘文22字（圖7-1）。

關于此器年代，最早介紹此器的朱鳳翰撰文指出，成王世和康王世均不能排除，他更傾向于成王二十八年[②]，李學勤認爲是康王二十八年，李伯謙則同意成王時[③]，張懋鎔師也更傾向于成王時[④]，吳鎮烽認爲是西周早期前段。

從字形角度觀察，“公”屬于Aa型Ⅰ式，“厶”上兩弧筆之一從側邊伸出；

---

① 各位先生的具體觀點基本見于下列各類文獻，文中僅標明作者名而不一一列舉，偶散見于他處者另舉。本章提及人名較多，爲免羅列之嫌，一併省稱“先生”。郭沫若：《兩周金文辭大系圖錄考釋》，上海書店出版社，1958年；陳夢家：《西周銅器斷代》，中華書局，2004年；唐蘭：《西周青銅器銘文分代史徵》，中華書局，1986年；馬承源等：《商周青銅器銘文選》，文物出版社，1986～1990年；馬承源等：《中國青銅器研究》，上海古籍出版社，2002年；白川靜：《金文通釋》，白鶴美術館，1984年；李學勤：《新出青銅器研究》，文物出版社，1990年；李學勤：《日月有戠·夏商周年代學劄記》，遼寧大學出版社，1999年；劉啟益：《西周紀年》，廣東教育出版社，2002年；王世民、陳公柔、張長壽等：《西周青銅器分期斷代研究》，文物出版社，1999年；彭裕商：《西周青銅器年代綜合研究》，巴蜀書社，2003年；吳鎮烽：《商周青銅器銘文暨圖像集成》，上海古籍出版社，2012年；張懋鎔：《西周青銅器斷代兩系說芻議》，《古文字與青銅器論集》第二輯，科學出版社，2006年，177～203頁；張懋鎔：《試論西周青銅器演變的非均衡性問題》，《古文字與青銅器論集》第三輯，科學出版社，2010年。

② 朱鳳翰：《覭公簋與唐伯侯于晉》，《考古》2007年第3期；《簡論與西周年代學有關的幾件銅器》，《新出金文與西周歷史》，上海古籍出版社，2011年，33～36頁。

③ 李伯謙：《覭公簋與晉國早期歷史若干問題的再認識》，《中原文物》2009年第1期，50頁。

④ 張懋鎔：《回顧夏商周斷代工程——以西周王年研究爲例》，《古文字與青銅器論集》第四輯，科學出版社，2014年，165頁。

䚄公簋

公	鄭（女）	于	王	令	唯
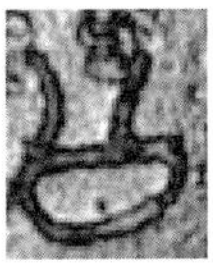					

圖7-1　䚄公簋圖像及高頻單字型式匯總

"鄭"的"女"旁可以參考，屬于Ⅰ式；"于"屬于B型Ⅰ式；"王"屬于B型Ⅰ式，字體傾斜；"令"屬于Ⅰ式，"卩"筆仍較長，但略直；"唯"較模糊，依稀可看出屬于Ⅰ式。

從書體角度觀察，此器屬于A型Ⅰ式。

䚄公簋形制，屬于任雪莉劃爲商周銅簋的甲Ab型Ⅲ式，流行于二期早段[①]。此簋侈口方唇，腹微鼓，圈足較高，頸部飾圓渦紋及夔紋，形制與出于陝西岐山縣賀家村西周墓的史䛗簋（《文物》1972年6期，圖五）類似，但圈足更高，腹壁略直，史䛗簋是康王時器，䚄公簋的時代特徵應該更早些，大致是成、康之際。綜合字形書體而言，䚄公簋應該是成王二十八年器。

2. 士上器

士上器組傳1929年出于河南洛陽邙山馬坡，目前發現有士上尊（《集成》05999）、士上卣（《集成》05421、《集成》05422）及士上盉（《集成》09454）四器。

關于士上器組的年代，陳夢家、白川靜認爲是成王世，馬承源認爲是康王或昭王時，劉啟益認爲是成康之際，王世民等人及彭裕商均認爲屬于昭王世，張懋鎔師認爲屬于早期偏晚，吳鎮烽認爲是西周早期。

士上尊（《集成》05999），內底存37字（圖7-2）。

① 任雪莉：《中國古代青銅器整理與研究·青銅簋卷》，科學出版社，2016年，97頁。

士上尊

隹	王	于	令	障	彝	既

圖7-2　士上尊圖像及高頻單字型式匯總

從字形角度觀察，“隹”屬于A型Ⅱ式，與縈簋（《集成》04241）“隹”接近；“王”最下一横筆較Ⅰ式細些，兩端出尖略圓鈍，屬于C型Ⅱ式；“于”屬于B型Ⅱ式，竪筆的末端仍可略見肥筆出鋒；“既”屬于Ⅲ式，跽跪的人形已起身，象徵下肢的筆畫仍有些許曲折，與憲鼎（《集成》02749）“既”相似；“令”的“卩”旁雖仍蜷曲成三道彎，但身體已站起，形態上比堇鼎（《集成》02703）的Ⅰ式“令”要晚些；“障”屬于Aa型Ⅰ式向Aa型Ⅱ式過渡階段，“酉”尖底略顯圓鈍；“彝”也屬于A型Ⅰ式向A型Ⅱ式的過渡階段。

從書體角度觀察，本器銘屬于A型Ⅱ式。

士上卣（《集成》05421、《集成》05422）兩器同銘，均爲50字（圖7-3）。

從字形角度觀察，《集成》05421的器銘中，“隹”屬于A型Ⅱ式；“王”屬于C型Ⅱ式；“于”屬于B型Ⅱ式；“既”屬于Ⅱ式；“令”屬于Ⅰ式；“史”屬于Ⅱ式風格；《集成》05421蓋銘的“寶”屬于Ba型Ⅱ式，《集成》05422器銘的“寶”則屬于Ca型Ⅱ式；《集成》05421的器、蓋銘“障”則均屬于Ba型Ⅱ式；《集成》05421的器銘“彝”屬于A型Ⅱ式。

從書體角度觀察，本組器銘均屬于Aa型Ⅱ式。

士上盉（《集成》09454），鋬内鑄銘文4字，蓋内鑄銘文46字（圖7-4）。

從字形角度觀察，蓋銘“隹”屬于A型Ⅱ式；“王”屬于B型Ⅱ式；“于”屬于B型Ⅱ式；“既”屬于Ⅱ式；“令”屬于Ⅱ式，接近小臣謎簋（《集成》04238）“令”

士上卣

士上卣

隹	王	于	令	史

寶	寶	既	隫	彝

圖7-3　士上卣圖像及高頻單字型式匯總

的寫法；“史”屬于Ⅱ式；“寶”屬于甲Ab型；“隫”則均屬于Ba型Ⅱ式；“彝”屬于A型Ⅱ式。

從書體角度觀察，本器銘屬于A型Ⅱ式。

這四件器銘的字形書體，絕大多數時代特徵指向一期晚段，僅有個別如“令”字屬于Ⅰ式，而如士上卣，橫截面呈橢圓形，下腹外鼓略傾垂，蓋沿和器口飾顧首花冠龍紋，應是西周中期流行的風格，蓋上和器腹均飾象紋，圈足飾蛇紋，均以雲雷紋填地，風格又偏早些。士上器組少量殘存保守因素，但新興特徵又很明顯，綜合來看，仍將其置于西周早期偏晚比較合適。士上器組大致相當于昭王時期。

3. 魯侯簋

魯侯簋（《集成》04029），內底鑄銘文22字（圖7-5）。

關于本器年代，郭沫若、劉啟益、白川靜認爲是成王世，馬承源認爲屬于康王時

士上盉

隹	王	于	令	隮	彝	既	史
				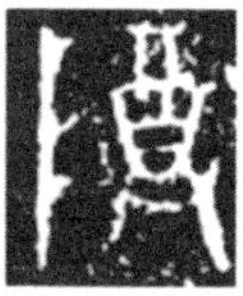	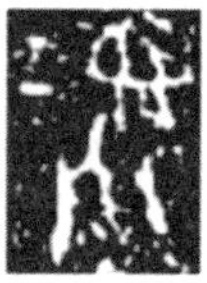		

圖7-4　士上盉圖像及高頻單字型式匯總

魯侯簋

唯	王	令	公	彝

圖7-5　魯侯簋圖像及高頻單字型式匯總

期，唐蘭置于康昭之際，彭裕商認爲是昭王，吳鎮烽認爲屬于西周早期，張懋鎔師則認爲屬于康昭之際。

從字形角度觀察，“唯”屬于Ⅱ式，與誎簋（《集成》03950）“唯”相似；“王”屬于B型Ⅱ式的樣式，最下一橫筆仍稍顯粗；“令”“卩”像人兩膝完全離地，伸腰挺身，與班簋（《集成》04341）“令”近似，應是Ⅲ式；“公”屬于Aa型Ⅱ式向Aa型Ⅲ式過渡階段，“厶”上兩豎筆明顯内凹，間距靠近，比𠭯鼎（《集成》02740）“公”形態要晚些；“彝”屬于A型Ⅱ式到A型Ⅲ式的過渡階段，“廾”和頸部兩點的形態比㹒馭簋（《集成》03976）“彝”稍晚些，更接近豐尊（《集成》05996）“彝”的形態。

從書體角度觀察，本器銘屬于B型Ⅱ式。

本器定名我們沿用《殷周金文集成》稱“簋”，但實際上這件器物造型殊异，器身通體素面，幾乎不見紋飾。口沿下兩側有簋所常見的獸首鋬耳，鋬下甚至還有垂曳至底的尾形裝飾作珥；整體卻又似筒狀尊，腹部以下又像是套了一方座，座内腹中空，故也有學者稱其爲魯侯尊①。任雪莉博士《中國古代青銅器整理與研究·青銅簋卷》專有一節討論此器的類別、定名及年代，指出其喇叭狀的大敞口和筒狀深腹應是尊所具備的特點，年代大約在昭王時期②。這一判斷是可信的，結合其字形書體總是指向第二、三期的過渡特徵，我們認爲其年代在昭穆之際。

4. 叔䏌方尊、叔䏌方彝

叔䏌方尊（《集成》05962）、叔䏌方彝（《集成》09888）。後者1960年出土于河南洛陽馬坡，前者現藏海外，可能也是此地流出。兩器同銘，各12字（圖7-6）。

關于此器組年代，唐蘭認爲是康昭之際，李學勤、王世民等、彭裕商、張懋鎔師均認爲是昭王時，劉啟益認爲是成王世，吳鎮烽認爲是西周早期。

從字形角度觀察，方尊與方彝的“易”均屬于Bb型Ⅱ式，但與旟鼎（《集成》02704）相似，時代稍晚些；“于”均屬于A型Ⅱ式，“亏”形偏旁頂端横筆較長，與史話簋（《集成》04030）相似；“王”均屬于A型Ⅱ式；“寶”均屬于Ba型Ⅱ式；“隮”均屬于Bb型Ⅰ式；“彝”屬于A型Ⅰ式向A型Ⅱ式過渡階段。

從書體角度觀察，方尊與方彝銘均屬于B型Ⅱ式。

方尊與方彝通體裝飾繁密，飾鳥紋、仰葉紋、倒置獸面紋、下卷角獸面紋，且均以雲雷紋填地，風格保守，但兩器腹均呈鼓腹略顯傾垂之勢，器形上的時代特徵稍晚，綜合各方面因素，我們認爲其器組屬于康昭之際。

5. 作冊夨令器組

作冊夨令器組據説是1929年出土于洛陽邙山馬坡，銘末均綴有族徽“雋冊”，器

① 彭裕商：《西周青銅器年代綜合研究》，巴蜀書社，2003年，276頁。

② 任雪莉：《中國古代青銅器整理與研究·青銅簋卷》，科學出版社，2016年，258頁。

叔䚄方尊

叔䚄方彝

易	于	王	寶	障	彝
 《集成》05962	 《集成》05962	 《集成》05962	 《集成》05962	 《集成》05962	 《集成》05962
 《集成》09888	 《集成》09888	 《集成》09888	 《集成》09888	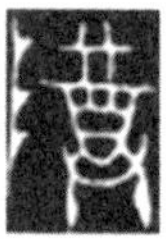 《集成》09888	 《集成》09888

圖7-6　叔䚄方器圖像及高頻單字型式匯總

主均稱“作冊（矢）令”，包括作冊令方尊（《集成》06016）、作冊令方彝（《集成》09901），兩器同銘，方彝的器、蓋同銘，内底有銘文186字；作冊矢令簋（《集成》04300）、作冊矢令簋（《集成》04301），兩器同銘，内底有銘文110字；另有一件令盤（《集成》10065），亦有族徽“雋冊”，父曰名亦作“丁”，應該也是同人之器，器内底有銘文6字（圖7-7）。

關于此器組時代，歷來多有争議，郭沫若、陳夢家認爲是成王時期；近年杜勇、沈長雲也贊成郭説[①]；唐蘭、李學勤、馬承源、彭裕商、張懋鎔師認爲是昭王時期；劉啟益認爲是康王時期；王世民等認爲方尊、方彝是昭王時期，簋是康昭之際；吴鎮烽認爲是西周早期。

從字形角度觀察，作冊令方彝（《集成》09901）蓋銘的“隹”屬于B型Ⅰ式向B型Ⅱ式的過渡階段，鳥的羽翅抬高，基本形態與寧鼎（《集成》02741）“隹”相似，但鳥足仍略有Ⅰ式的特徵，作冊矢令簋（《集成》04300、《集成》04301）的“隹”

① 杜勇、沈長雲：《金文斷代方法探微》，人民出版社，2002年，155、156頁。

作冊令方尊

作冊令方彝

作冊夨令簋

作冊夨令簋

令盤

隹	王	令	公	子	于
《集成》09901 《集成》04301	《集成》09901 《集成》04301	《集成》09901 《集成》04300	《集成》09901 《集成》06016 《集成》04300	《集成》09901	《集成》09901 《集成》06016

事（史）	既	易	女	敢	揚
《集成》09901	《集成》09901	《集成》09901	《集成》09901 《集成》06016	《集成》09901	《集成》09901

寶	障	彝	兄	永
《集成》09901 《集成》04300 《集成》06016	《集成》09901 《集成》04300	《集成》09901	《集成》04300	《集成》04300

圖7-7　作冊夨令器圖像及高頻單字型式匯總

則屬于B型Ⅱ式；作冊令方彝（《集成》09901）“王”屬于C型Ⅱ式，與遣卣（《集成》05402）“王”相似，作冊夨令簋（《集成》04300、《集成》04301）的“王”則屬于B型Ⅱ式；作冊夨令簋（《集成》04300、《集成》04301）、令盤（《集成》10065）的“令”屬于Ⅱ式，與大盂鼎（《集成》02837）“令”相似，作冊令方尊（《集成》06016）、作冊令方彝（《集成》09901）“令”的時代特徵較早，屬于Ⅰ式；作冊令方尊（《集成》06016）“公”屬于Aa型Ⅲ式，作冊夨令簋（《集成》04300、《集成》04301）、作冊令方彝（《集成》09901）“公”屬于Ab型Ⅱ式；作冊夨令簋（《集成》04300、《集成》04301）、作冊令方彝（《集成》09901）“子”屬于Ⅱ式；“事”可依“史”參考，四器銘“事”的“史”旁均屬于Ⅱ式；作冊令方尊（《集成》06016）“于”屬于A型Ⅱ式，與史𦧞簋（《集成》04030）“于”近似，而與Ⅰ式的𡎸方鼎（《集成》02739）“于”不同；作冊令方尊（《集成》06016）、作冊令方彝（《集成》09901）“既”屬于Ⅰ式與Ⅱ式的過渡階段，膝部轉折筆畫比Ⅰ式如作冊大鼎（《集成》02760）“既”要圓鈍柔和一些，作冊夨令簋（《集成》04300、《集成》04301）“既”屬于Ⅱ式；作冊令方尊（《集成》06016）、作冊令方彝（《集成》09901）的“昜”屬于Bb型Ⅱ式，與旟鼎（《集成》02704）“昜”相似；作冊令方尊（《集成》06016）、作冊令方彝（《集成》09901）的“女”時代特徵較早，屬于Ⅰ式；四器銘“敢”的時代特徵屬于A型Ⅰ式，與大盂鼎（《集成》02837）“敢”類似；作冊令方尊（《集成》06016）、作冊令方彝（《集成》09901）的“揚”屬于A型Ⅰ式，但所从“日”旁形狀趨圓，與小臣宅簋（《集成》04201）“揚”相似；作冊夨令簋（《集成》04300、《集成》04301）“寶”屬于Ba型Ⅱ式，作冊令方尊（《集成》06016）、作冊令方彝（《集成》09901）“寶”則屬于Aa型Ⅱ式；作冊令方尊（《集成》06016）、作冊令方彝（《集成》09901）“障”屬于Aa型Ⅱ式，觀察“障”細部，“酉”底趨于圜形，“阜”開始出現[illegible]形，均是較晚特徵，而作冊夨令簋（《集成》04300、《集成》04301）“障”則屬于Bb型Ⅰ式，與作冊折觥（《集成》09303）“障”相似；作冊令方尊（《集成》06016）、作冊令方彝（《集成》09901）“彝”屬于A型Ⅱ式；作冊夨令簋（《集成》04300、《集成》04301）“兄”屬于Ⅰ式；作冊夨令簋（《集成》04300、《集成》04301）“永”屬于Ⅰ式，與小臣宅簋（《集成》04201）“永”相似。

從書體角度觀察，此組器銘中，作冊夨令簋（《集成》04300）屬于C型Ⅱ式，其餘屬于B型Ⅱ式。

此器組器形、紋飾、器銘字形書體等要素存在演變不均衡的關係，張懋鎔師已有詳細論述[①]。從字形方面看，儘管有些夨令器銘裏如“隹”“既”等字風格偏早，但如

① 張懋鎔：《試論西周青銅器演變的非均衡性問題》，《古文字與青銅器論集》第三輯，科學出版社，2010年，107～127頁。

"公""隮"等字亦屬于西周金文字形演變的第二期，這種不均衡的現象導致諸家對其进行時代判斷時容易"只見樹木不見森林"，結合以上字形書體的型式分析，我們認爲其時代最晚的特徵流行于昭王時，故置于此時較爲合適。

6. 小臣傳簋

小臣傳簋（《集成》04206）。此器無圖影，學者通常依阮元《山左金石志》"形如博古16.23巳丁敦"而定爲簋，内底有銘文52字。

關于此器年代，陳夢家認爲是成王時，唐蘭認爲是穆王時，馬承源認爲是康王或昭王時，彭裕商認爲是昭王時，吳鎮烽認爲是西周早期。

從字形角度觀察，"隹"的鳥喙與鳥首的筆畫逐漸抽象化，接近"U"形，屬于B型Ⅱ式向B型Ⅲ式的過渡階段；"既"屬于Ⅲ式；"王"屬于C型Ⅱ式；"令"屬于Ⅱ式，與小臣謎簋（《集成》04238）"令"相似；"考"屬于Ⅱ式與Ⅲ式過渡階段，與盠駒尊（《集成》06011）"考"近似；"寶"屬于Ca型Ⅱ式（圖7-8）。

隹	既	令	考	寶

圖7-8　小臣傳簋高頻單字型式匯總

從書體角度觀察，小臣傳簋器銘屬于A型Ⅱ式。

本器未見圖影，根據字形書體判斷，時代應在昭穆之際。

7. 御正衛簋

御正衛簋（《集成》04044），内底有銘文23字（圖7-9）。

關于此器年代，郭沫若、吳鎮烽認爲是成王時，陳夢家認爲是成王或康王時，唐蘭、張懋鎔師認爲是昭王時，白川靜認爲是康昭之際，劉啟益、彭裕商認爲是穆王時，王世民等認爲是康王前後。

從字形角度觀察，"正"屬于Ⅲ式，與標本競卣（《集成》05425）"正"相似；"馬"屬于Ⅲ式，與犾馭觥蓋（《集成》09300）"馬"相似；"王"屬于A型Ⅱ式，與雪鼎（《集成》02740）"王"的寫法相似；"隮"屬于Bb型Ⅱ式，與𢦚簋（《集成》04322）"隮"的寫法相似；"彝"屬于B型Ⅱ式，也與𢦚方鼎（《集成》02824）"彝"相似；"寶"屬于Aa型Ⅱ式向Aa型Ⅲ式過渡階段。

從書體角度觀察，御正衛簋器銘屬于B型Ⅲ式。

本器侈口，束頸，鼓腹，有長方形垂珥，圈足外侈但略高，器形上有成康時期簋的某些特徵，但其垂珥的形態正如任雪莉博士所言，實際上這是單體獸母題中鉤耳閉

御正衛簋

正	馬	王	障	彝	寶

圖7-9　御正衛簋圖像及高頻單字型式匯總

合後的樣子[1]，大體屬于商周環耳簋的第三期，相當于穆王時期；此外，頸飾顧首夔龍紋，圈足飾一條弦紋，卻是西周早期後段至中期前段流行風格，結合字形書體判斷，應是穆王時器。

8. 臣諫簋

臣諫簋（《集成》04237），器內底現存有銘文62字（圖7-10）。

臣諫簋

隹	于	令	母（女）	子	考	寶	障

圖7-10　臣諫簋圖像及高頻單字型式匯總

① 任雪莉：《中國古代青銅器整理與研究 · 青銅簋卷》，科學出版社，2016年，106頁。

關于此器的年代，李學勤認爲是成康之際，馬承源、劉啟益認爲是康王世，王世民等認爲是西周早期，彭裕商認爲是昭穆之際，吳鎮烽則認爲是西周中期前段。

從字形角度觀察，“隹”屬于B型Ⅱ式，與雪鼎（《集成》02741）“隹”相似；“于”屬于B型Ⅱ式，與大盂鼎（《集成》02837）“于”相似；“令”屬于Ⅱ式，與大盂鼎（《集成》02837）“令”相似，“卩”豎筆稍長；“王”屬于B型Ⅱ式；無“女”字，可參“母”的寫法，屬于Ⅲ式，與彔戜卣（《新收》1961）“女”相似；“子”屬于Ⅳ式，與戜方鼎（《集成》02824）“子”相似；“考”屬于Ⅱ式，與盠駒尊（《集成》06011）“考”大體相似；“寶”屬于Bb型Ⅱ式，與大盂鼎（《集成》02837）“寶”相似；“障”屬于Aa型Ⅱ式，“障”與㕭馭簋（《集成》03976）“障”相似。

從書體角度觀察，此器銘屬于Aa型Ⅲ式。

臣諫簋侈口，束頸，鼓腹圈足，半環耳下有長方形垂珥，腹飾象紋，圈足飾蛇紋，與其形制類似的還有昭王時期的榮簋。綜合字形書體的特徵來看，其時代應在穆王時期。

9. 司鼎

司鼎（《集成》02659）。1929年出于河南洛陽[①]，內壁有銘文22字（圖7-11）。

司鼎

王	于	公	蔑	易

圖7-11　司鼎圖像及高頻單字型式匯總

關于本器年代，陳夢家認爲是成、康年間，白川靜認爲是成王時，唐蘭、馬承

① 見于羅振玉撰集：《貞松堂集古遺文補遺》三卷，1931年原刻本。

源、劉啟益、彭裕商均指昭王世，吳鎮烽認爲是西周早期，張懋鎔師則認爲稍晚至昭穆之際。

從字形角度觀察，“王”是B型Ⅱ式向B型Ⅲ式過渡的樣式，最下一弧筆比遣尊（《集成》05992）“王”更細；“于”的豎筆末端未彎曲，但兩横筆間距縮小，肥筆基本不見，應當比B型Ⅱ式晚些；“公”應是介于Aa型Ⅲ式與Aa型Ⅳ之間，“厶”上兩豎筆較䚄鼎（《集成》02740）“公”短些，間距也較近；“蔑”是Aa型Ⅱ式向A型Ⅲ式過渡的樣式，更接近後者；“易”也是Bb型Ⅱ式向Bb型Ⅲ式過渡的樣式，右側偏旁的鋬形圈縮小。

從書體角度觀察，本銘則屬于A型Ⅱ樣式。綜合字形書體，時代特徵均指向昭、穆兩世，但不會晚至穆王中晚期。

本器下腹向外傾垂，三柱足較矮，僅飾兩道弦紋，器形、紋飾均是西周早期後段典型風格。綜合字形書體、器形紋飾來看，將司鼎置于昭、穆之際或略晚的穆王初年是合適的。

10. 小臣靜卣

小臣靜卣（《新收》1960）。舊稱簋，現據《新收》改爲卣，內底有銘文31字。

關于此器的年代，郭沫若、唐蘭、馬承源、劉啟益認爲是穆王時，陳夢家認爲是成、康時期，彭裕商、張懋鎔師認爲是昭王世，吳鎮烽認爲是西周早期，白川靜認爲是昭穆之際，吳鎮烽認爲是西周早期。

從字形角度觀察，“隹”屬于B型Ⅱ式，與䚄鼎（《集成》02741）“隹”相似；文中第一個“王”屬于B型Ⅱ式向B型Ⅲ式的過渡節段，最下一弧筆較細，第二個“王”則屬于A型Ⅱ式；“易”爲A型，此型流行的時代較早；“揚”屬于A型Ⅱ式向A型Ⅲ式過渡階段，但更接近A型Ⅲ式，其所从“昜”上“日”形較圓，右邊的“丮”身形比Ⅱ式略直；“子”屬于Ⅲ式，與旟鼎（《集成》02704）“子”相似；“寶”屬于Ba型Ⅳ式，比㦰方鼎（《集成》02824）的“宀”旁兩檐角稍圓鈍，形態風格略晚；“障”屬于Aa型Ⅱ式向Aa型Ⅲ式過渡的階段，比㚇馭簋（《集成》03976）“障”的“酉”底略尖；“彝”屬于A型Ⅰ式，是較早的形態（圖7-12）。

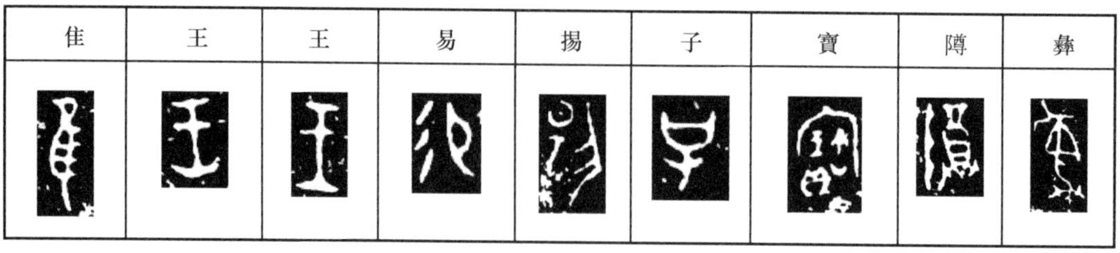

圖7-12　小臣靜卣高頻單字型式匯總

從書體角度觀察，本器銘屬于A型Ⅱ式。

本器未見圖影，根據字形書體判斷，時代應在穆王中期。

11. 庚嬴卣

庚嬴卣（《集成》05426）。蓋、器同銘，各有53字（圖7-13）。

庚嬴卣

隹	于	王	揚	易	寶

障	既	子	彝	永	蔑

圖7-13　庚嬴卣圖像及高頻單字型式匯總

關于此器時代，郭沫若、陳夢家、馬承源均認爲是康王世，王世民等認爲是西周早期偏晚，白川靜認爲是昭王時，唐蘭、劉啟益、彭裕商、張懋鎔師則認爲是穆王時，吳鎮烽認爲是西周中期前段。

從字形角度觀察，“隹”屬于B型Ⅲ式；“王”屬于C型Ⅱ式；“既”屬于Ⅲ式；“于”屬于B型Ⅲ式；“蔑”屬于B型；“易”屬于Bb型Ⅲ式，與班簋（《集成》04341）“易”相似；“揚”屬于A型Ⅲ式；“寶”屬于Bb型Ⅲ式；“障”屬于Bb型Ⅱ式，與彧簋（《集成》04322）“障”相似；“彝”屬于B型Ⅱ式；“子”屬于Ⅲ式，與彧方鼎（《集成》02824）“子”相似；“永”屬于Ⅱ式。

從書體角度觀察，庚贏卣器銘屬于B型Ⅲ式，這類書體正是由康王晚年大盂鼎的書風演進而來。

本器爲橢圓體，下腹向外傾垂，圈足較矮且外侈，蓋兩端有犄角，器腹飾相對的鳳鳥紋，口沿及圈足飾分尾鳥紋，此類器形、紋飾正是穆王時常見，故綜合來看，庚贏卣亦屬穆王時器。

12. 盂卣

盂卣（《集成》05399），蓋内有銘文3字，器内底有銘文22字（圖7-14）。

盂卣

公	彝	揚	障	寶

圖7-14　盂卣圖像及高頻單字型式匯總

關于此器年代，郭沫若、唐蘭、馬承源均認爲是康王時，陳夢家認爲是成王時，張懋鎔師認爲是昭穆之際①，彭裕商認爲是穆王時，吳鎮烽認爲是西周早期。

從字形角度觀察，“公”屬于Ba型Ⅱ式，與盠方彝（《集成》09900）“公”的寫法相似；“揚”屬于A型Ⅱ式向A型Ⅲ式的過渡階段，“卩”旁與小臣宅簋（《集成》04201）“卩”相似，但“日”旁更圓些；“彝”屬于B型Ⅱ式，“寶”屬于Ba型Ⅳ式，與㦰方鼎（《集成》02824）“寶”類似；“障”屬于Ab型Ⅰ式，但“廾”旁兩手略微粘連，類似于Bb型Ⅱ式，肥筆出鋒仍有，“酉”頂與其上豎筆分離，但其底部仍較尖，整體形態與過伯簋（《集成》03907）“障”及㦰簋（《集成》04322）“障”的

① 張懋鎔：《試論西周金文中同名人物的區分》，《古文字研究》第29輯，中華書局，2012年，252頁。

特徵均有類似之處。我們在討論“障”Ab型演變規律時談到，此亞型“酉”頂與其上豎筆的形態是先分離後粘連再分離的一個變化過程，盂卣的“障”即是第一階段，大致相當于昭、穆兩世。

從書體角度觀察，此器銘屬于B型Ⅲ式。

盂卣爲橢方體，下腹已經略顯傾垂，圈足矮侈，是西周中期前段流行的風格，不會早至康王。張懋鎔師早已在《試論西周金文中同名人物的區分》一文中辨析了雖同名“盂”，但盂卣要比康王時的盂鼎及更早的盂爵晚一些，此“盂”非彼“盂”。綜合來看，我們認爲盂卣應是穆王時器。

13. 親簋

親簋（《中國歷史文物》2006年3期，封2），器內底有銘文110字（圖7-15）。

親簋

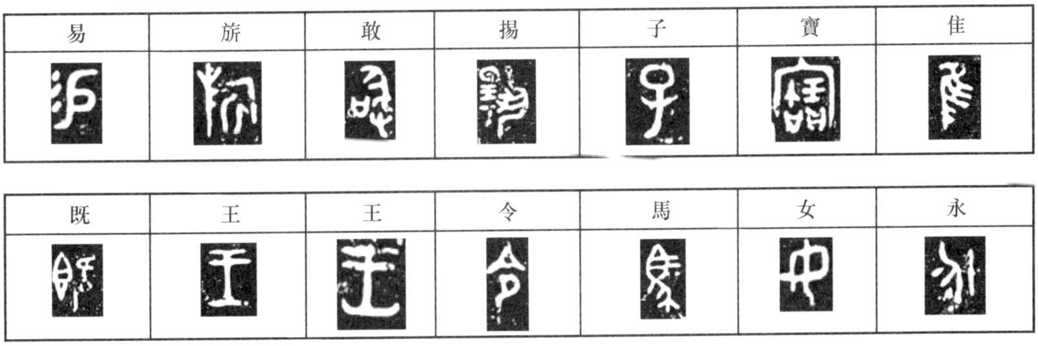

圖7-15　親簋圖像及高頻單字型式匯總

關于此器年代，近來爭議頗多。起初以李學勤爲代表，學界多認爲其爲穆王時器，後來韓巍、王占奎分別撰文提出質疑，認爲其時代晚些，乃共王二十四年器[1]，吳鎮烽則將其歸入西周中期。

從字形角度觀察，“隹”屬于B型Ⅲ式，儘管其羽翅筆畫與B型Ⅳ式相似，但腹部

① 韓巍：《親簋年代及相關問題》，《新出金文與西周歷史》，上海古籍出版社，2011年，56-70頁；王占奎：《2003年以來所見西周曆日擬年》，《古文字與古代史》第三輯，台灣“中央研究院”歷史語言研究所，2012年，192頁。

筆畫截然不同；“既”屬于Ⅳ式，與裘衛簋（《集成》04256）“既”相似；“王”屬于C型Ⅱ式，與遣卣（《集成》05402）“王”相似，但最下一筆略細；“令”屬于Ⅳ式，與班簋（《集成》04341）“令”相似；“馬”屬于Ⅲ式，與盠方彝（《集成》09899）“馬”相似，眼角略尖；“女”屬于Ⅲ式，與彔𢦏卣（《新收》1961）“女”相似；“易”屬于Bb型Ⅲ式，與班簋（《集成》04341）“易”相似；“旂”屬于Ⅱ式向Ⅲ式過渡階段，旗面轉角爲直角，略帶肥筆；“敢”屬于B型Ⅱ式，與裘衛簋（《集成》04256）“敢”相似；“揚”屬于A型Ⅲ式，與剌鼎（《集成》02776）“揚”的寫法相似；“子”屬于Ⅳ式，豎筆末端略帶肥筆出鋒，與𢦏方鼎（《集成》02824）“子”相似；“寶”屬于Ba型Ⅴ式，與裘衛簋（《集成》04256）“寶”的寫法相似；“永”屬于A型Ⅱ式，參考“永”B型的形態，亦與獄簋（《考古與文物》2006年6期，59頁圖2）的“永”旁寫法相似。

從書體角度觀察，此器銘屬于Ab型Ⅲ式。

張懋鎔師在《新見金文與穆王銅器斷代》一文中，已詳細辨析了親簋的器形、紋飾、銘文的特徵關係[①]。綜合以上對字形書體的型式分析，我們認爲親簋正處于本書所劃分西周字形書體發展的第二期，至少從這個角度來看，該器尚未進入第三期即共王時期，因此，將其置于穆王二十四年是合適的。

值得注意的是，對親簋這類時代特徵複雜的器銘，單憑某些孤證和舊有印象是有可能出現斷代誤差的。觀察其字形書體還是需要放在一個獨立的科學體系下，全面搜集高頻單字及器銘書體樣本，採用類型學方法劃分型式并與時代相對明確的標本器一一對照。從我們對西周一朝字形書體的梳理可以看出，穆王時期的型式是非常多樣化的，與其他王世有着比較明顯的差异。字形書體的這種轉變并非一朝一夕完成的，從前幾章的論述可知，轉變過程大約從昭穆之際開始至穆共之際仍未完全穩定。這種持續的震蕩恐怕也會影響研究者的客觀判斷，而將一些新因素擴大化而得出某一器銘時代偏晚的結論。我們以上列舉親簋各個高頻單字的型式并將其置于西周完整的字形書體發展譜系中對比，其結論仍舊是該器字形書體的時代特徵契合穆王世而遠于之後的共、懿等世。

14. 寓鼎

寓鼎（《集成》02756），内壁有銘文41字（圖7-16）。

關于此器的年代，陳夢家認爲是昭王時，馬承源提出西周中期，劉啟益、彭裕商認爲是穆王世，吳鎮烽認爲是西周中期前段。

從字形角度觀察，“隹”屬于B型Ⅲ式到B型Ⅳ式過渡階段，與班簋（《集成》

① 張懋鎔：《新見金文與穆王銅器斷代》，《古文字與青銅器論集》第四輯，科學出版社，2014年，97～99頁。

寓鼎

隹	既	王	史	昜	隮
		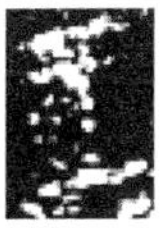			

圖7-16　寓鼎圖像及高頻單字型式匯總

04341）“隹”相似，但鳥的胸腹部筆畫與稍晚些的九年衛鼎（《集成》02831）“隹”寫法接近；“既”屬于Ⅳ式，形態與裘衛簋（《集成》04256）“既”相似；“王”介于B型Ⅱ式與B型Ⅲ式之間，比遣尊（《集成》05992）“王”最下一弧筆更細些，時代應稍晚；“史”屬于Ⅲ式；“昜”屬于Bb型Ⅲ式，與班簋（《集成》04341）“昜”相似；“隮”的形態更接近Ab型Ⅲ式，與史牆盤（《集成》10175）“隮”相比，只是“酉”肩略寬，底略尖。

從書體角度觀察，寓鼎器銘屬于B型Ⅲ式。

寓鼎腹部已趨于傾垂，底部平，柱足細，附耳高出口沿，口沿下飾分尾鳥紋，綜合各方因素，我們認爲其屬于穆共之際，最晚可進入共王初年。

15. 趞簋

趞簋（《集成》04266），内底有銘文80字（圖7-17）。

關于此器年代，郭沫若、唐蘭、馬承源均認爲是穆王時，彭裕商認爲是孝、夷、厲時期，吳鎮烽認爲是西周中期。

從字形角度觀察，“唯”屬于Ⅲ式，“王”屬于B型Ⅲ式向B型Ⅳ式過渡階段，與豐卣（《集成》05403）“王”類似，最下一弧筆稍細；“于”屬于B型Ⅲ式，但兩横筆比彧簋（《集成》04322）“于”略寬，時代應稍早；“史”屬于Ⅲ式，與彧方鼎（《集成》02789）相似；“命”的“令”旁可以參考，屬于Ⅳ式，與班簋（《集成》04341）“令”相似，“卩”旁豎筆較直；“女”屬于Ⅲ式，與彔彧卣（《新收》

趞簋

唯	王	于	史	馬	易	旂	揚

命（令）	女	寶	障	子
				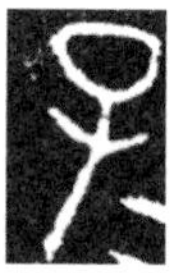

圖7-17　趞簋圖像及高頻單字型式匯總

1961）“女”相似；“馬”屬于Ⅳ式，與虎簋蓋（《新收》633）寫法類似，但眼角更加圓鈍，時代當晚些；“易”屬于Bb型Ⅲ式，與班簋（《集成》04341）“易”相似；“旂”屬于Ⅱ式向Ⅲ式過渡階段，旗面轉角呈弧綫，與師旂鼎（《集成》02809）“旂”相比，時代特徵較晚些；“揚”屬于A型Ⅲ式；“障”屬于Ab型Ⅱ式，但比史牆盤（《集成》10175）“障”的“酉”所表現的酒尊更象形化；“子”屬于Ⅴ式；“寶”屬于Ca型Ⅳ式，與Cd型Ⅰ式的𣄨簋（《集成》03700）“寶”相似。

從書體角度觀察，此器銘屬于A型Ⅲ式。

本器舊説爲鼎，實則是簋。腹部寬侈低矮，獸首耳下有鈎狀珥，頸部飾垂冠顧首夔龍紋，是西周中期的流行特徵，綜合字形書體判斷，趞簋不晚于共懿，應是穆共之際器。

二、西周後期

16. 井鼎

井鼎（《集成》02720），内壁有銘文30字（圖7-18）。

井鼎

隹	于	王	揚	易	隮	寶	鼎

圖7-18　井鼎圖像及高頻單字型式匯總

關于此器的年代，陳夢家認爲是昭王世，唐蘭、彭裕商認爲是穆王時，馬承源認爲是西周中期，吴鎮烽認爲是西周中期前段。

從字形角度觀察，“隹”屬于B型Ⅳ式；“王”屬于B型Ⅲ式向B型Ⅳ式過渡階段，最下一筆弧綫比豐卣（《集成》05403）“王”細些，上邊兩横筆間距卻比師𩛥鼎（《集成》02830）略寬；“于”屬于B型Ⅲ式，與㦰簋（《集成》04322）“于”寫法接近；“易”屬于Bb型Ⅳ式；“揚”屬于A型Ⅲ式，與剌鼎（《集成》02776）“揚”寫法相似；“寶”屬于Ab型Ⅵ式，“貝”上部開口比史喪尊（《集成》05960）的略大；“隮”屬于Ba型Ⅲ式，與剌鼎（《集成》02776）“隮”寫法相似；“鼎”屬于Aa型Ⅳ式。

從書體角度觀察，井鼎器銘屬于B型Ⅲ式，并且有較清晰的界格。

此器整體形制與上文寓鼎相似，紋飾更簡，器腹傾垂，綜合考慮，應該是共王時器。

17. 大簋

大簋（《商周》05170），器内底有銘文40字（圖7-19）。

關于此器的年代，大多認爲屬于西周中晚期，但比較籠統，陳夢家主張是共王器，唐蘭認爲是穆王器，彭裕商則指出其大致相當于厲王前後，吴鎮烽未指明王世，將其歸入西周中期。

從字形角度觀察，“王”屬于A型Ⅳ式，與七年趞曹鼎（《集成》02783）“王”字相似，整體形態較寬，上部兩横筆和最下一横筆距離比豆閉簋（《集成》04276）

大簋

唯	王	易	于	考	揚	障
		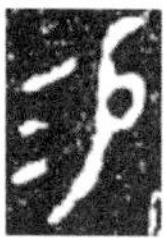				

圖7-19　大簋圖像及高頻單字型式匯總

“王”字稍近，時代應更早些；“唯”屬于Ⅳ式，與師𩛥鼎（《集成》02830）“唯”字相似，鳥身腹部位置較高，身體裏豎筆與爪部連通，略殘留象形性；“易”屬于Bb型Ⅳ式，與師𩛥鼎（《集成》02830）“易”字（水準翻轉後）相似；“揚”整體屬于A型Ⅳ式，與史牆盤（《集成》10175）“揚”字近似，但“丮”旁人形軀幹更傾斜，仍有一定程度的象形性；“考”更接近Ⅳ式，與史牆盤（《集成》10175）“考”字相似，但上部軀幹豎筆與下肢筆畫連在一起，風格略早；“于”屬于B型Ⅲ式至B型Ⅳ式過渡階段，上部兩横筆與師𩛥鼎（《集成》02830）“于”相似，下部斜筆末端未彎曲，更近于B型Ⅲ式；“障”屬于Bb型Ⅲ式，與師虎簋（《集成》04316）障近似。

從書體角度觀察，此器銘屬于A型Ⅳ式。

此器缺蓋，子口較高，腹部傾垂，獸首半環耳，圈足下有三足，足部略高。口沿下飾竊曲紋，兩組之間加飾獸面。圈足下三足根部有浮雕獸頭，型式屬于任雪莉劃分的丙Bd型Ⅱ式，爲商周青銅簋的四期晚段器[1]，腹部底部傾垂，曲面較丙Bd型Ⅰ式更明顯，時代應晚于穆王世。綜合字形書體風格，我們認爲其時代大約在共懿時期。

18. 利鼎

利鼎（《集成》02804），内壁有銘文70字（圖7-20）。

關于此器的年代，郭沫若、陳夢家、唐蘭、馬承源、劉啟益均認爲是共王時，彭裕商認爲是夷厲時，吴鎮烽與張懋鎔師認爲是西周中期晚段。

---

① 任雪莉：《中國古代青銅器整理與研究 · 青銅簋卷》，科學出版社，2016年，112頁。

利鼎

唯	王	于	命（令）	史
				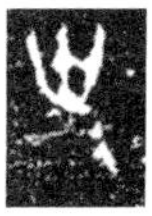

揚	旂	女	考	障

永	寶	易	鼎	子

圖7-20　利鼎圖像及高頻單字型式匯總

從字形角度觀察，“唯”屬于Ⅳ式，與多友鼎（《集成》02835）“唯”相似；“王”屬于A型Ⅳ式向A型Ⅴ式過渡階段，與豆閉簋（《集成》04276）“王”最下一筆相似；“于”屬于B型Ⅵ式，與元年師旋簋（《集成》04279）及𩵦從鼎（《集成》02818）“于”相似；本銘中無“令”，但可參考“命”的寫法，第一個“命”，其“令”旁形態與史牆盤（《集成》10175）“令”相似，第二個“命”，則與五年師旋簋（《集成》04218）“令”相似；“史”屬于Ⅴ式，與宰獸簋（《新收》663）“史”相似；“易”屬于Bb型Ⅲ式；“女”屬于Ⅴ式；“旂”屬于Ⅲ式；“揚”屬于A型Ⅳ式；“子”屬于Ⅲ式向Ⅳ式過渡階段；“考”屬于Ⅴ式，與𩵦从盨（《集成》04466）“考”相似；“障”屬于Ab型Ⅳ式；“鼎”屬于Aa型Ⅳ式，與五祀衛鼎（《集成》02832）“鼎”相似，但兩尖角的內側兩筆向內交叉逐漸與器身最上橫筆分開；

“永”屬于Ⅳ式；“寶”屬于乙Aa型Ⅲ式，與史牆盤（《集成》10175）“寶”相似。

從書體角度觀察，此器銘屬于B型Ⅳ式。

本器爲半球形鼎，立耳，但腹部略深，這應該是球腹鼎較早的形態，綜合字形書體判斷，利鼎的許多單字都屬于西周字形演變分期的第四段或第五段，我們認爲其時代是懿孝時期。

19. 師奎父鼎

師奎父鼎（《集成》02813），內壁有銘文93字（圖7-21）。

關于此器的年代，郭沫若、陳夢家、唐蘭、馬承源、劉啟益、王世民等、張懋鎔師均認爲是共王時，李學勤認爲是懿王前後，彭裕商認爲是夷王前後，吳鎮烽認爲是西周中期。

師奎父鼎

隹	既	王	于	馬	子

史	命（令）	易	旂	揚	考

障	鼎	永	寶

圖7-21　師奎父鼎圖像及高頻單字型式匯總

從字形角度觀察，“隹”屬于Ⅳ式，與九年衛鼎（《集成》02831）“隹”相似；“既”屬于Ⅳ式向Ⅴ式的過渡階段，右側人形與𤼈盨（《集成》04462）“既”相似，但左側偏旁又與二十七年裘衛簋（《集成》04256）“既”相似，時代應略早于𤼈盨；“王”屬于B型Ⅳ式向B型Ⅴ式過渡階段，與師𩛥鼎（《集成》02830）“王”相似，但最下一筆稍細；“于”屬于B型Ⅴ式，與五年師𣄨簋（《集成》04216）相似；“馬”屬于Ⅴ式，與九年衛鼎（《集成》02831）“馬”相似；“史”屬于Ⅴ式；“令”字，可參考“命”的字形，屬于Ⅴ式，與史牆盤（《集成》10175）“令”相似；“易”屬于Bb型Ⅳ式向Bb型Ⅴ式過渡時期，與師𩛥鼎（《集成》02830）“易”相似；“旂”屬于Ⅲ式，與裘衛盉（《集成》09456）“旂”相似；“揚”屬于A型Ⅳ式，與豆閉簋（《集成》04276）“揚”相似；“子”屬于Ⅵ式，與史牆盤（《集成》10175）“子”相似；“考”屬于Ⅳ式，與史牆盤（《集成》10175）“考”相似；“障”稍模糊，仔細分辨應屬于Aa型Ⅳ式；“鼎”屬于Aa型Ⅳ式，與十五年趞曹鼎（《集成》02784）“鼎”相似；“永”屬于Ⅳ式，與夷厲時的𤼈盨（《集成》04462）“永”相似；“寶”屬于Cc型Ⅰ式，其“貝”形與五年師𣄨簋（《集成》04216）“寶”的“貝”形相似，但“宀”旁兩檐翹起，特徵略早。

從書體角度觀察，此器銘屬于A型Ⅴ式。

本器腹部下垂，底平，三柱足較細，口沿下飾垂冠回首夔龍紋，是西周中期共王前後的風格，整體形制與九年衛鼎、十五年趞曹鼎等相似，但腹部更顯傾垂。儘管此器有不少字形特徵常見于共王時器，但綜合字形書體判斷，有些稍晚的形態應不會早至共王，故我們認爲師奎父鼎大約在懿孝時。

20. 諫簋

諫簋（《集成》04285）。據傳此器出于陝西扶風縣，又有說出于陝西武功縣，器有銘文101字，蓋銘則比器多1字，兩者內容相同。另有諫簋（《中原文物》1988年3期，6頁圖2），1979年出于河南禹縣吳灣西周墓二號墓，器底有銘文8字。兩簋形制不同，前者爲半環耳圈三足簋，後者則爲盂形銜環耳簋（圖7-22）。

關于此器年代，郭沫若認爲是厲王時，陳夢家、唐蘭、劉啟益均認爲是懿王時，張懋鎔師認爲是懿孝時，李學勤、馬承源、王世民等均認爲是孝王時，彭裕商認爲是夷王時，吳鎮烽則認爲是西周中期。

從字形角度觀察，“隹”屬于B型Ⅴ式；“王”屬于A型Ⅴ式；器銘“馬”屬于Ⅵ式，蓋銘“馬”雖與Ⅴ式不同，但與器銘的A型Ⅳ式相比，其寫法還是更接近略晚的Ⅴ式；“史”屬于Ⅴ式，與宰獸簋（《新收》663）相似；參考“命”的“令”旁屬于Ⅴ式；“既”屬于Ⅴ式；“女”屬于Ⅴ式；“敢”屬于A型Ⅲ式，與十五年趞曹鼎（《集成》02784）“敢”相似；“易”屬于Bb型Ⅴ式，與宰獸簋（《新收》663）“易”相似；“揚”屬于A型V式；“子”屬于Ⅵ式；“考”屬于Ⅳ式向Ⅴ式過渡階段，手部

諫簋

隹	王	馬	史	命（令）	既

女	敢	易	揚	子	考

障	永	寶

圖7-22　諫簋圖像及高頻單字型式匯總

與軀幹兩筆之間尚未形成倒“U”形，但比典型的Ⅳ式如史牆盤（《集成》10175）“考”的間距略寬；“障”屬于Ab型Ⅳ式；器銘“永”屬于永Ⅳ式；諫簋（《集成》04285）“寶”銘拓不清，但同名諫簋（《中原文物》1988年3期，6頁圖2）“寶”字則屬于Ca型Ⅴ式，處于四期晚段。

從書體角度觀察，此器銘屬于B型Ⅳ式。

從器形、紋飾看，諫簋子母口，鼓腹，獸首半環耳，有垂珥，圈三足，口沿飾變形獸面紋（竊曲紋），腹飾瓦楞紋，均是西周中期偏晚風格。綜合字形書體判斷，應與上文師奎父鼎同時。

21. 師望鼎

師望鼎（《集成》02812），器內壁有銘文94字（圖7-23）。

關于此器年代，說法不一，郭沫若、馬承源認爲時代較早，是共王器，李學勤認爲是懿孝之際，劉啟益則認爲是懿王時器，彭裕商指出其屬于厲王時期，王世民等將其歸入西周中期偏晚，吳鎮烽亦認爲屬于西周中期。

從字形角度觀察，“子”屬于Ⅵ式，下肢筆畫彎曲度更大，雙臂形態仍保持“十點十分”狀，但不如史牆盤（《集成》10175）“子”字那麼明顯，頭部筆畫呈倒三角形，與匡卣（《集成》05423）“子”字寫法略近；“考”更接近Ⅴ式，與䚄从盨（《集成》04466）“考”相似，但下肢筆畫更平滑，時代應比Ⅴ式略早；“公”與Ba型Ⅳ式寫法略近，上部兩筆外撇的樣式逐步接近多友鼎（《集成》02835），但“八”字形保留着師𩛥鼎（《集成》02830）的形態；“于”屬于B型Ⅴ式，上邊兩橫筆間距縮小，豎筆較短，下端略彎，與仲枏父簋（《集成》04155）“于”字接近；“王”屬于A型Ⅴ式，與豆閉簋（《集成》04276）“王”相似；“命”可參考“令”字型式，屬于Ⅵ式，其“令”旁與五年師旋簋（《集成》04218）相似；“敢”字比較模糊，

師望鼎

子	考	公	于	王	命
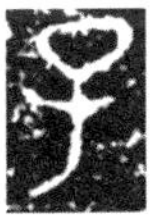		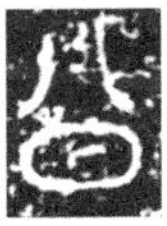			

敢	易	揚	障	鼎	永	寶
	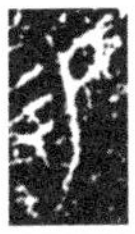					

圖7-23　師望鼎圖像及高頻單字型式匯總

但上部偏旁屬于A型Ⅳ式無疑，與公臣簋（《集成》04187）“敢”字的寫法相似；“易”表示容器側壁筆畫的曲度更大，單鋬筆畫逐漸變小，應屬于Bb型Ⅴ式，與宰獸簋（《新收》663）“易”字相似；“揚”屬于A型Ⅴ式，所从“丮”形略模糊，兩手多持平或向下伸出，與豆閉簋（《集成》04276）“揚”接近；“鼎”近于B型Ⅰ式寫法，頂部筆畫圓潤，整體輪廓呈橢圓形，鼎足較直，無鼎耳聳立，與叔商父鼎（《新收》1711）“鼎”字接近；“永”屬于Ⅳ式，筆道略顯曲折，“人”身體曲綫明顯，背部拱起，身體略直立，與癲盨（《集成》04462）“永”字寫法接近；“隮”字的形體處于Ab型Ⅳ式向Ab型Ⅴ式過渡階段，“酉”底部略顯圓滑，雖類似晉侯對盨“隮”字的形態，但整體更接近癲爵“隮”字的寫法；“寶”字“宀”內偏旁較模糊，但兩檐垂筆形態與Cc型Ⅰ式的姬鼎（《商周》02303）及Cf型Ⅰ式的癲鐘（《商周》15593）接近。

從書體角度觀察，此器銘屬于B型Ⅳ式。

此器平折沿，口沿上有一對立耳，三獸面蹄足，立耳側壁飾重環紋，口沿下飾竊曲紋，腹飾變形鳥紋。鼎身整體形態與師𩛥鼎（《集成》02830）近似，但下腹向外鼓出，近底部略傾垂，器底稍鼓出，其時代應更晚。綜合字形書體風格，我們認爲其時代大約處于孝夷兩世。

22. 豳公盨

豳公盨（《新收》1607），器內底有銘文98字，藏于保利藝術博物館。關于此器年代，李學勤認爲屬于西周中期後段，相當于孝王、夷王前後，吳鎮烽等學者也將其歸入西周中期。我們則希望從字形書體的角度對其具體年代略加討論（圖7-24）。

從字形角度觀察，“令”屬于Ⅴ式向Ⅵ式過渡階段，寫法介于史牆盤（《集成》10175）與五年師旋簋（《集成》04218）、公臣簋（《集成》04187）之間，但更近于後者；“征”屬于Ⅱ式，與諆簋（《集成》03950）相似，風格偏早，但“彳”旁及“止”象徵腳趾的左右兩筆較長，時代風格應晚些；“女”屬于Ⅴ式，與豆閉簋（《集成》04276）“女”相似；“王”屬于A型Ⅳ式向A型Ⅴ式過渡階段，整體更傾向于後者；“唯”的寫法更近Ⅳ式，頭喙部較長，尾羽略拖曳，時代應比師𩛥鼎（《集成》02830）晚一些；“考”屬于Ⅳ式向Ⅴ式過渡階段，象徵手形的筆畫未包裹住拐杖，其時代應比𤔲从盨（《集成》04466）早些；“永”屬于Ⅳ式，與癲盨（《集成》04462）“永”相似，但所从“人”“彳”筆畫均較短，應是爲了配合書體風格及字排佈局；“于”屬于B型Ⅳ式向B型Ⅴ式過渡階段，其時代應介于師𩛥鼎（《集成》02830）與仲枏父簋（《集成》04155）之間；“公”屬于Bc型Ⅲ式，與郘𣄰簋（《集成》04197）“公”的寫法相似。

從書體角度觀察，此器銘屬于Ba型Ⅱ式。

此器口沿飾分尾鳥紋，器腹飾瓦紋，器蓋已佚失，但器身橢方，直口，圈足，腹

豳公盨

令	征	女	王	唯	考

永	于	公

圖7-24　豳公盨圖像及高頻單字型式匯總

鼓，圈足正中有果葉形缺口，是張懋鎔師劃分的西周青銅盨Ⅰb型Ⅱ式，處于西周青銅盨發展的第三期[①]。綜合字形書體風格，我們認爲其時代大約在孝、夷之際。

23. 室叔簋

室叔簋（《商周》05207）。此器無照片圖影，僅有器形摹本。器内底有銘文45字（圖7-25）。

關于此器年代，學者大多沒有給出具體的王世意見，應該與缺乏清晰可靠的器物圖影有關，馬承源認爲屬于西周中期，吴鎮烽與王世民等認爲屬于西周晚期，彭裕商則將其歸入宣王時期。

從字形角度觀察，“永”屬于Ⅳ式，字體較豎直，象徵下肢的筆畫修長，與癲盨（《集成》04462）“永”字寫法近似；“考”更接近Ⅳ式，肥筆出鋒幾乎不見，表示軀幹的筆畫略直，寫法與史牆盤（《集成》10175）“考”相似；“公”屬于Bc型Ⅳ式，“厶”上兩筆下段外撇略向上揚，與此簋（《集成》04310）“公”字接近；“于”屬于B型Ⅵ式，兩橫筆間距開始縮小，豎筆更修長，與㽙從鼎（《集成》02818）“于”近似；“王”屬于B型Ⅴ式，與三年癲壺（《集成》09727）“王”相

① 張懋鎔：《兩周青銅盨研究》，《古文字與青銅器論集》第二輯，科學出版社，2006年，89頁。

室叔簋

唯	王	考	于	公	子	永	寶

圖7-25　室叔簋圖像及高頻單字型式匯總

似，最下一横筆甚至更細；“子”整體近于Ⅶ式，頭部略呈圓形，下肢筆畫更修長，與多友鼎（《集成》02835）“子”寫法近似，但其兩臂向上抬起，筆畫形態與時代略早的匡卣（《集成》05423）“子”接近；“寶”字屬于Cd型Ⅱ式，“宀”旁位置較高，圓頂溜肩，坡面略平，“貝”旁內部有一條横筆，頂端內凹形成兩尖角，與中伯簋（《商周》04775）“寶”字接近。

從器影摹本看，此器鼓腹，兩獸首耳下有鉤狀垂珥，圈足略外撇且鑄有三獸首足，口沿下飾竊曲紋，圈足飾垂鱗紋，腹飾瓦楞紋，型式屬于任雪莉劃分的丙Cb型Ⅲ式，爲商周青銅簋的五期早段器[①]。綜合字形書體風格，我們認爲其時代大約在厲王時期。

24. 伊簋

伊簋（《商周》05339），器內底有銘文104字（圖7-26）。

關于此器年代，争議較大，馬承源主張是共王器，陳夢家、白川靜認爲屬于夷王世，郭沫若、唐蘭及王世民等認爲是厲王器，李學勤、彭裕商、張懋鎔師則將其歸入宣王世，吳鎮烽未指明王世，僅將其歸入西周晚期。

從字形角度觀察，“王”屬于A型Ⅵ式，與不嬰簋（《集成》04328）“王”字相似；“正”屬于Ⅵ式向Ⅶ式的過渡階段，“止”象徵脚趾的左右兩筆較長，與伯鮮鼎（《集成》02663）“正”相似；“既”屬于型Ⅶ式，與兮甲盤（《集成》10174）“既”相似；“令”屬于Ⅵ式，與五年師旋簋（《集成》04218）“令”相似；“隹”屬于B型Ⅳ式，與九年衛鼎（《集成》02831）“隹”相似，風格偏早；“易”屬于Bb

① 任雪莉：《中國古代青銅器整理與研究 · 青銅簋卷》，科學出版社，2016年，115頁。

伊簋

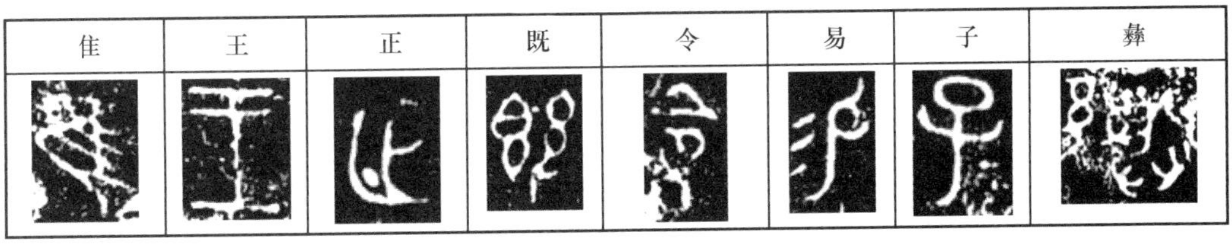

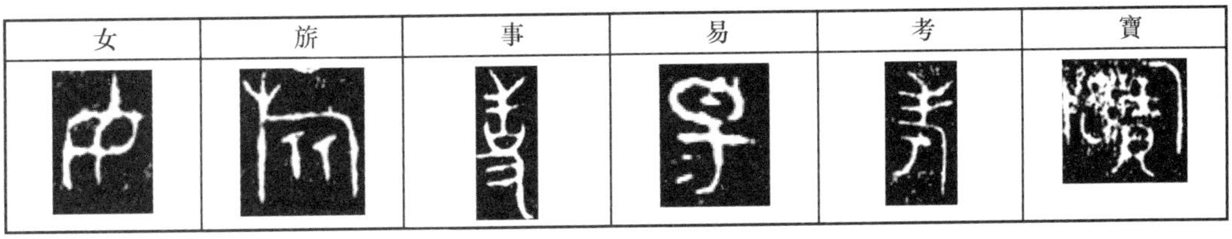

圖7-26　伊簋圖像及高頻單字型式匯總

型Ⅵ式，與大克鼎（《集成》02836）“易”相似；“子”屬于Ⅷ式，與大克鼎（《集成》02836）“子”相似，但所从雙臂的筆畫略長，應是爲了配合書體風格、字排佈局；“彝”屬于A型Ⅵ式，與遣小子𨟭簋（《集成》03848）“彝”相似；“女”屬于Ⅵ式，與不嬰簋（《集成》04328）“女”的寫法相似；“旂”屬于Ⅴ式，與趞鼎（《集成》02815）“旂”的旗幟筆畫相似，但所从兩人的筆畫略直，時代與趞鼎相去不遠或略早；“事”可參考“史”字型式，“又”旁相當于Ⅶ式向Ⅷ式的過渡階段，與頌壺（《集成》09732）相似；“易”整體與“揚”字B型Ⅴ式較接近，但“号”上部“日”旁更扁圓，下半部“丂”的豎筆與“日”相連，豎筆較長，下端曲筆明顯，時代應比B型Ⅴ式更晚，屬于B型Ⅵ式；“考”更接近Ⅴ式，與𩰫从盨（《集成》04466）“考”相似，但所从筆畫略長，將逐漸過渡至Ⅵ式，時代應比Ⅵ式更早；“寶”屬于Cc型Ⅲ式，與善夫梁其簋（《商周》05161）“寶”相似，“宀”旁兩檐垂筆外撇不明顯，但“貝”下兩筆外撇。

從書體角度觀察，此器銘屬于A型Ⅵ式。

此器腹部鼓出，雙獸首耳，垂珥上爲象鼻紋，圈足較矮并略外侈，圈足下三獸面扁足較短。口沿下飾竊曲紋，腹飾瓦楞紋，圈足飾垂鱗紋及浮雕獸頭，型式屬于任雪莉劃分的丙Cb型Ⅳ式，爲商周青銅簋的五期晚段器[①]，時代約在厲王之後。綜合字形書體風格，我們認爲其時代大約在厲宣之際。

25. 康鼎

康鼎（《集成》02786），器内壁有銘文62字（圖7-27）。

康鼎

唯	王	命	女	揚	鼎

考	寶	隣	子

圖7-27　康鼎圖像及高頻單字型式匯總

關于此器年代，争議較大，唐蘭認爲時代較早，是共王器；郭沫若主張是懿王器；陳夢家、白川静認爲屬于孝王世；馬承源與彭裕商認爲是厲王器，後者還指出其可能延至宣王早年；也有學者未指明王世，如張懋鎔師與王世民等將其歸入西周晚期，吴鎮烽則認爲屬于西周中期後段。

從字形角度觀察，“唯”屬于Ⅴ式向Ⅵ式的過渡階段，整體與多友鼎（《集成》02835）“唯”字相似，但胸部圓鼓凸起，已經接近時代更晚的毛公鼎（《集成》

① 任雪莉：《中國古代青銅器整理與研究 · 青銅簋卷》，科學出版社，2016年，116頁。

02841）；“王”屬于A型Ⅵ式，與㝬簋（《集成》04317）“王”相似，但最下横筆更細一些，風格偏晚；“命”可參考“令”字型式，屬于Ⅶ式，其“令”旁與逨鐘（《新收》775）相似；“女”屬于Ⅵ式，與不嬰簋（《集成》04328）“女”的寫法相似；“揚”屬于A型Ⅶ式，所从“丮”形類似“卩”形，兩手多持平或向下伸出，筆畫較短，與毛公鼎（《集成》02841）“揚”接近；“鼎”屬于Aa型Ⅵ式向Aa型Ⅷ式過渡階段，兩尖角内凹處與器身内最上一横筆已分離，但頂部兩尖角仍很明顯，鼎足略短、較直；“考”更接近Ⅴ式，與鬲从盨（《集成》04466）“考”相似，但下肢筆畫更平滑，似乎即將過渡至Ⅵ式，時代應比Ⅴ式更晚；“寶”字有兩例不同的寫法，一例屬于Cb型Ⅱ式，另一例風格偏早，屬于Cb型Ⅰ式，時代較晚者與十三年瘐壺（《商周》12437）“寶”相似，“宀”旁兩檐垂筆外撇仍不明顯；“障”屬于Aa型Ⅴ式，與晉侯對鋪（《新收》857）“障”寫法近似；“子”屬于Ⅶ式，與多友鼎（《集成》02835）“子”的寫法接近。

從書體角度觀察，此器銘屬于B型Ⅳ式。

此器體呈半球形，口沿上有一對立耳，球腹底、三蹄足，口沿下飾一周竊曲紋，是厲宣之際圓鼎流行的樣式，但其足跟部不如毛公鼎强壯，腹部也不顯得圓鼓，時代風格應更早些。綜合字形書體風格，我們認爲其時代大約在厲宣之際。

三、小　結

通過對西周金文字形書體的類型學分析，并用其規律綜合器形、紋飾、銘文内容重新審視一部分有争議銅器的時代，可以看出，採用這種方式得到的結論，與之前傳統銅器斷代體系下的結論大致相同或相近。這説明我們提出的“字體類型學斷代法”及其在銅器斷代中的初步實踐，不僅是有用的，而且很可靠。

有時候會出現一種現象，整篇銘文裏的一部分字形年代偏早，一部分字形年代偏晚，或者器銘年代偏早，器蓋年代偏晚，反之亦然。這貌似給我們的工作帶來困擾，其實此現象恰恰揭示了銅器器形、紋飾、銘文等要素發展過程中的一個重要問題，即不均衡性。這種混雜了早晚、新舊字形書體在一篇器銘裏，很重要的原因是殷商後裔在進入西周時期後使用銅器的懷舊行爲所致。一方面，他們不得不隨着時代前進而改變傳統；另一方面，他們依然會對曾經的光景眷戀不已，于是在看似較晚的銅器上會出現時代較早的字形書體特徵，如作册夨令器。還有一個原因，卻是周人自己造成的。在西周早期，周人的青銅鑄造技術需要向商遺民學習，而周的高層統治者本身也與商王室有着千絲萬縷的聯繫，這些均會一定程度地制約或影響周人新風尚的產生及推進，自然也會有一些舊時代的字形出現在看似較晚的銅器銘文裏。這種現象的產生，也再次印證了西周某一階段中，的確有着商系與周系兩個青銅系統并行發展、互相影響的情况[①]。

這種不均衡性的出現和被認知，更需要我們盡量利用青銅器各要素的互相參證來不斷校驗、糾正以往舊説。對于一些特徵複雜的銅器而言，多一項標準畢竟是好事，我們可以將器形、紋飾與字體結合起來全面深入地考慮其年代範圍。字形書體被引入西周銅器斷代體系，并不是説字形書體可以成爲斷代工作的决定性要素，也不能高估其而排斥傳統的斷代標準與方式。同時我們也要充分認識到，西周銅器斷代工作應該更加細緻，充分利用銅器器形、紋飾、銘文三要素來開展。特别是對銘文價值的發掘，不僅僅是對内容的重新釋讀，也包括對字形書體外在特徵更科學、更系統、更精細地梳理與研究，這也是新時期學術研究的本質要求所在。

① 張懋鎔：《西周青銅器斷代兩系説芻議》，《古文字與青銅器論集》第二輯，科學出版社，2006年，185頁。

第八章　結　　語

一

任何國家和民族的語言文字都是不斷發展變化的，并且這種變化是有規律的，漢字也不例外。既使從商代後期廣泛存在的甲骨文算起，漢字也已經有三千多年的歷史了，在這段很長的時間裏，漢字無論在形體上，還是在結構上，都發生了一些重要的演變。

應該指出的是，儘管文字是不斷變化的，但這種發展演變并非一個循序漸進的過程，在某一歷史階段因爲各種因素的相互作用，文字往往會發生顯著甚至激烈的變化，而造成此類變化的原因及其規律就應該是我們重點考察的。金文、甲骨文一起呈現了漢字的早期狀態，但是金文流傳得時間更長、地域分佈更廣。它幾乎覆蓋了當時中國疆域的東西南北，貫穿殷商、兩周的漫長歷史時期，與甲骨、簡牘、帛書、玉石、璽印等其他載體的文字字體相比，金文字體有着不可忽視的獨特價值。

梳理清楚金文字形書體演變的規律與時代特徵，也對商周有銘銅器的斷代工作多有裨益。在商周青銅器斷代體系的構建過程中，斷代標準始終是困擾學者的大問題，近代百年來的斷代争議、癥結也多與此相關。青銅器歷經數千年，呈現的文化面貌複雜而神秘，器物表面的各類現象往往有許多相互矛盾之處。傳統上，器形、紋飾、銘文內容及考古發掘的信息均會引起學者更多注意，而字形書體的特徵與分期研究則不夠深入、細緻。因此我們認爲，作爲古代中國青銅器的要素之一，理應充分發掘字形書體的價值。利用其指導銅器斷代的工作，儘管不能一錘定音，但也可以另闢蹊徑、行之有效。

銘文內容通常是判斷絕對年代的關鍵，但四要素完備、王年無争議的器銘可遇不可求。倘若同一家族的器銘內容相互關聯，各輩之間世系清楚，我們也可以將這些銅器作爲觀察字形書體演變狀況的對象，較爲客觀地摸索不同時代字形書體的差异，同時結合其他相似字形書體的銅器，總結規律并應用在更多銅器的時代研判上。

1976年12月，陝西扶風縣法門鎮莊白村西周銅器窖藏出土了一批微史家族銅器，即是這類絕佳材料。據史牆盤銘可知器主“牆”爲共王時人，同窖藏所出豐爵、豐尊、豐卣的器主“豐”就是史牆的文考乙公，生活的時代應較早一些，大約在西周中期偏早，相當于穆王中期，而折斝、作冊折尊、作冊折方彝、作冊折觥的器主“折”是史牆的亞祖祖辛，即“豐”的父輩，生活的時代大約處于西周早、中期之交，相當于昭穆之際，𤼈盨、𤼈盨、𤼈簋、微伯𤼈鋪、微𤼈盆、微伯𤼈匕、𤼈壺的器主“𤼈”則是史牆之子，生活時代又比“牆”晚一些，大約在懿、孝兩世。

折器組尊、方彝、觥銘中的“寶”字偏旁“貝”的輪廓兩頭尖、中部鼓出，“宀”不聳肩，兩檐不上翹，而折斝銘“寶”偏旁“貝”與“宀”的輪廓的寫法都顯出比尊、方彝、觥銘更早的時代特徵。折斝分襠高領，蓋上有雙頭蛇拱起的半環紐，肩飾雲雷紋填地的獸面紋，蓋飾斜角雷紋和目雷紋，器形、紋飾帶有濃鬱的商末風格。商代晚期墓葬中爵、斝組合已被爵、觚組合代替，到了西周早期後段，斝更是瀕臨消失。因此，這件斝的時代在折器組中應當是最早的，不會晚至昭王十九年。

豐是折的兒子，比折器時代更晚的豐爵、豐尊、豐卣，其銘文中“寶”字的“貝”的寫法已經接近更晚的史牆盤，但“宀”旁具有典型的穆王時期特徵，兩肩較平，肩頭略翹，與折器的折肩及史牆盤的溜肩均不同。

牆的器物不多，牆爵與牆盤“寶”字寫法大體一致，𤼈爵“隮”偏旁“酉”上的兩豎筆及下部的“廾”與牆爵、豐爵的寫法已有不少差別。

從器形、紋飾等綜合判斷，𤼈器是此窖藏中時代最晚的，但字形書體的特徵告訴我們其內部也是有時代差异的。𤼈盨的“寶”字與“史牆盤”較像，與𤼈簋的寫法不同，時代比𤼈簋要早些。依紀年可知，三年𤼈壺早于十三年𤼈壺，三年𤼈壺的“寶”偏旁“貝”下部開口，仍有西周中期偏早的特徵，十三年𤼈壺的“寶”則已經與共王時期的寫法有了很大不同，考慮到“𤼈”器數量很多，其任職年代有可能在更晚的夷、厲二世，而𤼈鐘銘裏出現了“寶”字偏旁“貝”下兩筆交叉的現象，這類寫法的流行時代很晚，故𤼈鐘要晚于𤼈簋及𤼈壺。

值得注意的還有同窖藏出的不屬于微史家族的商尊、商卣、陵方罍，商尊、商卣銘中很多字的寫法與西周早期成王時器很相似，而陵方罍的“寶”字寫法與微史家族微伯𤼈鋪近似，時代與之亦近，在西周中期後段。類似微史家族的例子還有不少，對其字形書體的演變規律應該在以後繼續給予關注。

二

本書主要從三個層面對西周金文字形書體展開研究：一是借用考古類型學“先分類、後斷代”的基本原理，參照殷墟甲骨文分類分組的成功經驗，對西周金文字形演變規律進行探索，試圖在理論方法上有所突破。二是結合商周金文字形書體自身特點，依據標準器銘的文字形態、書體特徵，在字形上，重點選取一批在某個歷史階段出現頻率較高、形體結構有着明顯時代特徵的單字，從字體結構、形體筆勢、筆畫形態等角度細緻劃分型式并進行分期；在書體上，改變以往籠統模糊的行款描述，從字排行間佈局、單字輪廓體勢、字體偏旁架構、筆道粗細曲直諸方面梳理器銘整體風貌的時代變遷。三是依據金文字形書體演變規律，結合器形、紋飾、銘文内容等，用“字體類型學斷代法”對西周一批所屬時代有争議的銅器進行綜合判定，也希望對構建西周銅器斷代體系有所裨益。我們的發現及結論主要如下。

第一，研究西周金文字形書體演變的理論依據、研究對象、範圍及程式。西周時期長篇銘文較多、高頻單字集中、覆蓋器銘廣泛，出現30次以上的單字可以在我們搜集的75%西周各時期備選器銘中看到，高覆蓋率對理論的建立及其客觀性、準確性起着關鍵作用，而官方文字的屬性也決定了西周金文形態有規律演進的基本特質。因此，在方法論上完全可以借鑒考古類型學的基本原理，分别從金文的字形與書體兩個系統進行探索，建構一套可以複製、可以應用的理論框架，即“金文字形類型學”與“金文書體類型學”。

第二，西周金文字形的類型學研究。在海量的西周時期器銘標本中，我們對搜集到的27個高頻單字進行分型分式的研究。這些單字在西周前後都有出現，且字形變化多樣，具有相當地時代特徵，可以代表西周金文的演變軌迹。在相對小的空間與時間範圍内，與器形、紋飾相比，同件器物上字形的變化具有某些獨立性，字與字之間發展節奏也不盡均衡，但從整體上看，青銅器各要素發展演進的同步性是主流，差异性是支流。

第三，西周金文字形的分期。根據各單字的型式情况（主要是以“寶”字爲主綫），可以將西周金文字形的發展過程分爲六期10段。其中，第一期與第二期之間，第三期與第四期之間，第五期與第六期之間，是字形集中變化的節點，這也是劃分期段的依據。我們還可以分别用“寶”字的典型偏旁特徵將六期10段歸納如下：聳頂“宀”時期，平頂“宀”時期，圓角“宀”時期，卷檐“宀”時期。前三期爲殷式風格遞減期，是周人逐步擺脱原先殷系青銅器形制、紋飾、器銘、組合等要素風格，開始形成自身特點的過程，後三期爲周式風格確立期，周系青銅器脱胎換骨，完全確立自己的風格并進一步發展。因此，從金文字形演變的角度，我們支持將西周銅器劃爲前、後兩個大期，交界點就在共懿時期。

第四，西周金文書體的演變與發展。根據字排間距、單字輪廓、筆畫曲直、筆勢姿態、偏旁架構、筆道粗細等特徵，可以將西周器銘書體分爲三型。書體三型大致經歷了四個時期，分别是殷式續承期、周式萌芽期、周式鞏固期及周式確立期。相對于以往“波磔”“玉箸”的描述，四期的劃分可以更細緻地瞭解器銘整體風貌的變遷。通過梳理也可以發現，金文書體的發展節奏與字形相比同大于异，但演進速度顯然更慢，可以説是字形發展帶動了書體的前進步伐。

第五，一般來説，任何事物都遵循量變到質變的發展規律，我們既要重視其積累的綫性軌迹，也要關注其某些突發性的峰值軌迹。以往的研究，習慣將西周銅器劃分爲早、中、晚三個階段，這樣做的好處在于能夠較細緻地釐清銅器演變的過程，但比較容易讓人忽視西周青銅器在哪個節點發生了根本性變化，這對我們深刻認識銅器背後的禮制問題也是不利的。而據字形書體的研究，結合形制、紋飾、組合等要素，我們現在可以認爲共、懿之後即開始了西周銅器發展歷程中具有本質變化的一個全新時期。換句話說，固然銅器各要素的發展是不均衡的，但至遲在懿王時期，即使是演進速度最緩慢的要素亦完成了自身更新；從更深的層次推斷，大約從穆王繼位就開始的西周統治階層主導下的禮制變革期到此時總算完成了它的全部歷程。

第六，利用字形與書體，結合器形、紋飾、組合等進行銅器斷代分析。對歷史上聚訟較多、時代差异在兩代王世以上、諸家各持一說，或缺乏器形、紋飾影像的器物重新研判。以字形書體型式爲觀察的切入點，綜合對器形、紋飾、銘文內容、考古發現，對以往分期斷代成果進行審視。我們得出的多數結論與傳統銅器斷代體系下的結論大致相同或相近，這說明“字體類型學斷代法”及其在銅器斷代中的初步實踐是可靠的、有益的。出現與以往不同的結論也可以促使銅器斷代體系的自我完善與發展。

第七，本書也有不足之處，可待以後改進補充。我們認識到，字形書體的研究應考慮更複雜的因素，比如西周銅器工坊制度、工匠書手風格，還要注意中央王朝、地方諸侯及邊疆民族的差异性。這類情況在本書撰寫時曾有所考慮，但限于目前此領域考古發掘資料較少，學界對西周銅器製作、流轉的詳細情況尚不能深入系統地梳理清楚，一些觀點也缺乏比較有說服力的論據。我們希望在以後的改進中能將“分區”的概念引入類型學研究裏，也可以通過一些家族銅器群對這類複雜問題進行深入探索。此外，我們應對文字形體的斷代作用更加明確，但也不宜過分倚重。應綜合運用器形、紋飾、銘文內容等要素討論銅器時代，特別是一些器形、紋飾、字體之間發展不均衡的器物，需要更加細緻的分析。在不久的將來，我們還計劃出版以本書所劃分單字型式爲基礎來編排的西周金文字編，希望屆時能彌補本書的一些缺憾，并能帶給廣大研究者不同視角的參考。

第八，關于本研究的工作展望。希望本書能夠拋磚引玉，形成更大規模、更加系統的金文乃至古文字字形書體類型學研究熱潮。我們認爲此項研究纔剛剛起步，方興未艾，在西周金文字形書體的區域、國別、家族研究，商周金文字形書體關係研究，金文字形書體譜系研究以及金文字形書體與銅器斷代體系關係研究等諸方面還可以有更爲深入的探索；同時也需要將字形書體、器形紋飾演變研究的最新成果整合，編制大型的圖錄集成類出版物及電子資料庫。當然，這些工作也還有待于更多的考古發現及古文字研究工作的開展及深入。

附　　録
從家族墓地所出銅器銘文看西周金文字形書體的區域特徵

青銅器作爲西周禮制的核心角色，可謂意識形態的某種外化，終周一朝的不同時段和地區，其政治、經濟、思想、文化的大變化，在青銅禮器的銘文外部特徵上應該會有所反映。不少學者對西周銅器的組合、器形、裝飾附件、族徽圖記、車馬配飾、磬鐘及兵器之變均有深刻研究，也對其用意和原因做了較多探討，而對不同時期、族屬、區域金文字體的外部特徵仍有繼續整理的必要。

西周所控制的地理範圍較廣，終周一朝的不同時段和地區，其政治、經濟、思想、文化的大變化，在青銅禮器的銘文外部特徵上應該會有所反映，對不同時期、族屬、區域的金文字體有必要加以梳理。通過觀察金文中出現頻次高、歷時久、互有組合關係的“寶”與“障”二字形體，一方面可以爲深入探索西周器銘時空特徵提供參考；另一方面亦能從文字面貌上瞭解不同時代、區域青銅器的演進，并對銅器斷代體系有所補益。

從文獻及考古發現來看，西周的統治區域比晚商更爲廣遠。從諸侯國來看，東方有齊、燕、晉，南方有曾、鄂，中原有應、衛等，關中則多有貴族采邑，如涇陽戈族、扶風微史等，既有墓葬亦有窖藏，均出有相當數量的有銘青銅器。據多年的考古工作，全國範圍有十餘座西周時期侯、伯級的家族墓地，它們不僅出有各自的族系銘文銅器，而且時代跨度也較大，下面我們將依據這些墓地所出的銅器銘文，談談西周金文在時空範圍的特徵[1]。

一、琉璃河燕國墓地

燕國墓地所出西周早期的器銘，“寶”字凡“宀”兩檐出頭通常“貝”下部分

① 所选銅器大多为各地墓地所出，也适当收入器銘内容或器主与之相关的传世及出土情况不明器物作为參考。

叉，如𣪕簋（M251）與伯矩盤（M251）等。

也有不少“貝”下部無叉筆者，如克罍（M1193）、其史觶（M253）、厝觶（M251）等。總體而言，叉筆者多于無叉筆者。

燕國墓地常見“宀”頂出尖狀，兩側坡面內凹，較獨特，如員鼎（M1026）、圉鼎（M253）。而復尊（M52）、圉壺（M253）、肇卣（M1190），呈平頂坡面，寫法與葉家山M27的作寶彝簋類似，時代應略晚。庶觶（M251），“貝”部在“宀”以外，寫法與葉家山祖南雚觶類似，推測與器類及鑄銘位置或空間有關。“貝”字輪廓呈形者不多，僅見厝觶（M251）與圉壺（M253）。

西周早期障的寫法，以𣪘史鼎（M54）與圉簋（M253）爲代表，是早期常見形體，其史觶（M253）、厝觶（M251）、庶觶（M251）則顯得風格不同。

1974年發現的攸簋（M53），“酉”部上有兩短豎筆，在西周早期器銘中寫法較獨特，應注意其器形的圈三足特徵及紋飾的垂冠回首大鳳鳥在早期亦不常見，此器時代定爲成康似乎不妥（圖1）。

圖1　攸簋

二、平頂山應國墓地

以應國墓地及與應侯有關器銘的資料分析，屬于西周早期的器物，“寶”字“貝”部有類似應公壺的寫法，也有應公觶的寫法，“貝”偶見下部分叉。屬于西周早期的應公觶，寫法較有代表性。西周早期的應公壺銘“酉”上卻有兩短豎筆。

從西周中晚期開始，“寶”字流行一類較獨特的十字交叉“貝”，如公鼎（M95）、應伯盤（M95）、應侯爯盨（M84）、應姚盤（PY臨M1）、應侯盨（采7）及1980年滍陽鎮義學崗出土的鄧公簋等，此外還有許多稱應侯但非科學發掘的器物，如應侯簋（《商周》05311）也是如此寫法。

應國墓地M257另出有所史簋兩件[①]，酒尊腹壁多呈鼓出狀，如應侯爯盨（M84）、公簋（M95）、傳世的應侯簋（《商周》05024）等。

應國墓地另出有敀史簋兩件，銘文字形書體與應侯諸器多有差异，寫法多別具一格，如“寶”、“卯”，“隹”加“口”旁成“唯”、“令”亦加“口”成“命”，從銘文可知兩件簋是爲唐娰所作媵器，器主自然不屬于應侯宗族，雖然學界對器主的身份仍有疑問，但其字形書體所帶風格應該就是其當地特色。

三、濬縣辛村衛國墓地

河南濬縣辛村衛國墓地所出涾司徒逘簋以及相傳出自此地的陸尊、涾伯逘壺、涾伯逘尊、伯戓鼎、小臣謎簋、微斝、師轉鎣等，這些器銘中“寶”字大多有個共同特徵，就是“貝”字置于“宀”旁之外，字形顯得瘦長，如涾伯逘壺。

這一現象即使到西周中晚期的師轉鎣上，仍舊如這樣的寫法，只是“貝”內部作橫豎筆畫十字交叉，與晉國墓地所出卣銘（M6384）相似。

四、寶雞𢐗國墓地

𢐗國墓地西周早期的“寶”字，“貝”有形者，如倗戌冊鼎（M13）、夌伯觶（M4）、作寶尊彝卣（M8）及作寶尊彝尊（M8）。也有不少非形者，如伯甗（M4）及𢐗季卣（M4）等。

𢐗國墓地“寶”字兩檐出頭者較少，兩坡面大多略內凹，也有如𢐗伯簋（M1）這類頂部出尖者，其兩檐向下延伸綫的末端略上翹，寫法十分特殊，頗具地方特色（圖2）。

而同墓所出伯鼎的寫法也特殊，“貝”部位置在“缶”部之上，𢐗伯簋與伯鼎，從器形、紋飾及銘文內容看，可以確認是此墓地最早者，墓葬等級亦最高，“寶”的這類獨特寫法與𢐗伯簋的裝飾手法一樣值得注意（圖3）。

“宀”兩坡面呈平頂的僅有遹卣（M1）及夌姬鬲（M2），時代應略晚。

障字西周早期的寫法，“酉”的形體較寬胖，“廾”部兩手均不相連，但1980年

① 王帥：《所史簋與唐聚新解》，《出土文獻》第十一輯，中西書局，2017年，70-81頁。

圖2　強伯簋

圖3　伯鼎

竹園溝所出伯各卣最爲獨特，“廾”部兩手雖不直接相連，卻通過“酉”內部一橫筆相連，且“阜”部很短，置于“障”的左上角，如（M7）。時代略晚的𨘧卣（M1），“阜”呈列旗狀，“酉”上兩豎筆已出頭。

五、山西天馬-曲村晉國墓地

晉國墓地的西周早期“寶”字，有“宀”部兩坡面較平者，如作寶鼎（M6243）、作寶鼎（M6080）與作寶鼎（M6080）、作寶彝鼎（M6210）等。也有尖頂者，如伯尊（M6081）、作寶彝簋（M6069）、叔夨鼎（M114）、家父盤（M6384）、繳卣（M6210）等。“貝”下部分叉與不分叉者數量相差不多，但形不常見。

西周晚期的“寶”字，似乎流行一類缺“貝”的寫法，如，M1、M8、M33、M91、M92等墓均出此類器銘，其中M1所出代表器是晉侯對器，M8所出代表器是晉侯蘇器，M92所出代表器是晉侯𩡬馬器。

此外，晉侯對盨“寶”的“貝”下部則缺兩斜筆，如（M2）。這兩類西周晚期“寶”的寫法極爲特殊，在其他地區罕見，目前僅有2007年山西翼城縣隆化鎮大河口村西周墓地出土的格伯甗（M2）及傳世的格伯簋（《商周》04923）爲同類寫法。

格伯簋銘即是“格伯作晉姬寶簋”，而大河口霸國墓地所出器銘“霸”字又多作“格”，霸國墓地西距天馬-曲村晉國墓地約18千米，晉國墓地M6197則出過一件霸伯簋，幾件器物之間的關係值得注意。此外，楊姞壺（M63）、叔釗父甗（M64）、晉伯𨊠父甗（M64）則是晚期“寶”字常見風格。

障字寫法較豐富，西周早期的寫法中，1991～1992年山西曲沃縣曲村鎮北趙村所出陵鼎、霸伯簋（M6197）、亞㢭鼎（M6081）及南宮姬鼎（M6081）均與㢭國墓地的伯各卣（M7）類似，但數量較㢭國墓地爲多。作皿尊簋（M6130）“酉”頂部與㢭國墓地的伯䭬鼎（M1）相似，這類寫法較少，還見于河南濬縣辛村衛國墓地所出涾司徒逘簋。

較特殊的還有魰卣（M6384），這類“酉”内部的寫法在西周中晚期還見于晉侯僰馬壺（M91）、晉侯邦父鼎（M64）等器銘。晉侯僰馬壺（M92）則有這種寫法，“阜”較短，置于“障”的左上角，“廾”部筆畫較直、較短，這類寫法還見于M33、M91所出的晉侯僰馬壺，應是晉侯僰馬特有風格。而伯尊（M6081）、晉侯鳥尊（M114）、叔夨鼎（M114）則是早期常見形體。

西周晚期“廾”部雙手常見向上張開，如晉侯對盨（M1）。而晉侯邦父鼎（M64）與𩰫休簋（M64），“酉”上兩筆則呈“八”字向外撇曲，亦均是西周晚期代表風格。晉侯蘇鼎（M8）、晉侯對盨（M2），“障”字寫法較特殊，“酉”的頸内有一點畫。而M91、M33所出的晉侯僰馬壺“酉”的輪廓較獨特，呈長直頸、圓鼓腹狀，寫作。

六、山西絳縣横水倗國墓地

横水倗國墓地器物多爲西周中期器，“寶”字寫法較統一，“宀”多平頂，“貝”下部不見叉筆，亦不見這種翻角貝殼形，均是西周中期前段“寶”字常見寫法，與此類同的還有2006年横水鎮北西周墓出土的觶爾尊（《商周》11765）。

僅有倗伯鼎（M2）的寫法有异，此器銘中障的寫法也與其他器銘（如觶爾尊）不同，而與晉國墓地M33、M91、M92所出四件晉國僰馬壺的“障”字風格相近，時代應與之差不多，而比倗國墓地其他器物略晚。

七、山西翼城大河口霸國墓地

大河口霸國墓地“寶”字除了與晉國墓地某些器銘有類似之處外，有的“寶”字“貝”下部開口兩側各有一道短豎筆，如霸伯罍（M1017）。

需要注意的是，傳世格伯簋共四件，銘文相同，一件在上海博物館，一件在中國國家博物館，一件在故宫，另一件下落不詳。該器的作器者實際是倗生，按通例應定名爲倗生簋，此四器均用“保”代替“寶”字，如，也與其他格（霸）伯器不同。

霸伯罍（M1017）隮字的寫法與同時期器銘有异，其不見“阜”部，“酉”部特大，“廾”部兩手向上，互不相連，肘部筆畫曲折。

八、黎城楷國墓地

黎城楷國墓地“寶”與隮與同時期多數器銘寫法類似，從目前披露的很少的資料來看，字體并無太多獨特之處。

“寶”的寫法如楷侯宰鎣壺（《商周》12241），是西周晚期常見的樣式。

值得注意的是，對幾件出土地不明確的與楷侯有關的銅器[①]，我們也可以從字體角度聯繫起來觀察，如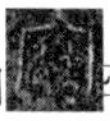䕫簋（《商周》05179）、楷尊（《商周》11711）、楷侯簋蓋（《商周》05129）三器，它們的“寶”字形體很相似（圖4～圖6）。

圖4　䕫簋

圖5　楷尊

圖6　楷侯簋蓋

䕫簋侈口，束頸，下腹向外傾垂，腹飾垂冠回首分尾鳳鳥紋；楷尊下腹向外傾垂，頸部亦飾分尾鳥紋；楷侯簋蓋雖沒有器身可供判斷，但蓋上部飾直棱紋，蓋沿飾回首夔紋，從器形、紋飾觀察，這些特徵均是西周中期前段所流行的，三器應該是年代相近的有着共同風格的楷國銅器。

九、葉家山曾國墓地

葉家山銅器的“寶”字有一些突出特點，搜集的20個單字中，大多爲分叉

① 據銘文可知䕫替楷侯奮勇驅戎，戰事勝利後得到楷侯親自封賞，其應該類似于武公與手下將領多友那般親密關係，另兩件均是楷侯自作器。

“貝”，如曾侯諫鼎（M65）；平頂“宀”，如作寶彝簋（M27）與作寶鼎（M65）；斜坡“宀”，兩檐角多數不出頭，如曾侯鼎（M27）；外貝長體“寶”，如祖南蘿觶（M27）與曾侯諫甗（M2），而這種特殊寫法應與不同器類留給銘文的空間大小和鑄刻平面有關。

障的寫法有三種：一爲曾侯鼎（M27），“廾”部兩手相連；一爲師鼎（M1），“廾”部兩手不連；一爲作尊彝卣（M65）。前兩種是西周早期常見風格，字體規整，第三種則較另類，兩手通過“酉”内横筆相連，字形也顯得扁矮，體勢潦草，此類字銘的器物也見于晉國墓地、燕國墓地等。

需要注意的是，相比于器形、紋飾對穆王以前劃分出的西周早期“兩段説”，通過器銘的字形演變所劃分的“三段説”更加細緻，有益于幫助我們解决銅器各要素間不均衡發展對銅器斷代研究産生的一些困惑。葉家山的銅器時代争議較多，包括墓葬下葬時間及器物鑄造時間的不同都會使人們得出不一樣的斷代結論。葉家山銘文還有不少未公佈，但據我們看到的材料分析，其“寶”字樣式大多分屬于本書所劃分的一期早段、一期晚段及二期，這將爲材料完全公佈後此墓地銅器時代的確定提供更多的依據和參考。

十、隨州羊子山鄂國墓地

“寶”字以2007年隨州市安居鎮羊子山出土的作寶彝卣（M4）爲代表，“宀”與“貝”的寫法是西周早期常見的形體，2011年4月見于西安藏家的鄂侯卣器、蓋銘裏的“寶”字寫法與之相近。

2008年4月出現在澳門崇源國際春季拍賣會的鄂侯鼎，其“宀”的寫法與羊子山所出鄂仲鼎（M4）相近，值得注意的是兩器紋飾也有一些類似之處（圖7、圖8）。

圖7　鄂侯鼎

圖8　鄂仲鼎

傳世的四件鄂侯簋銘（《商周》04828～04831）的“寶”字寫法相近，以爲代表，但是同爲西周晚期的鄂侯馭方鼎的則另有風格。

隮字以羊子山所出鄂侯甗（M4）爲代表，鄂仲鼎（M4）則有一些不同。

十一、山東高青陳莊齊墓

陳莊齊墓的“寶”字與同時代其他地區較爲不同，“貝”字多置于“宀”部之外，如豐簋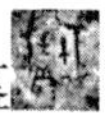（M18）。

即使到時代更晚的西周中期，2010年所出引簋（M35）“寶”的寫法也是如此，而其“貝”内部寫法也與晉國墓地的叡卣（M6384）、晉侯僰馬壺（M91）及晉侯邦父鼎（M64）等相似。

十二、山東濟陽劉臺子墓地

劉臺子墓地“夆”族墓地的“寶”字與同時期其他地區無太多差别，但隮字所見均是“廾”部兩手通過“酉”内部横筆相連，與晉國墓地的陵鼎、霸伯簋、亞㹜鼎、南宮姬鼎及強國墓地的伯各卣的隮字相似。

十三、灃西張家坡井叔墓地

灃西張家坡井叔墓地多是中期以後器物，“寶”字均是西周早、中、晚同時期常見的寫法，地域或族屬特點不明顯。

隮字寫法則較豐富，如齊姜鼎（M51）、憲仲簋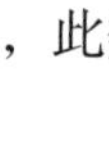（M285）、鄧仲犧尊（M163），均是“廾”部兩手通過“酉”内一横筆相連，此類寫法也見于晉國墓地同期器銘等。

另有張家坡14號窖藏所出西周晚期伯梁父簋等，“阜”部做列旗狀，且置于隮字左上角。

張家坡墓地所出四件叔剸父盨，雖然器、蓋同銘，依據器銘也應是一套，并且是同時鑄造，但“寶”字寫法的一些現象引起了我們注意（表1）。

表1　張家坡墓地所出四件叔𠟭父盨“寶”字的寫法

器名	著錄	器銘	蓋銘
叔𠟭父盨甲	《商周》05657		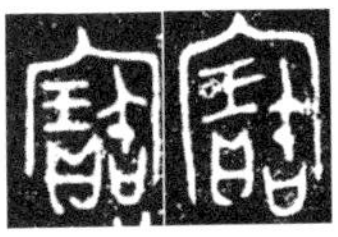
叔𠟭父盨乙	《商周》05658		
叔𠟭父盨丙	《商周》05659		
叔𠟭父盨丁	《商周》05660		

可以看出，甲、乙、丙、丁四器中，乙器蓋銘的“寶”與丁器器銘的“寶”寫法近似，一般來說，器、蓋同銘的器物，如果能證明是同地、同時甚至是同工所鑄，器銘與蓋銘理應寫法一致。從叔𠟭父盨銘文自述“叔𠟭父作鄭季寶鐘六，金尊盨四、鼎十”可以證明叔𠟭父盨屬于此種情況，故乙器蓋銘與丁器器銘一致，乙器器銘又與丁器蓋銘一致。之所以出現以上此種偏差，應該是在出土或入藏時乙器與丁器的器、蓋被混置了。

通過“寶”與“障”二字的形體比較可以進一步觀察族墓地器銘字形書體特徵所反映出的西周金文區域特徵。可以看出，同一時期不同地域（族屬）的銅器銘文在筆畫、結構、體勢、字排等方面均存在多少不等的個性特徵，且這些特徵隨着時間的推移也有一些變化。有的墓地所出器銘“寶”與“障”兩字的地域（族屬）特徵均不明顯，如隨州羊子山鄂國墓地、山東濟陽劉臺子“夆”族墓地、黎城楷國（黎國）墓地，有的墓地則是“寶”或“障”其中一字有較獨特的風格，如灃西張家坡井叔墓地的“障”字、濬縣辛村衛國墓地、葉家山曾國墓地的“寶”字，有的則是“寶”與“障”兩字均有較明顯的地域（族屬）特徵，如琉璃河燕國墓地、平頂山應國墓地、寶雞弸國墓地、山西天馬-曲村晉國墓地等。

西周時期，一些等級較高、實力較强、勢力範圍較廣、在位時間較長的貴族集團或諸侯，對周邊區域的器銘形態有着較强的輻射與影響。如山西天馬-曲村晉國墓地與大河口霸國墓地、橫水倗國墓地之間就呈現某種程度的同一性。

西周建國伊始的很多分封及移民活動都出自政治目的，高級貴族所具有的保守性促使一些貴族墓地呈現出與殷商器銘較强的同一性，同時這也可能與殷商滅亡後掌握文字的巫覡、史官、筆吏、工匠隨着各級貴族的遷徙有關。而有着個性特徵的器銘亦出自周初突然出現的諸侯國墓地，如燕、晉等，關中地區也有一部分突然出現的貴族墓地，如強國、石鼓山、戴家灣墓地具有自己的銘文風格（銘文少也可認爲是一種個性）。這些現象均折射出西周早期金文時空特徵的複雜面貌。

與西周一朝器形、紋飾、組合及葬俗方面的殷、周二分現象類似，西周時期姬姓貴族與非姬姓器銘之間也有着較多的差异。這一方面表明周人漸次地推進、擴大勢力範圍，統治深度也隨之加深；另一方面也說明周王朝立國後，實行了較長時間的懷柔政策。

在東方分封的諸侯國，其器銘外部特徵有着持續的自我更替能力，往往在西周中晚期出現了自己的獨特風格，這種個性也許就爲日後春秋文字的异化埋下伏筆。而西周中期以後，一些非姬姓貴族封邑雖被周王朝保留，或遷居他地，但已失去保持和擴充實力的基礎，沒有多久就自然而然地衰落了，如強國、石鼓山與戴家灣墓地等。從晉國墓地在西周中晚期開始呈現的較獨特的器銘特徵可以看出，地域（族屬）特徵的出現與演進并不一定與地理及族屬上是否靠近姬周有關，更具決定性的因素應在于諸侯的實力變化。日後在東周稱霸的多數諸侯，其區域特徵的逐漸顯露均開始于西周中晚期。

對于西周時期這種地域（族屬）特徵需要辯證地看待，從周代的勢力範圍和統治時間上觀察，關中地區出土的銅器器銘外部特徵從早期到晚期是逐漸趨同的，等級較高的諸侯國器銘無論姬姓與否，則存在一些殊异形體，書風行款也有區域特色。可以說，西周王朝青銅禮器外部特徵面貌及其內涵是複雜的，其差异性及不平衡性還需要我們更深入的研究。

（本文原載鄒芙都主編：《商周青銅器與先秦史研究論叢》，科學出版社，2017年，收入本書時有部分修改）。

附　　表

附表一　西周器銘書體型式統計表

型式	器名（來源）
A Ⅰ	公太史方鼎（《集成》02371）、公太史方鼎（《集成》02370）、公太史方鼎（《集成》02339）、斿鼎（《集成》02347）、克罍（《考古》1990年1期）、𤥚方鼎（《集成》02612）、𤥚方鼎（《集成》02613）、匽侯旨鼎（《集成》02269）、涾伯逘鼎（《集成》02344）、北子方鼎（《集成》02329）、亳鼎（《集成》02654）、應公鼎（《集成》02553）、復鼎（《集成》02507）、寵鼎（《新收》1796）、戍革鼎（《集成》02694）、遽伯睘簋（《集成》03763）、臣𣐺簋（《集成》03790）、𤴷簋（《集成》03731）、司土司簋（《集成》03696）、司土司簋（《集成》03697）、[illegible]婦簋（《集成》03687）、叔德簋（《集成》03942）、令簋（《集成》03508）、燕侯簋（《集成》03614）、天禾簋（《集成》03603）、陸婦簋（《集成》03621）、崨簋（《集成》10569）、旃簋（《集成》03628）、伯簋（《新收》1756）、𤥚簋（《集成》10560）、𩑿伯簋（《集成》03526）、叔𧊒簋（《新收》1842）、伯六辝方鼎（《集成》02337）、仲方鼎（《集成》02338）、𤥚鼎（《集成》02324）、斿鼎（《考古》1989年6期，563頁圖1.2）、亳方鼎（《集成》02316）、𨔶鼎（《集成》02310）、侯鼎（《集成》02274）、耳簋（《集成》10574）、𩚹白簋（《集成》10566）、堇臨簋蓋（《集成》03648）、子阩簋（《集成》03653）、叔單簋（《集成》03624）、倗簋（《集成》03667）、𢾊簋（《集成》03645）、微盉（《集成》10309）、仲子𪔈𣲧觥（《集成》09298）、𣪕卣（《集成》05354）、由伯卣（《集成》05356）、小臣豐卣（《集成》05352）、𡱂卣（《集成》05334）、𠂤丞卣（《集成》05318）、𩔖卣（《集成》05311）、守卣（《近出》597）、伯卣（《集成》05316）、伯[illegible]卣（《集成》05327）、伯[illegible]卣（《集成》05326）、[illegible]高卣（《集成》05319）、戈車卣（《集成》05272）、析家卣（《集成》05310）、鄂侯弟𡱂季卣（《集成》05325）、亞盉（《集成》09439）、𢓊盤（《集成》10067）、矩盤（《集成》10060）、𤯷盤（《集成》10059）、隮仲僕盤（《集成》10083）、𪏽卣（《新收》944）、𪏽卣（《新收》917）、史見卣（《集成》05305）、叔卣（《集成》05303）、矢卣（《集成》05304）、田告父丁卣（《集成》05273）、羊卣（《集成》05267）、尹舟卣（《集成》05296）、矢伯隻卣（《集成》05291）、𢓜伯卣（《集成》05221）、𩚹伯卣（《集成》05222）、𣀈卣（《集成》05284）、作父壬卣（《集成》05289）、乃子卣（《集成》05306）、𢓊伯罰卣（《集成》05317）、[illegible]卣（《集成》05279）、力伯卣（《集成》05235）、伯魚卣（《集成》05234）、伯貉卣（《集成》05233）、正父卣（《集成》05244）、盟弘卣（《集成》05257）、安父卣蓋（《集成》05247）、向卣（《集成》05250）、竟卣（《集成》05253）、㝱气簋（《集成》10561）、𪇴姒

續表

型式	器名（來源）
A Ⅰ	簋（《集成》03567）、作父丁簋（《新收》305）、作父丁簋（《新收》306）、䢅見駒簋（《集成》03750）、䎽簋（《集成》03518）、壽簋（《集成》10558）、柚簋（《集成》10556）、𤔲簋（《集成》03516）、向簋（《集成》10567）、亞㢸鼎（《新收》923）、王姒鼎（《新收》1157）、般子鼎（《集成》02345）、姞𦥑母方鼎（《集成》02330）、伯𢦚方鼎（《集成》02336）、嬴季簋（《集成》03558）、伯魚簋（《集成》03534）、伯魚簋（《集成》03535）、伯簋（《集成》03540）、鼎鼎（《集成》02252）、𦊨鼎（《集成》02506）、鮮父鼎（《集成》02143）、旂父鼎（《集成》02144）、安父鼎（《集成》02142）、𢦏父鼎（《集成》02141）、䎽鼎（《集成》02255）、曆鼎（《集成》02245）、旛觥（《集成》09293）、亞叀鼎（《集成》02260）、易貝鼎（《集成》0232）、[illegible]鼎（《集成》02247）、抑小子啟鼎（《集成》02272）、奪卣（《集成》05331）、衛卣（《集成》05323）、𪊨尊（《集成》05908）、作冊𪒠卣（《集成》05400）、作冊𪒠尊（《集成》05991）、考卣（《集成》05216）、卿卣（《集成》05259）、卿卣（《集成》05258）、天亡簋（《集成》04261）、小臣單觶（《集成》06512）、旅鼎（《集成》02728）、堇鼎（《集成》02703）、效父簋（《集成》03822）、效父簋（《集成》03823）、䚄公簋（《考古》2007年3期，圖版3.5）、匽侯盂（《集成》10305）、匽侯盂（《集成》10304）、宜侯夨簋（《集成》04320）、小盂鼎（《集成》02839）、盂甗（《新收》1591）、盂爵（《集成》09104）、獻侯鼎（《集成》02626）、獻侯鼎（《集成》02627）、作冊大鼎（《集成》02758）、作冊大鼎（《集成》02759）、作冊大鼎（《集成》02760）、作冊大鼎（《集成》02761）、御正良爵（《集成》09103）、雍伯鼎（《集成》02531）、吾鬲（《集成》00565）、顯卣（《集成》05388）、顯卣（《集成》05389）、㸚尊（《集成》06014）、德鼎（《集成》02405）、我方鼎（《集成》02763）、鳴士卿尊（《集成》05985）
B Ⅰ	集卣（《集成》05218）、戠卣（《集成》05214）、[illegible]季鼎（《集成》02325）、彈鼎（《集成》02321）、奪卣（《集成》05330）、對卣（《集成》05328）、畧卣（《集成》05329）、虢觥（《集成》09296）、𢐗伯簋（《集成》03527）、𢐗伯簋（《集成》03528）、哦簋（《集成》03613）、伯考庚簋（《集成》03539）、伯考庚簋（《集成》03538）、伯丙簋（《集成》10564）、[illegible]簋（《集成》03515）、矩爵簋（《新收》1301）、盧簋（《集成》03520）、密簋（《集成》03519）、伯者父簋（《集成》03748）、仲爯簋（《集成》03747）、叔方鼎（《集成》02270）、猷鼎（《集成》02258）、自方鼎（《集成》02266）、自方鼎（《集成》02267）、自方鼎（《集成》02265）、自方鼎（《集成》02264）、盂方鼎（《新收》1244）、盂方鼎（《新收》1245）、敔簋（《集成》03827）、師高簋（《集成》10565）、伯𩵦簋（《集成》03536）、季𡰥簋（《集成》03556）、伯矩簋（《集成》03532）、伯矩簋（《集成》03533）、安父簋（《集成》03561）、師𧃍簋（《集成》03573）、卜盂簋（《集成》03577）、伯矩卣蓋（《集成》05229）、伯矩卣蓋（《集成》05230）、[illegible]卣蓋（《新收》304）、𦜡卣（《集成》05361）、闢卣（《集成》05322）、無憂卣（《集成》05309）、伯矩盤（《集成》10073）、晨簋（《新收》298）、堇伯簋

續表

型式	器名（來源）
BⅠ	（《集成》10571）、亞㠱侯旅簋（《集成》03689）、束人守父簋（《集成》03698）、幷廷冀簋（《集成》03686）、霸姞簋（《集成》03565）、𤞞刧卣（《集成》05383）、堇臨簋（《集成》03647）、造簋（《集成》03862）、利簋（《集成》04131）、𤞞刧尊（《集成》05977）、𡆥方鼎（《集成》02739）、小臣𧽊鼎（《集成》02556）、康侯丰方鼎（《集成》02153）、攸簋（《集成》03906）、雍姒簋（《集成》03568）、鄂叔簋（《集成》03574）、魯侯熙鬲（《集成》00648）、北伯殁卣（《集成》05299）、成王方鼎（《集成》01734）、大保鼎（《集成》01735）、遭鼎（《集成》02157）、遭鼎（《集成》02158）、遭鼎（《集成》02159）、遭鼎（《集成》02372）、遭鼎（《集成》125.1）、太史𠭯甗（《集成》00915）、復尊（《集成》05978）、𦑓父方鼎（《集成》02453）、𦑓父方鼎（《集成》02455）、德方鼎（《集成》02661）、德簋（《集成》03733）
CⅠ	作冊疐鼎（《集成》02504）、涾司土𨒅簋（《集成》04059）、大保簋（《集成》04140）、𡛟簋（《集成》03905）、禽簋（《集成》04041）、圉方鼎（《集成》02505）、圉甗（《集成》00935）、圉簋（《集成》03824）、圉簋（《集成》03825）、圉卣（《集成》05374）、伯矩鬲（《集成》00689）、伯龢鼎（《集成》02407）、大祝禽方鼎（《集成》01937）、大祝禽方鼎（《集成》01938）、保卣（《集成》05415）、獻簋（《集成》04205）、商尊（《集成》05997）、商卣（《集成》05404）、曆方鼎（《集成》02614）、征人鼎（《集成》02674）、臣卿鼎（《集成》02595）、大保盉（《新收》1367）
AⅡ	柬鼎（《集成》02682）、小臣傳簋（《集成》04206）、士上尊（《集成》05999）、士上卣（《集成》05421）、士上卣（《集成》05422）、士上盉（《集成》09454）、小臣靜卣（《新收》1960）、麥方鼎（《集成》02706）、麥鬲（《集成》00490）、麥盉（《集成》09451）、憲鼎（《集成》02749）、司鼎（《集成》02659）、沈子也簋蓋（《集成》04330）、伯唐父鼎（《新收》698）、叔夨方鼎（《新收》915）、伯簋（《集成》03499）、效尊（《集成》06009）、屯鼎（《集成》02510）、屯鼎（《集成》02509）、辨簋（《集成》03714）、辨簋（《集成》03715）、辨簋（《集成》03716）、榮仲方鼎（《新收》1567）、𠭯卣（《新收》964）、倗卣（《集成》05366）、㝬簋（《集成》10581）、甚𨚕君簋（《集成》03791）、伯衛父盉（《集成》09435）、魯侯盉蓋（《集成》09408）、作公鎣（《集成》09393）、效卣（《集成》05433）、𢦏盉（《集成》09428）、否叔卣（《新收》1951）、貉子卣（《集成》05409）、串鼎（《集成》02319）、季𥂴方鼎（《集成》02340）、楇仲簋（《集成》03549）、𠫑父盤（《集成》10075）、伯䂂簋（《新收》945）、長子狗鼎（《集成》02369）、鄧小仲方鼎（《集成》02528）、乃𦞚子鼎（《集成》02532）、𢼄簋（《集成》03745）、保㚸母簋（《集成》10580）、㶣伯盉（《集成》09414）、來父盉（《集成》09429）、㶣伯簋（《集成》03524）、㶣伯簋（《集成》03525）、幢季遽父卣（《集成》05357）、幢季遽父卣（《集成》05358）、涇伯卣（《集成》05224）、涇伯卣（《集成》05225）、㶣伯卣（《集成》05226）、㶣伯卣（《集成》05227）、似向米宮卣（《集成》

續表

型式	器名（來源）
AⅡ	05255）、𡧊卣（《集成》05248）、靜方鼎（文物1998年5期，86頁圖4）、盠方彝（《集成》09899）、盠方彝（《集成》09900）、盠駒尊（《集成》06011）、盠駒尊蓋（《集成》06012）、作冊魖卣（《集成》05432）、𪒠𦇅方鼎（《集成》02729）、榮子旅鼎（《集成》02320）、榮子旅鬲（《集成》00582）、榮子旅鬲（《集成》00583）、榮子旅卣（《集成》05256）、應公鼎（《集成》02554）、應公簋（《集成》03477）、應公簋（《集成》03478）、應公尊（《集成》05220）
BⅡ	耳尊（《集成》06007）、太史觶（《陝金》1.533）、保侃母簋（《集成》03744）、保侃母簋蓋（《集成》03743）、叔𩛥方尊（《集成》05962）、叔𩛥方彝（《集成》09888）、伯憲盉（《集成》09430）、魯侯簋（《集成》04029）、𡨦鼎（《集成》02740）、𡨦鼎（《集成》02741）、公卣（《新收》1948）、𤞷卣（《集成》05249）、亢鼎（《新收》1439）、伊生簋（《集成》03631）、作祖戊簋（《集成》03500）、王盂殘底（《新收》668）、康生豆（《集成》04685）、衛簋（《集成》03612）、叔鼉鼎（《集成》02342）、匽觥（《集成》09292）、耳臣戥簋（《集成》03826）、㠯卣（《集成》05335）、㚖萬高卣（《集成》05345）、伯𩰫盉（《集成》09418）、伯𩰫盉（《集成》09417）、甲盉（《集成》09431）、晉仲韋父盉（《新收》965）、許仲𣁋卣（《集成》05369）、伯𨑃卣（《集成》05393）、伯𡨦父卣（《集成》05390）、作祖戊卣（《集成》05200）、咸方鼎（《新收》703）、𨑃𠭯進方鼎（《文物》1986年1期，10頁圖21）、𢾊甗（《文物》2007年1期，65頁圖2）、𡿨觶（《集成》06504）、屯尊（《集成》05932）、屯卣（《集成》05337）、厚趠方鼎（《集成》02730）、作冊睘卣（《集成》05407）、作冊睘尊（《集成》05989）、作冊折尊（《集成》06002）、作冊折方彝（《集成》09895）、作冊折觥（《集成》09303）、作冊夨令方彝（《集成》09901）、作冊夨令簋（《集成》04300）、作冊夨令簋（《集成》04301）、令盤（《集成》10065）、誃簋（《集成》03950）、誃簋（《集成》03951）、𢦚馭簋（《集成》03976）、大盂鼎（《集成》02837）、量侯𧆞簋（《集成》03908）、王妊簋（《集成》03344）、守宮鳥尊（《集成》05959）、守宮卣（《集成》05170）、守宮卣（《集成》05359）、守宮卣（流散歐138）、守宮觥（《集成》09297）、同簋（《新收》935）、應公方鼎（《集成》02150）、應公方鼎（《集成》02151）、應公鼎（《新收》1438）、應公鼎（《華夏考古》2007年1期，27頁圖6.1）、應公觶（《集成》06174）、應公尊（《集成》05841）
CⅡ	㫃方彝（《集成》09892）、殳簋（《集成》04136）、史獸鼎（《集成》02778）、息伯卣（《集成》05386）、息伯卣蓋（《集成》05385）、𨸏尊（《集成》05986）、旟鼎（《集成》02704）、作冊夨令方尊（《集成》06016）、召卣（《集成》05416）、召尊（《集成》06004）、芮姞簋（《新收》665）、榮簋（《集成》04241）、乃子克鼎（《集成》02712）、史𦉢簋（《集成》04031）、史𦉢簋（《集成》04030）、柞伯簋（《新收》76）、遣尊（《集成》05992）、遣卣（《集成》05402）、小臣謎簋（《集成》04238）、小臣謎簋（《集成》04239）、過伯簋（《集成》03907）、𡔜簋（《集成》03732）、叔卣（《集成》04132）、叔卣（《集成》04133）、應監甗（《集成》00883）

續表

型式	器名（來源）
AⅢ	叔趯父卣（《集成》05428）、叔趯父卣（《集成》05429）、畣簋（《集成》03385）、師眉鼎（《集成》02705）、臣諫簋（《集成》04237）、啟尊（《集成》05983）、縣改簋（《集成》04269）、次尊（《集成》05994）、次卣（《集成》05405）、趩觶（《集成》06516）、裘衛盉（《集成》09456）、守鼎（《集成》02755）、㠱仲飲壺（《集成》06511）、趞簋（《集成》04266）、師奎父鼎（《集成》02813）、剌鼎（《集成》02776）、䕌鼎（《集成》02765）、倗叔壺（商周12401）、甫盉（《新收》62）、臤尊（《集成》06008）、遣盉（《集成》09433）、師子于匹盉（《集成》09432）、散伯卣（《近出》595）、散伯卣（《集成》05301）、散伯卣蓋（《集成》05300）、戎䡇卣（《集成》05324）、伯姜鼎（《集成》02791）、強伯鼎（《集成》02676）、強伯鼎（《集成》02677）、強伯鼎（《集成》02276）、強伯方鼎（《集成》02277）、強伯窔鼎（《集成》02278）、祄㒒父鼎（《集成》02334）、伯雍倗鼎（《新收》937）、南宮姬鼎（《新收》925）、南宮姬鼎（《新收》926）、麃父卣（《集成》05348）、齊生魯方彝蓋（《集成》09896）、遲盨（《集成》04436）、䋣簋（《集成》04192）、䋣簋（《集成》04193）、录簋（《集成》03863）、孟得簋（《新收》968）、強伯簋（《集成》03616）、強伯簋（《集成》03617）、強伯簋（《集成》03618）、㕓敖簋蓋（《集成》04213）
BⅢ	保員簋（《考古》1991年7期，650頁圖1）、師眉簋（《集成》04097）、不指方鼎（《集成》02735）、不指方鼎（《集成》02736）、守宮盤（《集成》10168）、令鼎（《集成》02803）、盠方尊（《集成》06013）、師遽方彝（《集成》09897）、遺卣（《集成》05260）、繁卣（《集成》05430）、衛鼎（《集成》02733）、競卣（《集成》05425）、御史競簋（《集成》04134）、御史競簋（《集成》04135）、㦰簋（《集成》04322）、㦰方鼎（《集成》02789）、㦰方鼎（《集成》02824）、录㦰尊（《集成》05419）、录㦰卣（《集成》05420）、录㦰卣（《新收》1961）、录簋（《集成》04122）、遹甗（《集成》00948）、㲃鼎（《集成》02721）、豐尊（《集成》05996）、豐卣（《集成》05403）、叔具鼎（《集成》02341）、師轉鎣（《集成》09401）、作䍐宮盉（《新收》63）、強伯鎣（《集成》09409）、公貿鼎（《集成》02719）、任鼎（《新收》1554）、辛鼎（《集成》02660）、呂方鼎（《集成》02754）、先獸鼎（《集成》02655）、舍父鼎（《集成》02629）、伯陶鼎（《集成》02630）、或者鼎（《集成》02662）、帥鼎（《集成》02774）、命簋（《集成》04112）、井鼎（《集成》02720）、䖵鼎（《集成》02696）、靜簋（《集成》04273）、尸曰簋（《集成》03483）、尸曰壺（《新收》1691）、尸曰匜（《新收》1670）、尸曰盤（《新收》1609）、或者簋（《集成》03675）、生史簋（《集成》04100）、生史簋（《集成》04101）、不壽簋（《集成》04060）、祖日庚簋（《集成》03992）、寧簋蓋（《集成》04021）、寧簋蓋（《集成》04022）、己侯貉子簋蓋（《集成》03977）、臭簋（《集成》03909）、伯簪簋（《集成》03943）、疐簋（《集成》03868）、周乎卣（《集成》05406）、同卣（《集成》05398）、寡子卣（《集成》05392）、縈叔卣（《集成》05382）、寓卣（《集成》05381）、𦈢卣（《新收》1452）、豚卣（《集成》05365）、异卣蓋（《集成》05372）、𢽽卣

續表

型式	器名（來源）
BⅢ	（《新收》69）、伯卣（《集成》05371）、公卣（《新收》1315）、参卣蓋（《集成》05343）、仲卣（《集成》05341）、述卣（《集成》05336）、伯叵卣（《集成》05340）、季嬴霝德盉（《集成》09419）、伯叵盉（《集成》09427）、堯盉（《集成》09436）、義盉蓋（《集成》09453）、伯敢畀㕓盨（《新收》1622）、伯敢畀㕓盨（《新收》1621）、匽方彝（《集成》09884）、匽方彝（《集成》09885）、應侯爯盨（《新收》65）、昜鼎（《集成》02678）、作長鼎（《集成》02348）、小臣氏樊尹鼎（《集成》02351）、師賸父鼎（《集成》02558）、伯龢鼎（《新收》1690）、晳卣（《集成》05254）、孟簋（《集成》04162）、毛伯戈（《新收》348）、御正衛簋（《集成》04044）、量簋（《集成》04159）、豦簋（《集成》04167）、農卣（《集成》05424）、寓鼎（《集成》02756）、庚嬴卣（《集成》05426）、盂卣（《集成》05399）、鮮簋（《集成》10166）、遹簋（《集成》04207）、長甶盉（《集成》09455）、虎簋蓋（《新收》633）、老簋（《新收》1875）、恆簋蓋（《集成》04199）、恆簋蓋（《集成》04200）、史懋壺蓋（《集成》09714）、季𩛥簋（《集成》03949）、裘衛簋（《集成》04256）、班簋（《集成》04341）、員卣（《集成》05387）、章伯𣪘簋（《集成》04169）、啟卣（《集成》05410）、守宮爵（《集成》09017）、守宮爵（《集成》09018）、員方鼎（《集成》02695）、榮子旅鼎（《集成》02503）、榮子旅甗（《集成》00930）、榮子方尊（《集成》05843）、榮子方彝（《集成》09880）、榮子方彝（《集成》09881）、服方尊（《集成》05968）、井季𡙇尊（《集成》05859）、井季𡙇卣（《集成》05239）、井季𡙇鼎（《集成》02199）、師瘨簋蓋（《集成》04284）、諫簋（《集成》04285）、𦱤簋（《集成》04195）、叔賓父簋（《新收》1666）、鄧公簋（《集成》03858）、伯𢦚簋（《集成》03490）、應侯簋（《集成》04045）、宗仲匜（《集成》10182）、宗仲盤（《集成》10071）、燕伯聖匜（《集成》10201）、伯盂（《集成》10312）、天盂（《新收》759）、禽鼎（《集成》02486）、尹叔鼎（《集成》02282）、𢦏鼎（《集成》02349）、𪉺盂延盨（《集成》04420）、𪉺盂延盨（《集成》04421）、達盨蓋（《新收》693）、達盨蓋（《新收》692）、馬方彝（《新收》1845）、日己方彝（《集成》09891）、日己觥（《集成》09302）、叔臬父簋（《集成》03764）、燮簋（《集成》04046）
CⅢ	師旂鼎（《集成》02809）、豆閉簋（《集成》04276）、蔡簋（《集成》04340）、小臣逋鼎（《集成》02581）、穆父鼎（《集成》02331）、穆父鼎（《集成》02332）、繁簋殘底（《集成》04146）、戴簋（《集成》04099）、毛公旅方鼎（《集成》02724）、公姞鬲（《集成》00753）、榮簋（《集成》04121）、孟員鼎（《新收》697）、衛鼎（《集成》02616）、鄂侯弟厝季簋（《集成》03668）、小臣夌鼎（《集成》02775）、㝹簋（《集成》03993）、㝹簋（《集成》03994）
BⅣ	師遽簋蓋（《集成》04214）、曶鼎（《集成》02838）、尹姞鬲（《集成》00754）、尹姞鬲（《集成》00755）、免尊（《集成》06006）、免簋（《集成》04240）、免簠（《集成》04626）、免盤（《集成》10161）、伯車父盨（《集成》04383）、改盨（《集成》04414）、師酉簋（《集成》04290）、師酉簋（《集成》04289）、師酉簋（《集成》04288）、師酉簋（《集成》04291）、滕

續表

型式	器名（來源）
BⅣ	虎簋（《集成》03830）、滕虎簋（《集成》03831）、滕虎簋（《集成》03828）、滕虎簋（《集成》03832）、毳簋（《集成》03931）、毳簋（《集成》03932）、毳簋（《集成》03933）、毳簋（《集成》03934）、毳盉（《集成》09442）、師酉鼎（《新收》1600）、師湯父鼎（《新收》660）、士山盤（《新收》1555）、㝬簋（《集成》04317）、應侯見工鐘（《新收》82）、應侯見工鐘（《新收》83）、應侯見工鐘（《集成》00107）、應侯見工鐘（《集成》00108）、利鼎（《集成》02804）、彔盨（《集成》04357）、彔盨（《集成》04358）、彔盨（《集成》04359）、伯呂盨（《新收》1559）、伯孝鼓盨（《集成》04408）、伯孝鼓盨（《集成》04407）、仲饡父盨（《集成》04399）、事族簋（《集成》04089）、姒嬰母簋（《集成》03845）、叔向父簋（《集成》03870）、革簋（《集成》03835）、叔虤簋（《集成》03554）、叔虤簋（《集成》03553）、叔虤簋（《集成》03552）、雍伯原鼎（《集成》02559）、叔駒父簋（《文博》2008年2期8頁圖9）、數王盉（《集成》09411）、從鼎（《集成》02788）、雍伯原鼎（《集成》02559）、伯庸父盉（《集成》09437）、𩟱兹鼎（《集成》02379）、欒伯盤（《集成》10167）、伯㦰父簋（《首陽吉金》107頁）、遲父鼎（《集成》02195）、𪇰簋（《集成》04215）、融从盨（《集成》04466）、融從鼎（《集成》02818）、融從簋蓋（《集成》04278）、親簋（《中國歷史文物》2006年3期封2）
AⅣ	師望鼎（《集成》02812）、師𩛥鼎（《集成》02830）、史牆盤（《集成》10175）、七年趞曹鼎（《集成》02783）、十五年趞曹鼎（《集成》02784）、五祀衛鼎（《集成》02832）、九年衛鼎（《集成》02831）、吳方彝蓋（《集成》09898）、師虎簋（《集成》04316）、小臣守簋（《集成》04179）、小臣守簋（《集成》04180）、小臣守簋（《集成》04181）、揚簋（《集成》04294）、揚簋（《集成》04295）、衛簋（《集成》04209）、衛簋（《集成》04210）、衛簋（《集成》04211）、衛簋（《集成》04212）、格伯簋（《集成》03952）
BⅤ	虢季子白盤（《集成》10173）、散氏盤（《集成》10176）、伯公父盨蓋（《集成》04384）、伯公父壺蓋（《集成》09656）、伯公父勺（《集成》09935）、伯公父勺（《集成》09936）、走馬休盤（《集成》10170）、十二年大簋蓋（《集成》04299）、頌鼎（《集成》02827）、頌鼎（《集成》02828）、頌鼎（《集成》02829）、頌盤（《文物》2009年9期52頁圖3）、頌壺（《集成》09731）、頌壺蓋（《集成》09732蓋）、頌壺（《新收》1962器）、頌簋（《集成》04332）、頌簋（《集成》04333）、頌簋（《集成》04334）、頌簋（《集成》04335）、頌簋蓋（《集成》04336）、頌簋（《集成》04337）、頌簋蓋（《集成》04338）、頌簋（《集成》04339）、楚公逆鐘（考古1995年2期178頁）、大簋蓋（《集成》04125）、虢叔大父鼎（《集成》02492）、善夫山鼎（《集成》02825）、毛公鼎（《集成》02841）、元年師兌簋（《集成》04274）、元年師兌簋（《集成》04275）、伊簋（《集成》04287）、散車父簋（《集成》03881）、散車父簋（《集成》03882）、散車父簋（《集成》03883器）、散車父簋（《集成》03885蓋）、散車父簋（《集成》03884）、散車父簋（《集成》03886）、克鐘（《集成》00204-00208）、小克鼎（《集成》02796～02802）、大

續表

型式	器名（來源）
BⅤ	克鼎（《集成》02836）、周我父簋（《集成》04048）、周我父簋（《集成》04049）、周我父簋（《集成》04050）、友父簋（《集成》03727）、師寏父簋（《集成》03705）、師寏父簋（《集成》03706）、鄧公簋（《集成》03775）、鄧公簋（《集成》03776）、曾伯文簋（《集成》04051）、曾伯文簋（《集成》04052）、曾伯文簋（《集成》04053）、孟𢦚父簋（《集成》03961）、孟𢦚父簋（《集成》03960）、伯大師盨（《集成》04395）、伯大師盨（《集成》04394）、昜叔盨（《集成》04390）、五年琱生簋（《集成》04292）、姞𢽾母匜（《集成》10183）、叔侯父匜（《集成》10203）、季㪤父簠（《集成》04564）、鄭伯匜（《新收》87）、虢叔簠蓋（《集成》04498）、虢叔簠（《集成》04515）、虢叔簠（《集成》04514）、羌仲无簠（《集成》04578）、齊侯匜（《集成》10272）、師趁鼎（《集成》02713）、旛叔樊鼎（《集成》02679）、仲師父鼎（《集成》02743）、晉侯邦父鼎（《新收》901）、吉父鼎（《集成》02512）、伯考父鼎（《集成》02508）、伯鮮鼎（《集成》02664）、伯鮮鼎（《集成》02663）、卌二年逨鼎（《單氏》39頁）、卌二年逨鼎（《新收》745）、卌三年逨鼎（《單氏》55頁）、卌三年逨鼎（《單氏》63頁）、卌三年逨鼎（《單氏》71頁）、卌三年逨鼎（《單氏》79頁）、卌三年逨鼎（《單氏》87頁）、卌三年逨鼎（《單氏》95頁）、卌三年逨鼎（《單氏》103頁）、卌三年逨鼎（《新收》747）、卌三年逨鼎（《單氏》119頁）、卌三年逨鼎（《單氏》127頁）、逨盤（《新收》757）、逨盉（《新收》756）、逨鐘（《新收》772）、逨鐘（《新收》773）、逨鐘（《新收》775）、逨鐘（《首陽吉金》121）、姬鼎（《集成》02681）、𪨝叔信姬鼎（《集成》02767）、遣叔吉父盨（《集成》04418）、遣叔吉父盨（《集成》04416）、遣叔吉父盨（《集成》04417）、叔倉父盨（《集成》04351）、此鼎（《集成》02821）、南公有司𣄨鼎（《集成》02631）、晉侯對鼎（《新收》907）、小子𣪕鼎（《集成》02598）、伯魚父鼎（《集成》02534）、此鼎（《集成》02823）、仲義父鼎（《集成》02541-02545）、善夫吉父鼎（《新收》658）、師㿝鼎（《集成》02557）、仲師父鼎（《集成》02744）、南宮柳鼎（《集成》02805）、鄭虢仲悆戠鼎（《集成》02599）、伯頵父鼎（《集成》02649）、伯鮮鼎（《集成》02665）、伯鮮鼎（《集成》02666）、師閔鼎（《集成》02281）、伯𠱾父簠（《集成》04536）、豐兮夷簋（《集成》04002）、大自事良父簋蓋（《集成》03914）、叡年伯簋（《集成》03807）、仲原父匜（《新收》326）、鄭義伯匜（《集成》10204）、叔荞父鼎（《集成》02511）、伯堂鼎（《集成》02538）、楚公逆鐘（《新收》893）、㸚戒鼎（《新收》1454）、十二年大簋蓋（《集成》04298）、大鼎（《集成》02807）、大鼎（《集成》02808）、楚公逆鐘（《集成》00106）、柞鏄（《中華文物世界》187）、作冊封鬲（《新收》1557）、作冊封鬲（《新收》1556）、曾伯文簋（《曾銅》148頁）、六年琱生簋（《集成》04293）、伯㳄匜（《集成》10250）、司馬南叔匜（《集成》10241）、叔高父匜（《集成》10239）、𥛚伯𠂤匜（《集成》10237）、蘇甫人匜（《集成》10205）、郙仲簠（《新收》1045蓋）、司徒伯吳盨（《集成》04415）、𪕍季鼎（《集成》02585）、華季益鼎（《集成》02547）、伯吉父鼎（《集成》02656）、散伯車父鼎（《集成》

續表

型式	器名（來源）
BⅤ	02697）、散伯車父鼎（《集成》02700）、食生走馬谷簋（《集成》04095）、魯內小臣床生鼎（《集成》02354）、善夫旅伯鼎（《集成》02619）、叔碩父鼎（《集成》02596）、伯蔖父鼎（《集成》02580）、辛中姬皇母鼎（《集成》02583）、辛中姬皇母鼎（《集成》02582）、伯夏父鼎（《集成》02584）、伯庸父鼎（《集成》02535）、史宜父鼎（《集成》02515）、伯氏始氏鼎（《集成》02643）、善夫伯辛父鼎（《集成》02561）、雍鼎（《集成》02521）、散伯車父鼎（《集成》02698）、散伯車父鼎（《集成》02699）、伯筍父鼎（《集成》02514）、許男鼎（《集成》02549）、仲爯父鼎（《集成》02529）、此鼎（《集成》02822）、吳王姬鼎（《集成》02600）、仲涿父鼎（《集成》02533）、函皇父鼎（《集成》02548）、鄭登伯鼎（《集成》02536）、輔伯雁父鼎（《集成》02546）、伯筍父鼎（《集成》02513）、靜叔鼎（《集成》02537）、會妘鼎（《集成》02516）、鄭姜伯鼎（《集成》02467）、戴叔朕鼎（《集成》02691）、戴叔朕鼎（《集成》02692）、虢宣公子白鼎（《集成》02637）、吳虎鼎（《新收》709）、叔㔺父匜（《集成》10248）、賈子己父匜（《集成》10252）、王婦㠱孟姜匜（《集成》10240）、蘇公匜（《新收》1916）、史頌簠（《集成》04481）、丹叔番盂（《新收》669）、季㠯父簠（《集成》04563）、伯公父簠（《集成》04628）、史免簠（《集成》04579）、郜仲簠（《新收》1046）、伯公父盂（《集成》10314）、乘父士杉盨（《集成》04437）、兮伯吉父盨（《集成》04426）、伯筍父盨（《集成》04350）、鄧伯盨（《集成》04347）、京叔盨（《新收》1964）、叔元父盨蓋（《新收》1765）、立盨（《集成》04365）、鄧公簋蓋（《集成》04055）、鄧公簋（《新收》55）、鄧公簋（《新收》56）、兮甲盤（《集成》10174）、師寰簋（《集成》04313）、追夷簋（《新收》53）、虢季氏子組簋（《集成》03971-03973）、虢季氏子組鬲（《集成》00661）、虢季氏子組鬲（《集成》00662）、虢季氏子組鬲（《彙編》395）、此簋（《集成》04303～04310）、成伯孫父鬲（《集成》00680）、廟孱鼎（《集成》02417）、國子碩父鬲（《新收》48）、虢仲盨（《文物精華》97.58）、虢仲簠（《新收》46）、毛伯嚶父簋（《集成》04009）、柞鐘（《集成》00133-00139）、史柞鐘（《首陽吉金》120）、趞鼎（《集成》02815）、史頌鼎（《集成》02787）、史頌鼎（《集成》02788）、史頌簋（《集成》04229）、史頌簋（《集成》04230）、史頌簋蓋（《集成》04231）、史頌簋（《集成》04232）、史頌簋（《集成》04233）、史頌簋蓋（《集成》04234）、史頌簋（《集成》04235）、史頌簋（《集成》04236）、史頌簋（《流散歐》113）、史頌盤（《集成》10093）、史頌匜（《集成》10220）、虢季氏子钕鬲（《集成》00683）、駒父盨蓋（《集成》04464）、虢文公子钕鼎（《集成》02634～02636）、虢文公子钕鬲（《集成》00736）、幾父壺（《集成》09721）、幾父壺（《集成》09722）、芮叔㝨父簋（《集成》04065～04067）、楚公冢鐘（《集成》00043～00045）、㚣鐘（《集成》00109～00112）、不嬰簋（《集成》04328）、不嬰簋（《集成》04329）
AⅤ	鬫公盨（《新收》1607）、瘨盨（《集成》04462）、瘨盨（《集成》04463）、嫄仲簋（《集成》03620）、㴩俗父鼎（《集成》02466）、伯友父鼎（《文博》2008年2期，6頁圖1）、是婁簋（《集

續表

型式	器名（來源）
AV	成》03910）、是婁簋（《集成》03911）、南季鼎（《集成》02781）、逆鐘（《集成》00060-00063）、虢仲盨蓋（《集成》04435）、公臣簋（《集成》04184～04187）、多友鼎（《集成》02835）、五年師旋簋（《集成》04216-04218）、鄂侯馭方鼎（《集成》02810）、翏生盨（《集成》04459）、翏生盨（《集成》04460）、翏生盨（《集成》04461）、叔剸父盨（《集成》04454～04457）、䧹簋（《集成》03865）、城虢仲簋（《集成》03551）、鄭虢仲簋（《集成》04024）、鄭虢仲簋（《集成》04025）、鄭虢仲簋（《集成》04026）、虢仲鬲（《集成》00561）、虢仲鬲（《集成》00562）、虢仲鬲（《集成》00708）、榮有司爯鬲（《集成》00679）、㾓簋（《集成》04170～04177）、微伯㾓鋪（《集成》04681）、微㾓盆（《集成》10324）、微㾓盆（《集成》10325）、微伯㾓匕（《集成》00972）、微伯㾓匕（《集成》00973）、十三年㾓壺（《集成》09723器）、十三年㾓壺（《集成》09723蓋）、十三年㾓壺（《集成》09724器）、十三年㾓壺（《集成》09724蓋）、三年㾓壺（《集成》09726）、三年㾓壺（《集成》09727）、㾓鐘（《集成》00246～00259）、伯先父鬲（《集成》00649-00658）、即簋（《集成》04250）、夷伯夷簋（《新收》667）、夷伯夷簋（《陝金》1.364）、叔謙父盨（《集成》04376）、叔謙父盨（《集成》04375）、仲彤盨（《集成》04372）、仲彤盨（《集成》04373）、應侯盨（《新收》1458）、伯誇父盨（《集成》04345）、伯鮮盨（《集成》04363）、仲義父盨（《集成》04387）、伯多父盨（《集成》04368～04371）、伯寬父盨（《集成》04439）、遡盂（《集成》10321）、衛始豆（《集成》04666）、衛始豆（《集成》04667）、伯吉父匜（《集成》10226）、季宮父簠（《集成》04572）、善夫吉父簠（《集成》04530）、般仲㝬簠（《集成》04485）、仲其父簠（《集成》04483）、仲其父簠（《集成》04482）、函交仲簠（《集成》04497）、射南簠（《集成》04479）、射南簠（《集成》04480）、罰伯簠（《集成》04484）、伯多父盨（《集成》04419）、讓季獻盨（《集成》04413）、華季益盨（《集成》04412）、單子白盨（《集成》04424）、曼龏父盨（《集成》04432）、晉侯對盨（《新收》852-854）、晉侯對盨（《新收》855）、師湯父鼎（《集成》02780）、師克盨蓋（《集成》04468）、叔頵父鼎（《新收》734）、諶鼎（《集成》02680）、王盉（《集成》09438）、應侯見工鼎（《新收》1456）、伯䡞父鼎（《集成》02465）、王伯姜鼎（《集成》02560）、仲枏父匕（《集成》00979）、仲枏父鬲（《集成》00746-00752）、仲枏父鬲（《新收》1447）、仲枏父鬲（《首陽吉金》96頁）、仲枏父簋（《集成》04154）、仲枏父簋（《集成》04155）、虢季子組卣（《集成》05376）、師克盨（《新收》1907）、師克盨（《集成》04467器）、杜伯盨（《集成》04448）、杜伯盨蓋（《集成》04449）、杜伯盨（《集成》04450～04452）、曼龏父盨（《集成》04431）、曼龏父盨（《集成》04433）、觮侯穌盨（《集成》04428）、食仲走父盨（《集成》04427）、皃叔盨（《集成》04425）、筍伯大父盨（《集成》04422）、伯庶父盨蓋（《集成》04410）、項燹盨（《集成》04411）、鬲叔興父盨（《集成》04405器）、圃盨（《集成》04403器）、圃盨（《集成》04402）、伯椃虘簋（《集成》04094）、叔男父匜（《集成》10270）、晉侯對匜（《新收》858）

續表

型式	器名（來源）
AⅥ	晉侯蘇鐘（《新收》870～884）、芮子仲鼎（《文博》2008年2期，6頁圖2）、無叀鼎（《集成》02814）、師趛盨（《集成》04429）、應侯盤（《新收》77）、弟叟鼎（《集成》02638）、戴叔朕鼎（《集成》02690）、叔碩父鼎（《新收》375）、王鼎（《集成》02273）、中友父匜（《集成》10224）、伯庶父匜（《集成》10200）、孟淠父鼎（《集成》02213）、辛王姬簋（《新收》1674）、芮侯簋（《集成》03589）、伯寬父盨（《集成》04438）、師晨鼎（《集成》02817）、師艅簋蓋（《集成》04277）、大師虘簋（《集成》04251）、大師虘簋（《集成》04252）、大師虘豆（《集成》04692）、虘鐘（《集成》00089～00092）、永盂（《集成》10322）、㝬鐘（《集成》00260）、無㠱簋（《集成》04225～04228）、禹鼎（《集成》02833）、王臣簋（《集成》04268）、匡卣（《集成》05423）、番匊生壺（《集成》09705）、申簋蓋（《集成》04267）、師道簋（《新收》1394）、宰獸簋（《新收》664）、宰獸簋（《新收》663）、乖伯簋（《集成》04331）、六月大簋（《集成》04165）、訇簋（《集成》04321）、室叔簋（《新收》1957）、輔師嫠簋（《集成》04286）、同簋蓋（《集成》04270）、同簋（《集成》04271）、弭叔鬲（《集成》00572～00574）、弭叔鬲（《陝金》1.193）、弭叔師察簋（《集成》04253）、弭叔盨（《集成》04385）、弭叔盨蓋（《集成》04430）、弭伯師耤簋（《集成》04257）、卯簋蓋（《集成》04327）、梁其鼎（《集成》02768～02770）、善夫梁其簋（《集成》04147～04151）、梁其壺（《集成》09716）、梁其壺（《集成》09717）、梁其鐘（《集成》00187～00192）、鄭井叔康盨（《集成》04400）、鄭井叔康盨（《集成》04401）、康鼎（《集成》02786）、追簋（《集成》04219～04224）、散氏盤（《集成》10176）、師同鼎（《集成》02779）、仲南父壺（《集成》09642）、仲南父壺（《集成》09643）、單伯旲生鐘（《集成》00082）、番生簋蓋（《集成》04326）、楚簋（《集成》04246～04249）、㒨匜（《集成》10285）、師丞鐘（《集成》00141）、善鼎（《集成》02820）

附表二　西周銅器斷代諸說表

名稱＼學者	郭沫若	陳夢家	唐蘭	李學勤	馬承源	白川靜	劉啟益	王世民	彭裕商	吳鎮烽	張懋鎔	自注
𡚸公簋				康王						西周早期前段	成王	成王
雍姒簋		周初					成王		康王	西周早期		康王
鄂叔簋		成王							康王	西周早期		康王
微盂									康王前後	西周早期		西周早期
䱷方鼎									康昭時期	西周早期後段		昭王
雍伯鼎			康王						西周早期	西周早期		西周早期前段
商尊							成康之際		康昭時期	西周早期前段		康王
商卣												
吾鬲									康昭之際	西周早期		西周早期
耳尊		成康之際			西周早期				康昭之際	西周早期		西周早期
殳簋					西周早期				昭王	西周早期		昭王
顧卣		西周初年			西周早期				西周早期	西周早期		西周早期
𩑋方彝					西周早期				西周早期	西周早期後段		昭王
䍙父方鼎			穆王						西周早期	西周早期		西周早期
復鼎			共王						西周早期	成康		康王
暦方鼎									西周早期	西周早期前段		西周早期前段
征人鼎									西周早期	西周早期		西周早期

續表

名稱＼學者	郭沫若	陳夢家	唐蘭	李學勤	馬承源	白川静	劉啟益	王世民	彭裕商	吳鎮烽	張懋鎔	自注
作冊矢令器組	成王	成王	昭王	昭王	昭王		康王	昭王或康昭（簋）	昭王	西周早期	昭王	昭王
小子生尊		成康	昭王		昭王	昭王	昭王		昭王	西周早期後段	昭王	昭王
[illegible]嬨縘方鼎		成王	昭王		西周早期		康王	康王	昭王	西周早期後段		昭王
史獸鼎		成康之際	康王		西周早期	成王	康王		昭王	西周早期	康昭	康昭
應監甗					西周早期				成康時期	西周早期		康王
司鼎		成康之際	昭王		昭王	成王	昭王		昭王	西周早期	昭穆	昭穆
魯侯簋	成王	成王	康昭		康王	成王	成王		昭王	西周早期	康昭	昭穆
士上器組	成王	成王	昭王		康或昭	成王	成康	昭王	昭王	西周早期	西周早期偏晚	昭王
小臣静卣	穆王	成康	穆王		穆王		穆王		昭王	西周早期	昭王	穆王
叔䟞方尊			康昭之際	昭王			成王	昭王（方彝）	昭王	西周早期	昭王	康昭
叔䟞方彝												
小臣傳簋		成王	穆王		康王或昭王				昭王（誤爲卣）	西周早期		昭穆
親簋				穆王						成康之際	穆王	穆王
師眉鼎					西周中期				穆共之際	西周中期前段		穆王
師眉簋												
㫚簋		昭王	穆王						穆共之際	西周中期前段		穆王
臣諫簋				成康之際	康王		康王	西周早期	昭穆之際	西周中期前段		穆王
員仲飲壺			共王						孝夷	共王		穆王

續表

名稱＼學者	郭沫若	陳夢家	唐蘭	李學勤	馬承源	白川靜	劉啟益	王世民	彭裕商	吳鎮烽	張懋鎔	自注
季鴦簋		共王之前	共王				昭王		穆王	西周中期前段		穆王
辨簋		成康之際					昭王		昭穆	西周中期		穆王
次尊			共王				共王		懿孝之際	西周中期前段		穆王
次卣												
毛公旅方鼎		康王	穆王		西周中期				西周中晚期	西周早期		昭穆
孟卣	康王	成王	康王		康王				穆王	西周早期	昭穆之際	穆王
小臣逋鼎		成王晚期			共王		共王		穆王	西周中期前段		穆王
庚贏卣	康王	康王	穆王		康王	昭王	穆王	西周早期偏晚	穆王	西周中期前段	穆王	穆王
御正衛簋	成王	成王或康王	昭王			康昭	穆王	康王前後	穆王	成王	昭王	穆王
令鼎	成王		昭王		昭王				昭王	西周早期		穆王
寓鼎		昭王			西周中期		穆王		穆王	西周中期前段		穆共之際
趞簋	穆王		穆王		穆王				孝夷厲時期	西周中期		穆共之際
井鼎		昭王	穆王		西周中期				穆王	西周中期前段		共王
慸簋		昭王							穆共之後	西周中期		共王
史懋壺蓋	懿王		穆王		共王		懿王		共夷之際	西周中期	懿孝	共懿
走簋	共王	共王	共王	共王	共王	懿王	懿王	共王前後	厲王	西周中期	共懿	共懿
輔師嫠簋		懿王	穆王		夷王	夷王	夷王	西周中期	厲王	西周中期後段	穆共	穆共

續表

名稱 \ 學者	郭沫若	陳夢家	唐蘭	李學勤	馬承源	白川靜	劉啟益	王世民	彭裕商	吳鎮烽	張懋鎔	自注
格伯簋	共王		共王						夷王	共王		共懿
朢簋	共王	共王	共王		共王	夷王	共王		夷王	懿王	共懿	共懿
即簋					懿王		懿王	穆王	夷王	懿王		孝夷
師奎父鼎	共王	共王	共王	懿王前後	共王		共王	共王時	夷王前後	西周中期	共王	懿孝
恆簋蓋					西周中期				孝夷	西周中期後段		孝夷
㫚簋					西周宁期				夷厲	西周中期		懿孝
利鼎	共王	共王	共王		共王		共王		夷厲	西周中期晚段	西周中期晚段	懿孝
微䜌鼎	孝王	夷王			孝王	夷王	宣王		宣王	西周晚期	西周晚期	孝夷
尹姞鬲		昭王	共王	共王		昭王	共王	西周中期前段	夷孝之際	西周中期前段	西周中期	懿孝
公姞鬲		昭王	共王	共王		昭王	共王	西周中期前段	夷孝之際	西周中期前段	西周中期	懿孝
師斿簋蓋		懿王	懿王		孝王		懿王	孝王	夷王	西周中期		懿孝
諫簋	厲王	懿王	懿王	孝王	孝王	懿王	懿王	孝王	夷王	西周中期	懿孝	懿孝
蔡簋	夷王	懿王	懿王	孝王	夷王	懿王	懿王		厲王	西周中期	懿孝	孝夷
王臣簋		懿王			懿王		懿王		厲王	西周中期		夷厲
吳方彝蓋	共王	共王	共王	懿王	懿王	共王	孝王	懿王前後	厲王	西周中期前段	西周中期偏晚	懿孝

續表

學者 / 名稱	郭沫若	陳夢家	唐蘭	李學勤	馬承源	白川靜	劉啟益	王世民	彭裕商	吳鎮烽	張懋鎔	自注
㦰簋蓋	宣王	共王	共王			穆王	共王		孝夷	西周中期	西周中晚之交	懿孝
五年師旋簋		懿王	懿王			夷王	夷王	夷王前後	厲王	西周晚期	懿孝	懿孝
揚簋	厲王	懿王	懿王	孝王	懿王	懿王	懿王		夷王	西周中期	懿孝	懿孝
是婁簋									夷王	西周中期後段		孝夷
南季鼎	厲王	懿王	共王		懿王	懿王	共王		夷王	西周中期	西周中期偏晚	孝夷
伯遲父鼎	穆王						穆王		夷厲之際	西周中晚期		西周中期後段
善鼎	穆王		穆王		西周中期				夷厲之際	西周中期		夷厲之際
師毛父簋	共王	共王	共王		共或懿	昭穆	共王		夷厲之際	西周中期	西周中期偏晚	西周中期偏晚
小臣守簋					西周中期				夷厲之際	西周中期後段		夷厲之際
扆敖簋蓋									西周晚期	西周中期		懿孝
師丞鐘				厲王	孝王		夷王	懿孝之際	厲王	夷王		夷厲之際
師𤸫簋蓋		共王	共王	懿王	共或懿	共王	懿王	共王前後	厲王	西周中期前段	共懿	共懿
番生簋蓋	厲王		孝王		孝王				厲王	西周中期		西周中期後段
單伯旲生鐘	厲王	懿王			共或懿				厲王	西周中期		西周中期後段

續表

名稱＼學者	郭沫若	陳夢家	唐蘭	李學勤	馬承源	白川静	劉啟益	王世民	彭裕商	吳鎮烽	張懋鎔	自注
弭伯師耤簋		懿王			懿或孝		孝王		厲王	西周中期		西周中期後段
卯簋蓋	懿王	孝王	共王		懿王	孝夷	共王		厲王	西周中期	西周中期偏晚	西周中期後段
大簋		共王	穆王						厲王前後	西周中期		共懿
走馬休盤	宣王	夷王	共王		穆王		懿王	共王前後	厲王	西周中期		西周中期後段
番匊生壺	厲王			夷王	孝王	夷王	夷王	夷厲前後	厲王	西周中期後段	厲王	厲王
申簋蓋				共夷時期	共或懿		共王		厲王前期	西周中期前段		西周中期後段
師道簋									厲王	西周中期		厲王
牧簋	共王	共王	共王		夷王	懿王	孝王	夷厲前後	厲宣之際	西周中期	西周晚期	夷厲之際
大簋蓋 十二年大簋蓋	懿王	孝王	共王	西周中晚	夷王	厲王	孝王	厲王前後	厲王	西周晚期	西周晚期偏早	厲王
大鼎	懿王	懿孝時期	共王		夷王	厲王	懿王	厲王前後	厲王	西周晚期	西周晚期偏早	厲王
散車父簋					西周晚期		夷王時期	夷王前後	宣王	西周中期後段		夷厲之際
師望鼎 師朢壺	共王			懿孝之際	共王		懿王	西周中期偏晚	厲王	西周中期		孝夷
追簋		共王	穆王						厲王前後	西周中期		夷厲之際

續表

學者／名稱	郭沫若	陳夢家	唐蘭	李學勤	馬承源	白川靜	劉啟益	王世民	彭裕商	吳鎮烽	張懋鎔	自注
𩰫簋	厲王		共王						厲王	西周晚期		西周晚期
散氏盤	厲王		厲王				宣王		厲王	西周晚期		西周晚期
師同鼎				夷王	西周晚期		夷王		厲王	西周中期後段		厲王
仲南父壺									厲王	西周中期後段		西周晚期
南宮柳鼎		孝王	厲王	厲王	厲王	夷王	夷王	西周晚期偏早	厲王	夷王	厲王	夷厲之際
師訇簋	宣王			厲王	懿王				宣王	西周晚期		厲王
師鼎	厲王	懿王	懿王	孝王	孝王	懿王	懿王	孝王	夷王	西周中期偏晚	西周中期偏晚	夷厲之際
無㠱簋	厲王	夷王	厲王		厲王	懿王	懿王	懿王前後	厲王	厲王	厲王	厲王
豳公盨				西周中期后段						西周中期		孝夷之際
十月敔簋	夷王	孝王	懿王	厲王	厲王	夷王	夷王		厲王	西周晚期	夷厲	夷厲之際
翏生盨		孝王	厲王	夷王	厲王		夷王	厲王	厲王	西周晚期	厲王	厲王
史伯碩父鼎							夷王		宣王	西周晚期		宣王
伊簋	厲王	夷王	厲王	宣王	共王	夷王		厲王	宣王	西周晚期	宣王	厲宣之際
鄭井叔康盨	懿王	孝王	共王		厲王				厲王	西周中期		西周晚期
康鼎	懿王	孝王	共王		厲王	孝王		西周晚期	厲宣之際	西周中期后段	西周晚期	厲宣之際
室叔簋					西周中期			西周晚期	宣王	西周晚期		厲王
芮叔㝬父簋					西周中期				宣王	西周晚期		宣王

續表

學者 名稱	郭沫若	陳夢家	唐蘭	李學勤	馬承源	白川靜	劉啟益	王世民	彭裕商	吳鎮烽	張懋鎔	自注
散季簋									宣王	西周晚期		宣王
焂戒鼎	宣王				西周晚期			孝夷前後	宣王	西周晚期		宣王
虢叔大父鼎					西周晚斯		宣王		宣王	西周晚期		宣王

本表所列學者主要觀點見于以下著述:

1. 郭沫若:《兩周金文辭大係圖錄考釋》，上海書店出版社，1958年。

2. 陳夢家:《西周銅器斷代》，中華書局，2004年。

3. 唐蘭:《西周青銅器銘文分代史徵》，中華書局，1986年。

4. 馬承源等:《商周青銅器銘文選》，文物出版社，1986～1990年;《中國青銅器研究》，上海古籍出版社，2002年。

5. 白川靜:《金文通釋》，白鶴美術館，1984年。

6. 李學勤:《新出青銅器研究》，文物出版社，1990年;《日月有哉·夏商周年代學劄記》，遼寧大學出版社，1999年。

7. 劉啟益:《西周紀年》，廣東教育出版社，2002年。

8. 王世民、陳公柔、張長壽等:《西周青銅器分期斷代研究》，文物出版社，1999年。

9. 彭裕商:《西周青銅器年代綜合研究》，巴蜀書社，2003年。

10. 吳鎮烽:《商周青銅器銘文暨圖像集成》，上海古籍出版社，2012年。

11. 張懋鎔:《西周青銅器斷代兩系說芻議》，《古文字與青銅器論集》第二輯，科學出版社，2006年，177～203頁;《試論西周青銅器演變的非均衡性問題》，《古文字與青銅器論集》第三輯，科學出版社，2010年。

未列入表中的學者觀點則在文中單列。

參考書目

一、古代及近代文獻

（一）經、史及小學相關文獻

［1］ 班固. 漢書［M］. 北京：中華書局，1962.

［2］ 段玉裁. 說文解字注［M］. 上海：上海古籍出版社，1981.

［3］ 秦嘉謨等輯. 世本八種［M］. 上海：商務印書館，1957.

［4］ 阮元校刻. 十三經注疏［M］. 北京：中華書局，1980.

［5］ 阮元. 經籍纂詁［M］北京：中華書局，1989.

［6］ 孫詒讓. 周禮正義［M］. 北京：中華書局，1987.

［7］ 孫詒讓. 古籀拾遺・古籀餘論［M］. 北京：中華書局，1989.

［8］ 司馬遷. 史記［M］. 北京：中華書局，1959.

［9］ 王筠. 文字蒙求［M］. 北京：中華書局，1962.

［10］ 王念孫. 廣雅疏證［M］. 北京：中華書局，1983.

［11］ 吳大澂. 說文古籀補［M］. 北京：中華書局，1988.

［12］ 許慎. 說文解字［M］. 北京：中華書局，1990.

［13］ 左丘明. 國語［M］. 上海：上海古籍出版社，1988.

［14］ 朱右曾. 逸周書集訓校釋［M］. 武漢：崇文書局，清光緒三年.

［15］ 翟雲升. 隸篇［M］. 北京：中華書局，1985.

（二）金石著作及工具書

［1］ 方濬益. 綴遺齋彝器款識考釋［M］. 上海：商務印書館，1935.

［2］ 羅振玉. 三代吉金文存［M］. 北京：中華書局，1983.

［3］ 呂大臨，趙九成. 考古圖・續考古圖・考古圖釋文［M］. 北京：中華書局，1987.

［4］ 錢坫. 十六長樂堂古器款識考［M］. 嘉慶元年九月刻本.

［5］ 阮元. 積古齋鐘鼎彝器款識［M］. 光緒九年木刻本.

［6］ 王俅編. 嘯堂集古錄［M］. 北京：中華書局，1985.

［7］ 王厚之. 鐘鼎款識［M］. 北京：中華書局，1985.

［8］ 吳式芬. 擄古錄金文［M］. 北京：中國書店，2011.

［9］ 薛尚功. 歷代鐘鼎彝器款識法帖［M］. 北京：中華書局，1986.
［10］ 曾毅公. 山東金文集存·先秦編［M］. 濟南：齊魯大學國學研究所，1940年石印本.
［11］ 張掄. 紹興内府古器評［M］. 北京：中華書局，1986.

二、著録及工具書

［1］ 白川靜. 金文通釋［M］. 東京：白鶴美術館，1984.
［2］ 陳夢家著，〔日〕松丸道雄改編. 殷周青銅器分類圖録［M］. 北京：文物出版社，1977.
［3］ 陳漢平. 金文編訂補［M］. 北京：中國社會科學出版社，1993.
［4］ 陳思鵬，石小力，蘇清芳. 新見金文字編［M］. 福州：福建人民出版社，2012.
［5］ 陳初生編纂，曾憲通審校. 金文常用字典［M］. 西安：陜西人民出版社，1987.
［6］ 戴家祥主編. 金文大字典［M］. 北京：學林出版社，1995.
［7］ 丁福保編纂. 說文解字詁林［M］. 北京：中華書局，1988.
［8］ 高明. 古文字類編［M］. 北京：中華書局，1988.
［9］ 華東師範大學中國文字研究與應用中心. 金文資料庫［C］//商周金文數位化處理系統. 南寧：廣西教育出版社，2003.
［10］ 漢語大字典字形組編. 秦漢魏晉篆隸字形表［M］. 成都：四川辭書出版社，1985.
［11］ 考古雜誌社. 考古研究所編輯出版書刊目録索引及概要［M］. 成都：四川大學出版社，2001.
［12］ 李圃主編. 异體字字典［M］. 北京：學林出版社，1997.
［13］ 李孝定，周法高，張日昇. 金文詁林附録［M］. 香港：香港中文大學，1977.
［14］ 劉釗，洪颺，張新俊. 新甲骨文編［M］. 福州：福建人民出版社，2009.
［15］ 劉雨，盧岩. 近出殷周金文集録［M］. 北京：中華書局，2002.
［16］ 馬承源等. 商周青銅器銘文選［M］. 北京：文物出版社，1986～1990.
［17］ 容庚. 金文編［M］. 北京：中華書局，1985.
［18］ 上海博物館青銅器研究組. 商周青銅器紋飾［M］. 北京：文物出版社，1984.
［19］ 上海博物館. 上海博物館藏青銅器［M］. 北京：文物出版社，1964.
［20］ 陜西省考古研究所等. 陜西出土商周青銅器（一至四册）［M］. 北京：文物出版社，1979—1984.
［21］ 孫稚雛. 金文著録簡目［M］. 北京：中華書局，1981.
［22］ 孫稚雛. 青銅器論文索引［M］. 北京：中華書局，1986.
［23］ 吳鎮烽. 金文人名彙編［M］. 北京：中華書局，1987.
［24］ 吳鎮烽. 商周青銅器銘文暨圖像集成［M］. 上海：上海古籍出版社，2012.
［25］ 文物編輯部. 文物500期總目索引（1950—1998）［M］. 北京：文物出版社，1998.

［26］　王輝. 商周金文［M］. 北京：文物出版社，2006.

［27］　徐中舒. 甲骨文字典［M］. 成都：四川辭書出版社，1989.

［28］　唐蘭. 西周青銅器銘文分代史徵器影集［M］. 北京：中華書局，1993.

［29］　徐中舒主編. 漢語古文字字形表［M］. 成都：四川人民出版社，1980.

［30］　徐蜀. 國家圖書館藏金文研究資料叢刊［M］. 北京：書目文獻出版社，2004.

［31］　嚴一萍. 金文總集［M］. 臺北：藝文印書館，1980.

［32］　楊曉能. 早期有銘青銅器的新資料［J］. 考古，2004（7）.

［33］　姚孝遂，肖丁. 殷墟甲骨刻辭摹釋總集［M］. 北京：中華書局，1988.

［34］　姚孝遂，肖丁. 殷墟甲骨刻辭類纂［M］. 北京：中華書局，1988.

［35］　于省吾，姚孝遂. 甲骨文字詁林［M］. 北京：中華書局，1996.

［36］　于省吾. 商周金文錄遺［M］. 北京：科學出版社，1957.

［37］　中國社會科學院考古研究所. 殷周金文集成（修訂增補本）［M］. 北京：中華書局，2007.

［38］　中國社會科學院考古研究所. 新出金文分域簡目［M］. 北京：中華書局，1983.

［39］　中國社會科學院考古研究所. 殷墟青銅器［M］. 北京：文物出版社，1985.

［40］　中國社會科學院考古研究所. 甲骨文編［M］. 北京：中華書局，1965.

［41］　中國青銅器全集編輯委員會. 中國青銅器全集［M］. 北京：文物出版社，1993—1998.

［42］　中國社會科學院歷史研究所. 甲骨文合集［M］. 北京：中華書局，1978—1983.

［43］　中國社科院歷史研究所. 甲骨文合集補編［M］. 北京：語文出版社，1999.

［44］　中國社科院考古研究所. 小屯南地甲骨［M］. 北京：中華書局，1980—1983.

［45］　中國社會科學院考古研究所. 殷墟花園莊東地甲骨［M］. 昆明：雲南人民出版社，2003.

［46］　中國社會科學院圖書資料室. 中國考古學文獻目錄（1949—1966年）［M］. 北京：文物出版社，1978.

［47］　中國社會科學院資料信息中心. 中國考古學文獻目錄（1971—1982）［M］. 北京：文物出版社，1998.

［48］　中國社會科學院資料信息中心. 中國考古學文獻目錄（1983—1990）［M］. 北京：文物出版社，2001.

［49］　中國考古學會編. 中國考古學年鑒（1985—2002）［M］. 北京：文物出版社，1985—2003.

［50］　中國社會科學院考古研究所. 殷周金文集成釋文［M］. 香港：香港中文大學，2001.

［51］　張懋鎔. 青銅器論文索引（1983—2001）［M］. 香港：香港明石文化國際出版有限公司，2005.

［52］　張懋鎔. 青銅器論文索引（2002—2006）［M］. 北京：綫裝書局，2008.

［53］　張亞初. 殷周金文集成引得［M］. 北京：中華書局，2001.

[54] 張世超，孫淩安，金國泰，等. 金文形義通解［M］. 京都：中文出版社，1996.

[55] 鄭州博物館. 鄭州青銅器［M］. 香港：香港國際出版社，2001.

[56] 鍾柏生，陳昭容，黃銘崇，等. 新收殷周青銅器銘文暨器影彙編［M］. 臺北：藝文印書館，2006.

[57] 趙誠. 甲骨文簡明詞典——卜辭分類讀本［M］. 北京：中華書局，1988.

[58] 周法高，張日昇，徐芷儀，等. 金文詁林［M］. 香港：香港中文大學，1974—1975.

三、考古報告

[1] 北京市文物研究所. 琉璃河西周燕國墓地［M］. 北京：文物出版社，1995.

[2] 寶雞市博物館. 寶雞𢐗國墓地［M］. 北京：文物出版社，1988.

[3] 戴應新. 高家堡戈國墓［M］. 西安：三秦出版社，1994.

[4] 甘肅省博物館文物隊. 甘肅靈台白草坡西周墓［J］. 考古學報，1977（2）.

[5] 河南省文物考古研究所，周口市文化局. 鹿邑太清宮長子口墓［M］. 鄭州：中州古籍出版社，2000.

[6] 河南信陽地區文管會、羅山縣文化館. 羅山天湖墓地［J］. 考古學報，1986（2）.

[7] 信陽地區文管會，羅山縣文管會. 羅山縣蟒張後李商周墓地第二次發掘簡報［J］. 中原文物，1981（4）.

[8] 中國社會科學院考古研究所. 滕州前掌大墓地［M］. 北京：文物出版社，2005.

[9] 中國社會科學院考古研究所山東工作隊. 山東滕州前掌大商周墓地1998年發掘簡報［J］. 考古，2000（7）.

[10] 中國社會科學院考古研究所. 張家坡西周墓地［M］. 北京：中國大百科全書出版社，1999.

[11] 中國社會科學院考古研究所. 中國考古學（夏商卷）［M］. 北京：中國社會科學出版社，2003.

[12] 鄭州市文物考古研究所. 鄭州窪劉西周貴族墓出土青銅器［J］. 中原文物，2001（2）.

[13] 中國社會科學院考古研究所. 中國考古學（兩周卷）［M］. 北京：中國社會科學出版社，2004.

四、研究專著

[1] 白川靜. 金文的世界［M］. 臺北：聯經出版事業公司，1989.

[2] 白川靜. 西周史［M］. 西安：三秦出版社，1992.

[3] 暴拯群.〈說文解字〉與篆刻藝術［M］. 鄭州：河南人民出版社，1992.

［4］ 曹瑋. 周原遺址與西周銅器研究［M］. 北京：科學出版社，2004.

［5］ 常玉芝. 商代周祭制度［M］. 北京：中國社會科學出版社，1987.

［6］ 陳漢平. 西周冊命制度研究［M］. 上海：學林出版社，1986.

［7］ 陳劍. 甲骨金文考釋論集［M］. 北京：綫裝書局，2007.

［8］ 陳夢家. 西周銅器斷代［M］. 北京：中華書局，2004.

［9］ 陳夢家. 殷墟卜辭綜述［M］. 北京：科學出版社，1956.

［10］ 陳佩芬. 夏商周青銅器研究［M］. 上海：上海古籍出版社，2004.

［11］ 陳絜. 商周姓氏制度研究［M］. 北京：商務印書館，2007.

［12］ 陳振濂主編. 大學書法篆書臨摹教程［M］. 北京：中國美術學院出版社，1997.

［13］ 叢文俊. 中國書法史 · 先秦 · 秦代卷［M］. 南京：江蘇教育出版社，2002.

［14］ 丁山. 古代神話與民族［M］. 北京：商務印書館，2005.

［15］ 丁山. 甲骨文所見氏族及其制度［M］. 北京：中華書局，1988.

［16］ 丁山. 商周史料考證［M］. 上海：龍門聯合書局，1960.

［17］ 杜勇，沈長雲. 金文斷代方法探微［M］. 北京：人民出版社，2002.

［18］ 高明. 高明論著選集［M］. 北京：科學出版社，2001.

［19］ 高明. 中國古文字學通論［M］. 北京：北京大學出版社，1996.

［20］ 高田忠周. 學古發凡［M］. 京都：說文樓影印本，1919.

［21］ 顧頡剛. 史林雜識初編［M］. 北京：中華書局，1963.

［22］ 郭沫若. 金文叢考［M］. 金文叢考補編［M］. 北京：科學出版社，2002.

［23］ 郭沫若. 兩周金文辭大系圖錄考釋［M］. 上海：上海書店出版社，1958.

［24］ 郭沫若. 殷周青銅器銘文研究［M］. 北京：人民出版社，1954.

［25］ 國家語言文字工作委員會，國家標準局. 現代漢語字頻統計表［M］. 北京：語文出版社，1992.

［26］ 何丹. 圖畫文字說與人類文字的起源［M］. 北京：中國社會科學出版社，2003.

［27］ 何景成. 商周青銅器族氏銘文研究［M］. 濟南：齊魯書社，2009.

［28］ 何九盈. 中國古代語言學史［M］. 鄭州：河南人民出版社，1985.

［29］ 何崝. 商文化窺管［M］. 成都：四川大學出版社，1994.

［30］ 胡厚宣. 甲骨學商史論叢初集［M］. 石家莊：河北教育出版社，2002.

［31］ 胡厚宣. 殷商史［M］. 上海：上海人民出版社，2003.

［32］ 黃德寬，陳秉新. 漢語文字學史［M］. 合肥：安徽教育出版社，1990.

［33］ 黃然偉. 殷周青銅器賞賜銘文研究［M］. 香港：龍門書店，1978.

［34］ 黃天樹. 黃天樹古文字論集［M］. 北京：學苑出版社,2006.

［35］ 黃天樹. 殷墟王卜辭的分類與斷代［M］. 北京：科學出版社,2007.

［36］ 黃亞平，孟華. 漢字符號學［M］. 上海：上海古籍出版社，2001.

［37］ 姜寶昌. 文字學教程［M］. 濟南：山東教育出版社，1987.

［38］ 姜亮夫. 古史學論文集［M］. 上海：上海古籍出版社，1996.
［39］ 蔣善國. 漢字形體學［M］. 北京：文字改革出版社，1959.
［40］ 蔣善國. 中國文字之原始及其構造［M］. 北京：商務印書館，1935.
［41］ 李伯謙. 商文化論集［M］. 北京：文物出版社，2003.
［42］ 李國英，章瓊. 〈說文〉學名詞簡釋［M］. 鄭州：河南人民出版社，1994.
［43］ 李濟. 李濟文集［M］. 上海：上海人民出版社，2006.
［44］ 李學勤. 古文字學初階［M］. 北京：中華書局，1985.
［45］ 李學勤. 文物中的古文明［M］. 北京：商務印書館，2008.
［46］ 李學勤. 殷代地理簡論［M］. 北京：科學出版社，1959.
［47］ 李學勤. 中國古代文明研究［M］. 上海：華東師範大學出版社，2005.
［48］ 李雪山. 商代分封制度研究［M］. 北京：中國社會科學出版社，2004.
［49］ 厲兵主編. 漢字字形研究［M］. 北京：商務印書館，2004.
［50］ 林巳奈夫. 殷周時代青銅器の研究［M］. 東京：株式會社吉川弘文館，1984.
［51］ 林澐. 古文字研究簡論［M］. 長春：吉林大學出版社，1986.
［52］ 劉堅主編. 二十世紀的中國語言學［M］. 北京：北京大學出版社，1998.
［53］ 劉啟益. 西周紀年［M］. 廣州：廣東教育出版社，2002.
［54］ 劉源. 商周祭祖禮研究［M］. 北京：商務印書館，2004.
［55］ 劉釗. 古文字構形學［M］. 福州：福建人民出版社，2006.
［56］ 劉志基. 漢字體態論［M］. 南寧：廣西教育出版社，1999.
［57］ 馬承源. 中國青銅器研究［M］. 上海：上海古籍出版社，2002.
［58］ 馬敘倫. 讀金器刻辭［M］. 北京：中華書局，1962.
［59］ 馬敘倫. 馬敘倫學術文集［M］. 北京：科學出版社，1958.
［60］ 孟憲武. 安陽殷墟考古研究［M］. 鄭州：中州古籍出版社，2003.
［61］ 彭裕商. 春秋青銅器年代綜合研究［M］. 北京：中華書局，2011.
［62］ 彭裕商. 西周青銅器年代綜合研究［M］. 成都：巴蜀書社，2003.
［63］ 彭裕商. 殷墟甲骨斷代［M］. 北京：中國社會科學出版社，1994.
［64］ 崎川隆. 賓組甲骨文分類研究［M］. 上海：上海人民出版社,2011.
［65］ 齊沖天. 〈說文解字〉與篆文字體［M］. 鄭州：河南人民出版社，1994.
［66］ 齊沖天. 書法文字學［M］. 北京：北京語言文化大學出版社，1997.
［67］ 啟功. 古代字體論稿［M］. 北京：文物出版社，1964.
［68］ 啟功. 啟功書法叢論［M］. 北京：文物出版社，2003.
［69］ 啟功主編. 書法概論［M］. 北京：北京師範大學出版社，1986.
［70］ 邱振中. 筆法與章法［M］. 上海：上海書畫出版社，2003.
［71］ 秋子. 中國上古書法史［M］. 北京：商務印書館，2000.
［72］ 裘錫圭. 古代文史研究新探［M］. 南京：江蘇古籍出版社，1992.

［73］ 裘錫圭. 文字學概要［M］. 北京：商務印書館，1988.

［74］ 饒宗頤. 符號 · 初文與字母——漢字樹［M］. 上海：上海書店出版社，2000.

［75］ 饒宗頤. 饒宗頤二十世紀學術文集［M］. 臺北：新文豐出版股份公司，2003.

［76］ 任雪莉. 中國古代青銅器整理與研究 · 青銅簋卷［M］. 北京：科學出版社，2016.

［77］ 容庚，張維持. 殷周青銅器通論［M］. 北京：文物出版社，1984.

［78］ 容庚. 商周彝器通考［M］. 北平：燕京書社，1941.

［79］ 宋鎮豪. 夏商社會生活史［M］. 北京：中國社會科學出版社，1994.

［80］ 宋鎮豪等. 西周文明論集［M］. 北京：朝華出版社，2004.

［81］ 孫常敘. 孫常敘古文字學論叢［M］. 長春：東北師範大學出版社，1998.

［82］ 孫曜. 春秋時代之氏族［M］. 上海：上海中華書局，1930.

［83］ 孫作雲. 中國古代神話傳說研究［M］. 開封：河南大學出版社，2003.

［84］ 唐蘭. 唐蘭先生金文論集［M］. 北京：紫禁城出版社，1995.

［85］ 唐蘭. 中國文字學［M］. 上海：上海古籍出版社，1979.

［86］ 樋口隆康. 日本考古學研究者：中國考古學研究論文集［M］. 蔡鳳書，譯. 香港：東方書店，1990.

［87］ 王鳳陽. 漢字學［M］. 長春：吉林文史出版社，1989.

［88］ 王國維. 觀堂集林［M］. 北京：中華書局，1959.

［89］ 王暉. 古文字與商周史新證［M］. 北京：中華書局，2003.

［90］ 王暉. 商周文化比較研究［M］. 北京：人民出版社，2000.

［91］ 王寧. 〈說文解字〉與漢字學［M］. 鄭州：河南人民出版社，1994.

［92］ 王寧. 漢字構形學講座［M］. 上海：上海教育出版社，2002.

［93］ 王世民，陳公柔，張長壽. 西周銅器分期斷代研究［M］. 北京：文物出版社，1999.

［94］ 王偉. 秦璽印封泥職官地理研究［M］. 北京：中國社會科學出版社，2014.

［95］ 王獻堂. 黄縣䇲器［M］. 濟南：山東人民出版社，1961.

［96］ 王宇信，宋鎮豪，孟憲武. 2004年安陽殷商文明國際學術研討會論文集［M］. 北京：社會科學文獻出版社，2004.

［97］ 王宇信，宋鎮豪. 紀念殷墟甲骨文發現一百周年國際學術研討會論文集［M］. 北京：社會科學文獻出版社，2003.

［98］ 王宇信，楊升南. 甲骨學一百年［M］. 北京：社會科學文獻出版社，1999.

［99］ 王宇信. 甲骨學通論［M］. 北京：中國社會科學出版社，1989.

［100］ 沃興華. 金文書法［M］. 上海：上海人民出版社，2004.

［101］ 吳其昌. 金文曆朔疏證［M］. 北京：北京圖書館，2004.

［102］ 吳其昌. 金文世族譜［M］. 北京：商務印書館，1936.

［103］ 夏商周斷代工程課題組. 夏商周斷代工程1996—2000階段成果報告簡本［M］. 北京：世界圖書出版公司，1999.

［104］ 謝維楊. 周代家庭形態［M］. 哈爾濱：黑龍江人民出版社，2005.

［105］ 徐超，秦永龍. 書法［M］. 濟南：山東文藝出版社，2004.

［106］ 徐利明. 中國書法風格史［M］. 鄭州：河南美術出版社，1997.

［107］ 徐中舒. 徐中舒歷史論文選輯［M］. 北京：中華書局，1998.

［108］ 許進雄. 古文諧聲字根［M］. 臺北：商務印書館，1995.

［109］ 許倬雲. 西周史［M］. 北京：生活・讀書・新知三聯書店，2001.

［110］ 嚴志斌. 商代青銅器銘文分期斷代研究（上、下）［M］. 北京：社會科學文獻出版社，2014.

［111］ 嚴志斌. 商代青銅器銘文研究［M］. 上海：上海古籍出版社，2013.

［112］ 楊伯峻. 春秋左傳注［M］. 北京：中華書局，1981.

［113］ 楊寬. 古史新探［M］. 北京：中華書局，1965.

［114］ 楊寬. 楊寬古史論文選［M］. 上海：上海人民出版社，2003.

［115］ 楊樹達. 積微居金文說［M］. 北京：中華書局，1997.

［116］ 楊樹達. 積微居小學金石論叢［M］. 北京：科學出版社，1955.

［117］ 楊希枚. 先秦文化史論集［M］. 北京：中國社會科學出版社，1995.

［118］ 楊曉能. 另一種古史：青銅器紋飾、圖形文字與圖像銘文的解讀［M］. 北京：生活・讀書・新知三聯書店，2008.

［119］ 姚孝遂，肖丁. 小屯南地甲骨考釋［M］. 北京：中華書局，1985.

［120］ 殷煥先. 漢字三論［M］. 濟南：齊魯書社，1983.

［121］ 尹盛平. 西周史徵［M］. 西安：陝西師範大學出版社，2004.

［122］ 尹盛平. 西周微氏家青銅器綜合研究［M］. 北京：文物出版社，1992.

［123］ 尹盛平. 周原文化與西周文明［M］. 南京：江蘇教育出版社，2005.

［124］ 于省吾. 甲骨文字釋林［M］. 北京：中華書局，1979.

［125］ 于省吾. 雙劍誃古文雜釋［M］. 北平：大業印刷局石印本，1934.

［126］ 詹鄞鑫. 漢字說略［M］. 瀋陽：遼寧教育出版社，1991.

［127］ 張光直，李光謨. 李濟考古學論文選集［M］. 北京：文物出版社，1990.

［128］ 張光直. 中國青銅時代［M］. 北京：生活·讀書·新知三聯書店，1983.

［129］ 張桂光. 漢字學簡論［M］. 廣州：廣東高等教育出版社，2004.

［130］ 張懋鎔. 古文字與青銅器論集（第二輯）［M］. 北京：科學出版社，2006.

［131］ 張懋鎔. 古文字與青銅器論集（第三輯）［M］. 北京：科學出版社，2010.

［132］ 張懋鎔. 古文字與青銅器論集（第四輯）［M］. 北京：科學出版社，2014.

［133］ 張懋鎔. 古文字與青銅器論集（第一輯）［M］. 北京：科學出版社，2002.

［134］ 張天恩. 關中商代文化研究［M］. 北京：文物出版社，2004.

［135］ 張天恩. 周秦文化研究［M］. 西安：陝西人民出版社，1998.

［136］ 張婷，劉斌. 商周時期青銅盤整理與研究［M］. 北京：綫裝書局，2012.

［137］ 張亞初，劉雨. 西周金文官制研究［M］. 北京：中華書局，1986.

［138］ 張玉金. 當代中國文字學［M］. 廣州：廣東教育出版社，2001.

［139］ 張再興. 西周金文文字系統論［M］. 上海：華東師範大學出版社，2004.

［140］ 趙誠. 二十世紀金文研究述要［M］. 太原：書海出版社，2003.

［141］ 趙平安. 〈說文〉小篆研究［M］. 南寧：廣西教育出版社，1999.

［142］ 趙世超. 周代國野關係研究［M］. 臺北：文津出版社，1993.

［143］ 鄭傑祥. 商代地理概論［M］. 鄭州：中州古籍出版社，1994.

［144］ 中國社會科學院考古研究所. 殷墟的發現與研究［M］. 北京：科學出版社，1994.

［145］ 鍾柏生. 殷商卜辭地理論叢［M］. 臺北：藝文印書館，1989.

［146］ 周振甫. 詩經譯注（修訂本）［M］. 北京：中華書局，2002.

［147］ 朱鳳瀚. 古代中國青銅器［M］. 天津：南開大學出版社，1995.

［148］ 朱鳳瀚. 商周家族形態研究［M］. 天津：天津古籍出版社，2004.

［149］ 朱鳳瀚. 中國青銅器綜論［M］. 上海：上海古籍出版社，2009.

［150］ 朱歧祥. 圖形與文字——殷金文研究［M］. 臺北：里仁書局，2004.

［151］ 鄒衡. 夏商周考古學論文集［M］. 北京：文物出版社，1980.

［152］ 鄒曉麗. 甲骨文字學述要［M］. 長沙：嶽麓書社，1999.

［153］ Shaughnessy E L. Sources of Western Zhou History：Inscribed Bronze Vessels〔M〕. Berkeley：University of California Press，1991.

五、研究論文

（一）發表論文

［1］ 白川靜. 周初殷人之活動［J］. 古代文學，1942（1-1）.

［2］ 巴納. 研究金文族徽的一種新方法及其重要成果. 古文字研究9［M］. 北京：中華書局，1984.

［3］ 白剛. 中國古代的宗族制度［J］. 文史知識，1988（4）.

［4］ 蔡運章. 遠古刻畫符號與中國文字的起源［J］. 中原文物，2001（4）.

［5］ 曹錦炎. 關于〈宜侯夨簋〉銘文的幾點看法［J］. 東南文化，1990（5）.

［6］ 陳平. 邢侯簋再研究［C］//三代文明研究（一）——1998年河北邢臺中國商周文明國際學術研討會論文集. 北京：科學出版社，1999.

［7］ 董蓮池. 二十世紀中國學者的青銅銘文研究［J］. 古籍整理研究學刊，1998（6）.

［8］ 董蓮池. 宋人在金文文獻整理上的創獲［J］. 古籍整理研究學刊，1992（6）.

［9］ 杜迺松. 商周青銅器銘文研究［J］. 考古與文物，1993（5）.

［10］ 高明. 略論漢字形體演變的一般規律［C］//高明論著選集，北京：科學出版社，2001.

［11］ 高明. 商代的陶文［J］. 殷墟博物苑苑刊，1989（1）.

［12］ 郭沫若. 古代文字之辨證的發展［J］. 考古學報，1972（1）.

［13］ 郭沫若. 古代文字之辨證發展［J］. 考古，1972（3）.

［14］ 郭紹虞. 草體在字體演變上的關係（上、下）［J］. 學術月刊，1961（11、12）.

［15］ 郭紹虞. 從書法中窺測字體的演變［J］. 學術月刊，1961（9）.

［16］ 韓嘉穀. 論北京地區爲“其”國（族）故地［J］. 北京文博，1995（1）.

［17］ 侯旭東. 中國古代人“名”的使用及其意義［J］. 歷史研究，2005（5）.

［18］ 黄德寬. 漢字構形方式：一個歷時態演進的系統［J］. 安徽大學學報（哲學社會科學版），1994（3）.

［19］ 黄懷信. 利簋銘文再認識［J］. 歷史研究，1998（6）.

［20］ 黄盛璋. 長安鎬京地區西周墓新出銅器群初探［J］. 文物，1986（1）.

［21］ 黄盛璋. 王子中戈作者正名與分國斷代及其相關問題辨證、解惑——〈楚系銘刻兵器研究〉之一［J］. 古文字研究，2000（25）.

［22］ 江林昌. 贊公盨銘文的學術價值綜論［J］. 華學，2002（6）.

［23］ 蔣維裕. 由隸變問題談到漢字研究的途徑和方法［J］. 山東大學學報，1963（3）.

［24］ 靳維柏. 關于中國古文字産生的討論——圖畫、記號、符號，古文字的三個來源［J］. 北方文物，1995（4）.

［25］ 考古雜誌編輯部. 北京琉璃河出土西周有銘銅器座談紀要［J］. 考古，1989（10）.

［26］ 李伯謙. 叔夨方鼎銘文考釋［J］. 文物，2001（8）.

［27］ 李恩江. 古文字階段形聲字的能動作用［J］. 鄭州大學學報，1989（6）.

［28］ 李豐. 黄河流域西周墓葬出土青銅禮器的分期與年代［J］. 考古學報，1988（4）.

［29］ 李零. 楚國銅器銘文編年匯釋. 古文字研究13［M］. 北京：中華書局，1986.

［30］ 李圃. 字素理論及其在漢字分析中的應用［J］. 學術研究，2000（4）.

［31］ 李清麗. 虢國博物館收藏的一件銅盨［J］. 文物，2004（4）.

［32］ 李學勤. 班簋續考［C］//古文字研究13. 北京：中華書局，1986.

［33］ 李學勤. 大盂鼎新論［J］. 鄭州大學學報（哲學社會科學版），1985（3）.

［34］ 李學勤. 古文字學的基礎工作［J］. 文史哲，1984（6）.

［35］ 李學勤. 考古發現與中國文字起源［J］. 中國文化研究集刊，1985（2）.

［36］ 李學勤. 令方尊、方彝新釋［C］//古文字研究16. 北京：中華書局，1989.

［37］ 李學勤. 論贊公盨及其重要意義［J］. 中國歷史文物，2002（6）.

［38］ 李學勤. 論長安花園村兩墓青銅器［J］. 文物，1986（1）.

［39］ 李學勤. 論西周中期至晚期初金文的組合［J］. 社會科學戰綫，2000（4）.

［40］ 李學勤. 談叔夨方鼎及其它［J］. 文物，2001（10）.

［41］ 李學勤. 宜侯夨簋的人與地［J］. 傳統文化研究，1993（2）.

［42］ 李運富. 戰國文字"地域特點"質疑［J］. 中國社會科學，1997（5）.

［43］ 劉華夏. 金文字體與銅器斷代［J］. 考古學報，2010（1）.

［44］ 劉啟益. 西周共王時期銅器的初步清理［J］. 古文字研究，2000（20）.

［45］ 劉啟益. 西周金文中的月相與共和宣幽紀年銅器［C］//古文字研究9. 北京：中華書局，1983.

［46］ 劉啟益. 西周康王時期銅器的初步清理［C］//出土文獻研究. 北京：文物出版社，1985.

［47］ 劉啟益. 西周穆王時期銅器的初步清理［C］//古文字研究18. 北京：中華書局，1990.

［48］ 劉啟益. 西周武成時期銅器的初步清理［C］//古文字研究12. 北京：中華書局，1985.

［49］ 劉啟益. 西周夷王時期銅器的初步清理［J］. 古文字研究，1982（7）.

［50］ 劉啟益. 西周昭王時期銅器的初步清理［C］//出土文獻研究續集. 北京：文物出版社，1989.

［51］ 劉雨. 殷周青銅器上的特殊銘刻［J］. 故宮博物院院刊，1999（4）.

［52］ 劉雨. 殷周青銅器上的特殊銘刻［J］. 故宮博物院院刊，1999（4）.

［53］ 劉昭瑞. 宋代金文著錄校釋［J］. 文物季刊，1993（3）.

［54］ 羅福頤. 商代青銅器銘文確徵例證［C］//古文字研究11. 北京：中華書局，1985.

［55］ 裘錫圭. 豳公盨銘文考釋［J］. 中國歷史文物，2002（6）.

［56］ 饒宗頤. 豳公盨與夏書佚篇〈禹之總德〉［J］. 華學，2002（6）.

［57］ 陝西省考古研究所,寶雞市考古工作隊,眉縣文化館. 陝西眉縣楊家村西周青銅器窖藏發掘簡報［J］. 文物，2003（6）.

［58］ 沈長雲. 論成康時代的銅器銘刻［J］. 中原文物，1997（2）.

［59］ 師玉梅. 張亞初金文考釋方法商榷［J］. 考古與文物，2003（4）.

［60］ 宋耀良. 中國岩畫與甲骨文、金文［J］. 文藝理論研究，1992（3）.

［61］ 蘇瑩輝. 從青銅器銘和甲骨刻辭觀察商人的居處形態［J］. 故宮文物月刊，1992，10（1）.

［62］ 孫次舟. 虢季子白盤年代新考［J］. 齊大國學季刊，1941，1（2）.

［63］ 唐蘭. 論周昭王時代的青銅器銘刻［C］//古文字研究2. 北京：中華書局，1981.

［64］ 唐蘭. 西周銅器斷代中的"康宮"問題［J］. 考古學報，1962（1）.

［65］ 唐蘭. 作冊令尊及作冊令彝銘文考釋［J］. 國立北京大學國學季刊，1934，4（1）.

［66］ 樋口隆康. 西周銅器之研究［J］. 京都大學文學部研究紀要，1963（7）.

［67］ 王明珂. 西周矢國考［J］. 大陸雜誌，1987，75（2）.

［68］ 王寧. 二十世紀漢字問題的争論與跨世紀的漢字研究［J］. 中國社會科學，1997（1）.

［69］ 王寧. 漢字的優化與簡化［J］. 中國社會科學，1991（1）.

［70］ 王慶祥. 于省吾談中國古文字研究［J］. 百科知識，1983（7）.

［71］ 王人聰. 何尊銘文解釋與成王遷都問題［J］. 考古與文物，1990（3）.

［72］ 王世民. 商周銅器考古學研究的回顧與展望［C］//商周銅器與考古學史論集. 臺北：臺

北藝文印書館，2008.

［73］ 王帥. 商周青銅器自名新解——以匜、盉爲例［J］. 中原文物，2013（4）.

［74］ 王英、劉曉華. 西周早期銘文銅爵［J］. 中國文物報，1991-8-11（3）.

［75］ 吳鎮烽. 金文人名研究［C］//周秦文化研究. 西安：陝西人民出版社，1998.

［76］ 辛立. 周代的賜姓制度［J］. 文博，1988（5）.

［77］ 徐鴻修. 商周青銅器銘文概述［J］. 文史哲，1985（4）.

［78］ 徐山. 漢字的方向、位置和筆順［J］. 古漢語研究，1998（3）.

［79］ 嚴志斌. 商代青銅器銘文字形時代性的考察［J］. 華學，2006（8）.

［80］ 楊光. 漢字起源新探［J］. 齊齊哈爾社會科學，1992（6）.

［81］ 楊文山. 青銅器"麥尊"與邢國始封——兩周邢國歷史綜合研究［J］. 文物春秋，2001（3）.

［82］ 姚孝遂. 古漢字的形體結構及其發展階段［C］//古文字研究4. 北京：中華書局，1980.

［83］ 姚孝遂. 古漢字形體結構及其發展階段［C］//古文字研究1. 北京：中華書局，1979.

［84］ 余永梁. 金文地名考［J］. 中山大學語言歷史學週刊，1928（5）.

［85］ 袁豔玲. 周代青銅禮器的生產與流動［J］. 考古，2009（10）.

［86］ 岳洪彬. 殷墟青銅容器的分期［J］. 考古學集刊（總15），2004.

［87］ 詹鄞鑫. 關于簡化字整理的幾個問題［J］. 漢字書同文研究,（4）.

［88］ 張長壽. 殷商時代的青銅容器［J］. 考古學報，1979（3）.

［89］ 張光遠. 周成王時獻侯鼎與天黽家族考［J］. 歷史博物館館刊，19882（6）.

［90］ 張潔宇. 學術界倡議建立漢字字體學［N］. 中華讀書報，2000-11-23.

［91］ 張淑一. "古姓來源于圖騰"辨證［J］. 貴州民族研究，2001（3）.

［92］ 張淑一. 先秦文獻所見古姓考［J］. 古籍整理研究學刊，2003（2）.

［93］ 張淑一. 周代命氏方式詳考［J］. 陝西師範大學學報，2000（4）.

［94］ 張希峰. 簡論古文字形體的分化形式及其相互補足和運用［C］//古文字研究22. 北京：中華書局，2000.

［95］ 張亞初，劉雨. 商周族氏銘文考釋舉例［C］//古文字研究7. 北京：中華書局，1982.

［96］ 張亞初. 商代職官研究［C］//古文字研究13. 北京：中華書局，1986.

［97］ 張亞初. 談四種整體文字及其意義［C］//古文字研究22. 北京：中華書局，2000.

［98］ 張亞初. 燕國青銅器銘文研究［J］. 中國考古學論叢——中國社會科學院考古研究所建所40年紀念，1993，（5）.

［99］ 張振林. 試論銅器銘文形式上的時代標記［C］//古文字研究5. 北京：中華書局，1980.

［100］ 張政烺. 古代中國的十進位氏族組織［J］. 歷史教學，1951（2、3、4、6）.

［101］ 張政烺. 試釋周初青銅器銘文中的易卦［J］. 考古學報，1980，4）.

［102］ 趙學清. 戰國東方五國文字的構形系統［J］. 聊城師範學院學報（哲學社會科學版），2001（5）.

［103］ 鍾旭元，許偉建. 甲骨文金文通假字釋例［J］. 華南師範大學學報（社會科學），1987（1）.

［104］ 周鳳五. 遂公盨銘初探［J］. 華學，2002（6）.

［105］ 周永珍. 西周時期的應國、鄧國銅器及其地理位置［J］. 考古，1982（1）.

［106］ 周有光. 文字演進的一般規律［J］. 中國語文，1957（7）.

［107］ 朱鳳瀚. 從周原出土青銅器看西周貴族家族［J］. 南開學報，1988（4）.

［108］ 朱鳳瀚. 商周青銅器銘文中的複合氏名［J］. 南開學報，1983（3）.

［109］ 朱俊明. 論中鼎及其銘文虎方的相關問題［J］. 貴州社會科學，1986（2）.

［110］ Li F. Ancient reproductions and calligraphic variations：studies of western Zhou bronzes with “identical” inscriptions［J］. Early China 22, 1997.

［111］ Li F. Literacy crossing cultural borders：evidence from the bronze inscriptions of the western Zhou Period（1045-771 B. C.）［J］. Bulletin of the Museum of Far Eastern Antiquities 74, 2002：210-242.

（二）學位論文

［1］ 畢經緯. 海岱地區商周青銅器研究［D］. 陝西師範大學博士学位論文，2013.

［2］ 何景成. 商周青銅器族氏銘文研究［D］. 吉林大學博士学位論文，2005.

［3］ 李樹浪. 應國青銅器整理研究［D］. 陝西師範大學碩士学位論文，2013.

［4］ 羅衛東. 春秋金文構形系統研究［D］. 北京師範大學博士学位論文，1997.

［5］ 雒有倉.商周青銅器族徽文字綜合研究[D].陝西師範大學博士學位論文，2007.

［6］ 劉延玲. 魏晉行書字體風格研究［D］. 北京師範大學博士学位論文，2001.

［7］ 王長豐. 殷周金文族徽整理與研究［D］. 鄭州大學博士学位論文，2006.

［8］ 趙志峰. 由隸到楷的字體演變研究［D］. 北京師範大學碩士学位論文，2003.

徵引著錄書目簡稱

《愙齋》——《愙齋集古録》，吳大澂撰，民國七年涵芬樓影印本。

《貞松》——《貞松堂集古遺文》，羅振玉撰，1930年原刻本。

《綴遺》——《綴遺齋彝器款識考釋》，方濬益撰，民國二十四年上海商務印書館石印本。

《大系》——《兩周金文辭大系圖録考釋》，郭沫若編著，上海書店出版社，1958年。

《合集》——《甲骨文合集》，中國社會科學院歷史研究所編，中華書局，1978～1983年。

《三代》——《三代吉金文存》，羅振玉編，中華書局，1983年。

《銘文選》——《商周青銅器銘文選》，上海博物館編著，文物出版社，1986～1990年。

《㢠墓》——《寶雞㢠國墓地》，寶雞市博物館編，文物出版社，1988年。

《銅全》——《中國青銅器全集》，中國青銅器全集編委會編，文物出版社，1993～1998年。

《保金》——《保利藏金》，保利藝術博物館編，嶺南美術出版社，1999年。

《曲村》——《天馬—曲村》，北京大學考古學系商周組、山西省考古研究所編著，科學出版社，2000年。

《近出》——《近出殷周金文集録》，劉雨、盧岩編，中華書局，2002年。

《斷代》——《西周銅器斷代》，陳夢家編著，中華書局，2004年。

《新收》——《新收殷周青銅器銘文暨器影彙編》，鍾柏生、陳昭容、黃銘崇、袁國華編，藝文印書館，2006年。

《流散歐》——《流散歐美殷周有銘青銅器集録》，劉雨、汪濤編撰，上海辭書出版社，2007年。

《集成》——《殷周金文集成》（修訂增補本）中國社會科學院考古研究所，中華書局，2007年。

《首陽吉金》——《首陽吉金——胡盈瑩、范季融藏中國古代青銅器》，首陽齋、上海博物館、香港中文大學文物館編，上海世紀出版股份有限公司，上海古籍出版社，2008年。

《單氏》——《吉金鑄華章——寶鷄眉縣楊家村單氏青銅器窖藏》，陝西省考古研究院、寶鷄市考古研究所、眉縣文化館編著，文物出版社，2008年。

《商周》——《商周青銅器銘文暨圖像集成》，吳鎮烽編，上海古籍出版社，2012年。

後　記

“不經一番寒徹骨，怎得梅花撲鼻香。”金素之際，書房窗外天空陰沉，秋風蕭瑟，草木黄落，虎蹄梅卻即將迎霜新開，含苞待放。我的心情，難以名狀，有喜悦，更多的則是遺憾。回顧往日，所獲頗豐，然而，對衆多師友長輩的殷切期望而言，捫心自問，除了感恩皆是愧意。

普通家室的小小學生走上了學術之路，最需要銘記的人當是恩師張懋鎔先生。十九年前，我進入西北大學文博學院考古系求學，初見先生，儒雅從容，睿智親切，極具人格魅力，遂暗自勉勵，期望有朝一日能忝列師門，四年後終于鼓足勇氣追隨先生考入陝西師範大學歷史文化學院史料學方向碩士研究生。從此，恩師耳提面命，使我備承垂愛，受益匪淺。從碩士至博士，先生言傳身教，指點迷津，可以說，自己在學術之路的任何一星點成績，都來自于恩師的悉心栽培。

本書脱胎于博士論文，從選題立意到建章定架，從字詞潤色到内容增删，無不傾注了先生的心血。坦白說，本書拖沓日久，先生的很多建議我仍未落實。碩士階段剛剛接觸此領域的萬丈豪氣亦消殞大半，更深爲自己的平庸而焦慮羞愧，加之我生性疏懶愚鈍，尤其是面對金文字形書體這一偏冷的領域，途中幾次感到迷茫，曾想放棄，都是先生諄諄教誨，耐心引導，纔讓我堅定信念，繼續咬牙頂住。在此，誠摯地向恩師表達自己内心的無盡歉意，也下定決心自今起奮力拼搏，力争以優异的表現報答先生。

從2002年開始，在陝西師範大學求學工作的時光必是我人生最寶貴的經歷，以後也將成爲我在學術研究中登堂入室、施展作爲的重要平臺。在這裏的每一位師友學儕與我相伴，促我成長。昔日爲我傳道，而今同事相稱，有些老師甚至已經退休，但他們教授的知識、給予的關愛是我應當銘記于心的。王暉教授是我攻讀歷史文獻學碩士學位時史料學方向的恩師之一，在學術研究上給了我很多關心與提點。王老師博學謙遜，提攜後輩，至今仍不斷對我鼓勵鞭策，寄予厚望。賈二强教授也是我應該深深感謝的。作爲前任歷史文化學院院長，賈老師不僅在我碩士階段傳道授業，精心指導，更是對我當年的留校任教全力支持，在我心中，他的學識與魅力高山仰止、令人敬佩。面對賈師厚愛，平庸的自己多年來一直惴惴不安，但願此書的出版可以讓先生知曉我的這份心意。曹瑋教授則給了我一段與衆不同的碩士實習經歷。當年我有幸進入曹老師主持的國家文物局重大項目團隊，進行周原地區出土青銅器的整理工作。在工作中，曹老師的卓識練達及旁徵博引，讓我深受感染，也由此對文博事業充滿了向往。雖然以我拙鈍資質受教于幾位先生多年而未得之要領，實在辜負了恩師厚愛，但我有幸成爲諸位先生門生，親沐師恩，也一定會成爲我今後學術精進的不竭動力。

感謝百忙之中給予無私指導的諸位博士學位論文匿名評審專家以及王輝、朱鳳瀚、尹盛平、吳鎮烽、張天恩、趙叢蒼、劉緒、李峰、嚴志斌、陳英傑等先生，他們曾對我的博士論文提出了許多中肯、寶貴的意見和建議。正是他們的寬容和鼓勵，促使本書得以呈現今日面貌，也讓我有了得以繼續保持對金文字形書體研究的熱情。

特別感謝在寫作中提供過幫助的復旦大學出土文獻與古文字研究中心的諸位先生、學友，感激劉釗先生允我前往進修學習，能在舉世聞名的古文字研究重鎮訪學，我獲益良多、深受感召。

陝西師範大學歷史文化學院是我求學、工作的地方，這裏所有人都是我要鄭重感謝的，他們均給予過我很多關心和幫助。學院領導班子、院辦、學工組及圖書資料室的師長、同事均對我的研究提供了很多便利。此外，也要感謝本院文博專業的各位同人，向他們給予的關懷扶持致以敬意。限于篇幅，恕不在此處列舉，他日相會，我當親自面謝。

本校社會科學處的馬瑞映教授、國際漢學院的邵英副教授及文學院的王偉副教授等也對我的研究提供了很多幫助。

感謝科學出版社的李茜老師及爲本書出版辛勤勞作的所有工作人員。

曾經的各位學友同窗梁彥民、程義、呂亞虎、雒有倉、岳連建、張婷、張小麗、畢經緯、胡嘉麟、曹斌、黃薇、王向輝、李勝振、史紅慶、任雪莉、馬軍霞、劉遠晴、陰玲玲、喬美美、谷朝旭、王宏、李松、孫戰偉、齊耐心、裴書研、孫妙華、魏超、李樹浪、孫曉鵬、歐陽怡婷、劉樹滿、郭晶等，均對我的學習及本書的撰寫提供過各種幫助，在此一併致以深深謝意。感謝張翀對本書初稿細緻的校訂，看着他發回的PDF文檔中密密麻麻的審閱意見，爲這份兄弟情深而感動萬分。

本書得以最終順利完稿要發自内心真摯感謝妻子羅撒的支持、鼓勵與關心。

當然，還要特別感激父母及家人的養育之恩和無私奉獻，我也會將這份愛全部傳遞給小兒澤堂，祝他快樂健康地長大成人。

“誰謂河廣，一葦杭之。”在各位師長、學友的關心和幫助下，從今以後，我會努力前進、劈波斬浪，牢牢抓住科研之葦，在學術大河中奮勇航行。

記于陝西師範大學長安校區寓所
2018年10月20日